FRIEDRICH HELLER · DAS BUCH VON DER LOBAU

FRIEDRICH HELLER

DAS BUCH VON DER LOBAU

Erscheinungen, Gestalten und Schauplätze
einer österreichischen Schicksalslandschaft

NORBERTUS-VERLAG WIEN

© 1997 by Norbertus Druck- und Verlagsgesellschaft
Satz: SenSATZion
Druck: Norbertus Druck GmbH.
1030 Wien, Kollergasse 7
Alle Rechte vorbehalten
Einband: Beim Tischwasser, Photo von Friedrich Heller
ISBN 3-900 679-02-9
Printed in Austria

Die Brunnader / Vom alten Überschwemmungsgebiet blieb nur der „Tote Grund" am Leben

Das Schwarze Loch / Beim Kühwörther Wasser

Stadtler Arm / Durch die Schotterwüste

Savanne und Futter-,,Kral" auf dem Kreuzgrund

Heidemotiv auf dem Kühwörth / Ernte auf dem Fuchshäufel

Unter Schutz gestellt / Lianen auf der Künigl-Anschütt   Der Waidhagener Föhrenwald / Am Lausgrund

die Ausdehnung der österreichischen Bundeshauptstadt beginnt man heute die Westgrenze für die Obere Lobau dort festzulegen, wo tatsächlich der Auwald beginnt, nämlich vom Biberhaufen weg.

Der einstige Lobarm hat sich in den kartographischen Darstellungen lediglich noch als ausgetrocknetes Flußbett im Bereich von Franzensdorf, Andlersdorf und Mannsdorf – in dessen Nähe auch ein Lobfeld verzeichnet wird – erhalten, während ältere Landkarten die Lob bereits durch Eßling führten. Als Lob wurde damit zweifellos jener Teil der Donau bezeichnet, mit dem sie die Au bei Wien umarmte. Die erste Silbe des Namen „Lobau" läßt sich auf das althochdeutsche Wort Lo, auch Loh, für Wald zurückführen. (Es ist durchaus denkbar, daß irgendeinmal das „h" für ein „b" angesehen wurde.) Da aber in unserem gegenwärtigen Sprachgebrauch das Wort Au ebenfalls „Wald am Fluß" bedeutet, ergibt die Zusammensetzung eine Tautologie, wie eine solche strenggenommen bereits die Bezeichnung „Auwald" darstellt. Wir wollen aber auch darin eine tiefere Bedeutung sehen und alles zusammen als einen begeisterten Ausruf vernehmen: „Wald, Wald, und nichts als Wald!"

Leider ist dem nicht so. Die Lobau besteht nicht mehr aus einem ununterbrochenen Waldgebiet entlang des Flusses. Felder, Siedlungen, Industrieanlagen haben sich in ihr breitgemacht. Auch was die Landschaft betrifft, wird diese wie deren Einwohner von verschiedenen Typen bestimmt. Aus den Gesichtern des Landes und der Leute lassen sich mitunter Vergangenheit und Zukunft lesen.

Die Donauregulierung trug dazu einiges bei. Nach und nach verlandete das ganze Gebiet. Die einzelnen Inseln, deren Umrisse heute nur noch in Form von Gräben zu erkennen sind, wuchsen zu einem Landstrich zusammen. Die Bezeichnungen „Häufel", „Haufen" und „Schütt" bedeuten also Kinder der Donau, die sie aus sich geboren und „mit dem Bad ausgeschüttet" hat, während unter den Bezeichnungen „Grund" oder „Boden" Gebiete zu verstehen sind, die die Donau dem Land entrissen und

gewissermaßen adoptiert hat. Die allgemeine Bodenstruktur der Lobau besteht aus Pontischem Tegel, Sand und Silt sowie aus einer ungefähren 12 Meter hohen, aus Quarz, Kalk und anderen Gesteinen sich zusammensetzenden Schotterschicht, die sich sage und schreibe in einer Höhe von 150 Metern über dem Meeresspiegel gemessen, aufgebaut hat. Dadurch erscheint die Sehnsucht der Donau nach ihrem Ziel erneut begründet. Einstens drang der störrische Stör in ihr bis nahe Wien herauf und kam ihrem Hang zum Meer entgegen.

Aufbau und Abbau bestimmen die gleichen Gesetze wie Leben und Tod. Wo abgetragen wird, wird bald wieder aufgetragen werden. Die Donau ist, nüchtern betrachtet, nicht nur Baumeister, sondern auch Baustofflieferant.

Wo Bedeutendes Einschränkung erfährt, erfährt es anderwärts an Bedeutung. Während ein Gebiet kleiner wird, wird sein Name größer. So wie man von Gebirgszügen in anderen Kontinenten von Alpen oder alpinen Landschaften spricht, wurde auch der Name „Lobau" über deren eigentlichen Grenzen hinaus auf gleichartige Landschaftstypen übertragen. Denn die Lobau ist nicht nur ein Begriff, sie ist der Inbegriff einer Landschaft am Strom.

Wer den Ausläufern des Wienerwaldes folgend, die Großstadt durchquert und sich selbst nach Osten hin in das flache Land auszulaufen gedenkt, wird durch die Copa Cagrana und die Hochhäuser der UNO-City noch einmal mit großstädtischem Gepränge konfrontiert. Nun aber beginnt, spätestens ab Kaisermühlen, der Zauber einer Flußlandschaft, die durch örtliche Bezeichnungen wie Neu-Brasilien oder Neu-Florida altbekannte Begriffe aus der großen Welt heraufbeschwören. Mit dem Gänsehäufel beginnt gelinde gesagt der Eintritt in die Lobau, wenngleich uns heute auch Industrieanlagen und Wohnsiedlungen von der eigentlichen Aulandschaft getrennt halten. Aber die Eisenbahnstation „Lobau", der Lobauhof sowie das Schilloch halten wenigstens trotz Grundwasserwerkdepot, Schienensträngen und einem Kalorischem Kraftwerk die Erinnerung an ein Naturparadies einigermaßen

Sophienau mit Anschüttbrückl

Rangierbahnhof

wach. Auf der anderen Seite umgeben Mühlwasser, Schillerwasser und Alte Naufahrt mit der Alten Donau, von wenigen Unterbrechungen abgesehen, den Großen Biberhaufen, wo außer dem Gasthaus „Roter Hiasl", und dem Kolonistendenkmal kaum noch etwas an jene Pioniere erinnert, die in den dreißiger Jahren des 20. Jahrhunderts aus der Großstadt in die Wildnis ausgezogen sind, um vor der drohenden Not das Fürchten zu verlernen. Manche Villa anstelle einer Wellblechbaracke versinnbildlicht den sozialen Aufstieg im Rahmen eines Wirtschaftswunderzeitalters, hält einem aber auch im gleichen Maße angesichts ärmlicher Nachbarschaft den Abstieg in die nächste Phase vor Augen, die wie alles in der Natur, den Gesetzen von Auf- und Abbau folgt.

Erst jenseits des Biberhaufens, dem Dechanthäufel, dringt der Wanderer in ein ziemlich unbeeinträchtigtes Naturparadies ein. Die Dechantlacke erscheint einem als See, im Sommer sogar als Südsee, an deren Strand sich Hunderte Nackedeis herumtreiben oder einer Insel zuschwimmen, die, wenn sie von 20 Personen gleichzeitig aufgesucht wird, als übervölkert erscheint. Durch das sogenannte Schrödertor, eines der sieben Zugänge in das vormals kaiserliche Jagdgebiet, betritt der Besucher, sich nun selbst als Kaiser fühlend, ein Zauberreich. Der Fasangartenarm läßt sich je nach Wasserstand, trockenen oder nassen Fußes überqueren. Aber an seinem Ostufer erwartet den Wanderer ein Weg durch den Dschungel. Richtung Süden stößt der Waldläufer auf die Panozzalacke und mithin auf ein Gewässer, in das alle Romantik mündet, ein Gewässer, das der Waldviertler als Teich und der Kärntner als See bezeichnen würde, der Wiener hingegen in seiner Bescheidenheit bloß Lacke nennt.

Man könnte angesichts der Tatsache, daß es von hier aus nur noch einige Meter bis zum „Hauptquartier Napoleons" und dessen Straße sind, behaupten, der französische Heerführer habe erstmals das Eisen in die Lobau gebracht. Dann hatte es eines weiteren Jahrhunderts bedurft, daß über Treibstofflager und Donau-Oder-Kanal

Das Jägerhaus

ein harter Eingriff in die Natur erfolgte. Aber es ist seltsam: Bloß einige Meter von den Öltanks entfernt, bauen wieder Sträucher versöhnliche Wände auf, und Bäume legen mit ihren Kronen ein grünes Dach darüber. Der Weg führt durch einen schier unversehrten Traum, der allenfalls beim Wirtschaftshof ein Ende findet. Hier treffen auch die Wege über die Dorfrunzen mit den Pfaden aus dem Fasangarten zusammen. Wer sich für eine dieser Routen entschieden hat, sollte nicht verabsäumen, „Unter den Kastanien" oder „Beim schönen Platzl", das leider durch eine Trinkwasseraufbereitungsanlage seiner Schönheit beraubt worden ist, zu rasten.

In dem im Wirtschaftsgebäude beheimateten Lobaumuseum findet der Besucher vieles vor Augen geführt, was an Schönheit dieser Gegend bereits verloren gegangen ist oder bis zur Verwirklichung des Nationalparks unter großem persönlichen Einsatz einiger Naturschützer erhalten werden konnte. In unmittelbarer Nachbarschaft, nur vom Hausgraben getrennt, steht wohl das älteste, bereits im 19. Jahrhundert errichtete Gebäude der Lobau: das Jägerhaus. Bis vor dem Zweiten Weltkrieg wurde hier Milch ausgeschenkt. Mit der Erfindung der Trockenmilch versiegte auch diese Quelle.

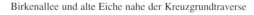

Birkenallee und alte Eiche nahe der Kreuzgrundtraverse

Vielfältig erweist sich ab hier die Lobau. Die Landwirtschaft hat ihr Antlitz mit etlichen Furchen gezeichnet, obwohl viele Menschen der Meinung sind, durch den Wechsel von Feld und Au erhalte hier die Lobau ein Aussehen, wie uns Joseph Freiherr von Eichendorff die Landschaft „Aus dem Leben eines Taugenichts" geschildert habe. Man könnte auch sagen: Hier beginnt die Gegend literarisch zu werden. Dort ein Birkenhain, davor eine mächtige Eiche, als führten hier Tolstojs Helden Pierre und Andrei ein Zwiegespräch über „Krieg und Frieden". Der Jägersteig erweist sich als Tunnel durch ein Gestrüpp, bei dessen Begehung man sich mit einer Machete ausrüsten sollte, wenn man nicht mit einem Schleier aus Spinnennetzen dem „Kaiser Barbarossa" ähnlich einer mittelalterlichen Jungfer gegenübertreten möchte. Dieser Barbarossa hat sich sein Gesicht bis heute bewahrt und sogar die Napoleonpappel überdauert.

Kaiser Barbarossa beim Birkenhain

Wo sich der Wald zum Dom aufbaut, nehmen sich die Gerten der Waldreben wie Glockenseile aus. Und wer in den wildwuchernden Bäumen den Urwald sieht, wird mit etwas Phantasie an den Lianen auch Tarzan erblicken. Völlig unvermittelt treten wir am Hüttenboden in eine Savanne ein. Sanddorn und Robinien sind es vor allem, die uns unwillkürlich nach Giraffen Ausschau halten lassen. Und unversehens ermöglichen uns zwei „Brückeln" den Übergang auf ein Häufel, das, kaum noch als Insel erkennbar, uns erst durch das Egerer-Brückl als solche bedeutet wird. Von hier aus führen Wege in alle Himmelsrichtungen durch Wald und über Blößen und zu solchen, die sich der Mensch gegeben hat: „Übergang der Franzosen über den Stadler Arm", „Napoleons Pulvermagazin", die „Napoleonschanzen" und der „Franzosenfriedhof". Der einstige Königsgraben hat seine Unterbrechung beziehungsweise Fortsetzung durch den Donau-Oder-Kanal erfahren. Wie versöhnlich hat hier die Natur wieder ihre Rechte geltend gemacht. Es scheint, als wäre hier

alles seit jeher so gewesen, im Gegensatz zur Wirklichkeit, die mit „Es war einmal" ihr Ende findet. Dieser Abschnitt des Donau-Oder-Kanals ist als eine Bereicherung der mehrfach geschändeten und vergewaltigten Au zu sehen. Er nimmt sich wie ein Schicksalsschlag aus, der sich im Gesicht eines Menschen abzeichnet und diesen dadurch interessanter erscheinen läßt. Der Donau-Oder-Kanal ist zudem auch die Taille der Lobau und teilt sie deutlich merkbar in eine obere und untere Hälfte. Die Obere Lobau verhält sich zur Unteren wie ein Hoch zum Tief im Gemüt eines Individuums und steht wie die Jugend zum Alter. Im großen und ganzen und im Bewußtsein dessen, was sich in der Oberen Lobau bisher angesiedelt und eingenistet hat, ist in der Unteren Lobau die Natur noch pur.

Kurz nach dem Empfang durch die Sophienau buckeln sich Bülten-Segge und Riesenschwingel im rohrbestandenen Lausgrundwasser und bilden eine Moorlandschaft von besonderem Reiz. Wie ein Meerauge blickt einem „Das schwarze Loch" entgegen. Im Kreuzgrund hat sich das Gothenwasser zurückgezogen und fristet nur noch nach Regenperioden ein kümmerliches Dasein.

Ein Netz von Wegen zieht sich durch den Kreuzgrund. Eine nach ihm benannte Traverse trennt das Eberschütt vom Mittelwasser. Hier wird die Au zum einzigartigen Kaleidoskop: Kuschelweiden, Dornenhecken, Heide, Dünen, Dolinen, Altwässer und Schotterbänke leiten in eine Folge von unterschiedlichen Bildern über. Die Mühlleitner Furt leitet von der „Weichen" in die „Harte" Au. Durch das stete Absinken des Grundwassers entstehen auf Schotterinseln sogenannte Heißländen, die nur kargem Gestrüpp oder widerstandsfähigerem Gehölz ein Auskommen ermöglichen. In der Zaineth lösen zum Beispiel die Föhren den Laubwald ab. Wo immer man über den Grundwasserspiegel am Puls der Au fühlt und beglückt deren Lebenszeichen wahrnimmt, kommt einem der Titel eines Buches von Günther Schwab als Gebet in den Sinn: „Land voller Gnade" …

Mag auch die Küngltraverse wie eine mit Katzenkopfpflaster bedeckte Straße anmuten, so zwängen sich bereits Gräser und Kräuter zwischen die Quader, als würden sie, da sie die Steine nicht zu brechen vermögen, diese zur Seite schieben. Kaum einige Meter weiter davon entfernt blieb die Natur unberührt, und es scheint, als sammelte sie all ihre Kräfte, um das ihr vom Menschen entrissene Gebiet zurückzugewinnen. Selbst die bloßgestellten Pumpstationen versucht die Au allmählich zu verhüllen. Durch den Abgerissenen Gänsehaufen führt eine „Postkutschenallee" zur Gänsehaufentraverse. Hier ist Endstation. Hier haben Wien und die Lobau ihre Grenzen. Unwillkürlich frägt man sich: Wie kommt es, man ist in einer Stadt und auf dem Land zugleich! Kommt es daher, weil derartiges nur in einem Märchen denkbar ist, und Wien und die Lobau zusammen ein Märchen ergeben?

Fasangartenarm / Bei der Gänsehaufentraverse

Schwarz-Pappeln in der Mühlleitner Au

JAHRESZEITEN UND GEZEITEN

Wie der Mensch in den Tag lebt, so lebt der Baum in das Jahr hinein. Die Ringe in seinem Inneren bezeichnen die Treue zu sich selbst. Erwartungsvoll stehen die Pappeln nach den langen Nächten, gefalteten Händen gleich, während die Weiden mit offenen Armen das Licht empfangen. Zu ihren Stämmen öffnet sich die Erde. Die Schneeglöckchen läuten den Frühling ein. Die Veilchen verbreiten Hoffnung, bis endlich der Mai die stille Botschaft durch den Wald verbreitet. Der Bärlauch bedeckt den Boden mit einem Teppich, als hätte sich das Jahr in der Zeit geirrt, zumal es von den Weiden und Pappeln her

Wolle schneit. Die Luft gewinnt an Würze. Der Forst hat sich in einen Kräutergarten verwandelt. Und plötzlich setzt ein kaum überbietbares Blühen ein. Selbst aus dem Wasser grüßen Farben. Mauerpfeffer säumt die Wege; Königskerzen leuchten dem Unentwegten heim. Dann ist es just die Zeitlose, die einem plötzlich an den Herbst gemahnt. Die Au schlüpft in ein buntes Kleid, das sie nach und nach wieder ablegt. Lampionblumen leuchten die Waldblößen aus. Im kahlen Geäst hocken die Misteln als Sterne.

Der Blütenreigen ist das Kalendarium der Au.

20

Blühender Dirndlstrauch / Maiglöckchen

Wald-Veilchen

Zu jeder Zeit haben sich Botaniker nicht nur bemüht, die Geheimnisse des Auwaldes zu ergründen und dessen Schätze zu erschließen, sondern ihn auch zu definieren. So etwa Roßmäßler im Jahre 1861: „Die Au ist eine Bewaldung der ebenen, fruchtbaren Bewässerungsgebiete, kleiner und größerer Flüsse, welche sich nur stellenweise und im geringeren Maße über die Anschwellungshöhe dieser Gewässer erheben, übrigens aber unter diesen liegen." Und Drude dozierte 1896: „Der Auwald entsteht auf einem Boden, wo Schichtwässer so flach streichen, daß die Baumwurzeln im Frühjahr und Herbst oft wochenlang naß stehen und auch im Sommer die Benetzung selten lange ausbleibt."

Siegrist erklärte 1913: „Der Auwald entwickelt sich an flachen Ufern, die nicht dauernd naß sind, aber durch Hochwässer während längerer Zeit vollständig durchtränkt werden und während des Niederwassers nicht unter anhaltender Trockenheit zu leiden haben. Die gleichen Standortsbedingungen können auch außerhalb des Überschwemmungsbereiches durch zeitweise höchstreichendes Grundwasser hervorgerufen werden."

Das hatte sich nach der Donauregulierung grundlegend geändert. Die Lobau verhärtete sich zusehends.

Im Jahre 1942 hat Adele Sauberer mit ihrer Publikation „Die Vegetationsverhältnisse der Unteren Lobau" einen wertvollen Beitrag über die Pflanzenwelt dieses Bereiches

Gelbe Wasser-Schwertlilie / Blutweiderich

Eseldistel

geschaffen und dabei die Au nicht nur in eine Weiche und Harte geschieden, sondern darüber hinaus noch jede in eine jeweils trockene, frische und feuchte gegliedert. Die Untere Lobau stellte als ein von technischen Eingriffen bislang verschont gebliebenes Gebiet einen besonderen Anziehungspunkt für Naturwissenschaftler dar. Aber auch Naturliebhaber vom Schlage eines Reinhard Class, der ehemalige Revierleiter des Reichsjagdgebietes Lobau, schwärmte noch auf seinem Tiroler Alterssitz von dem Zauber, den die Wälder des Flachlandes auf ihn während seiner Dienstzeit ausgeübt hatten. Und Kronprinz Rudolf, der immerhin einiges von der Welt gesehen hatte, soll laut Wahrnehmungen seines Leibjägers und eifrigen Illustrators der gemeinsamen Jagderlebnisse, Rudolf Püchel, im Kühwörther Wasser mit ausgebreiteten Händen ausgerufen haben: „O, wie schön!"

Als Wissenschaftler hat vor allem Dipl.-Ing. Hermann Margl Außerordentliches zur Erfassung der Lobauer Pflanzenwelt geleistet. Seine in der Zoologisch-Botanischen Geselllschaft in Wien dargelegte Untersuchung „Pflanzengesellschaften und ihre standortgebundene Verbreitung in teilweise abgedämmten Donauauen (Untere Lobau)" ist von grundlegender Bedeutung sowohl für Fachleute und Laien. Zudem hatte er eine Standorts-Vegetationskarte geschaffen, mit deren Hilfe die Standplätze der jeweiligen Pflanzenfamilien angesteuert werden

Herbstzeitlose / Weidenblatt-Aster

Lampionblume

können. Es handelt sich hiebei um eine Wandkarte beziehungsweise Wanderkarte der besonderen Art. Aufgrund seiner langjährigen Bodenuntersuchungen ist Margl auch mit den Standortbestimmungen mancher versunkener Orte bestens vertraut. Im Bereich der Lobau ist die Wüstung Wolfswörth als ein von der Bildfläche verschwundener Ort anzusehen. Hier zeitigte weder Krieg noch Feuer die Verwüstung, sondern Überschwemmungen waren die Ursache. Dennoch meint Margl, man hätte bei der Donauregulierung die gesamte Au in das Überschwemmungsgebiet einbeziehen sollen, um ihr die ursprünglichen Lebensbedingungen auch weiterhin gewährleisten zu können. Der nachträglich geöffnete Schönauer Schlitz als Regenerierungsmöglichkeit hätte sich dadurch erübrigt.

Was die Lobau an sich betrifft, darf diese freilich fast zur Gänze Wien zugesprochen werden. Solange der Wanderer den Wald nicht verläßt, werden ihm kaum die Grenzen offenbar. Wie einstens die Bundeslobau der Stadt Wien erst einverleibt werden mußte, gehören heute noch einzelne Teilstücke Niederösterreich an, ohne daß eine Zäsur im Landschaftsbild zu bemerken ist. Im Gesamteindruck bleibt hier ein für sich bestehendes Gebiet gewahrt. Hier hat eben im Gegensatz zum Wasser das Land die Wandlung von Weniger zu Mehr vollzogen.

Wie sich in diesen Räumen die verschiedenen Tierarten

Eichen-Mistel / Schneeglöckchen

Schilf

unter der Bezeichnung „was da kreucht und fleucht" zusammenfassen lassen, so läßt sich auch die Pflanzenwelt unter dem, was hierzuorte „grünt und blüht" auf einen Nenner bringen. Die Artenvielfalt ist verblüffend, treffen doch hier die pontische, alpine und baltische Flora aufeinander. An dieser Stelle sei ein Überblick über die Pflanzenwelt des Auwaldes gegeben.

Die Zusammenstellung erfolgte durch Dipl.-Ing. Hermann Margl nach Wuchsformen und innerhalb dieser nach zeitlicher Abfolge von den Anfangsgesellschaften auf den frischen Ablagerungen des Stromes über einen Zeitabschnitt der von Gehölzen, die sich mit Wurzelbrut gegen eine wuchskräftige Krautschicht durchzusetzen vermögen, zur Hartholzau. Diese ist durch die Überschwemmungen ein Dauerstadium des Auwaldes. Werden die Hochwässer durch Abdämmung oder Eintiefung des Flusses abgehalten, können sich erst die Baumarten des dem Klima angepaßten Waldes – des Hartes – durchsetzen.

Innerhalb der zeitlichen Entwicklungsreihe werden die Arten soweit als möglich nach der Höhenlage ihres Standortes über dem (Grund-) Wasserspiegel gereiht.

Die volkstümlichen Bezeichnungen der Pflanzenarten ändern sich von Ort zu Ort, so daß man gezwungen ist, auf die verbreiteteren Buchnamen zurückzugreifen. In dieser Arbeit folgen wir der „Exkursionsflora von Österreich" von W. Adler, K. Oswald und R. Fischer.

BÄUME
Silber-Weide (Felber)
Schwarz-Pappel (Alber)
Grau-Weide
Eschen-Ahorn
Rot-Weide
Grau-Erle
Gewöhnliche Traubenkirsche
Kanada-Pappel
Silber-Pappel (Aspen)
Flatter-Ulme (Weiß-Ruste)
Edel-Esche
Bastard-Esche
Manna-Esche
Feld-Ulme (Rot-Ruste)
Feld-Ahorn
Echt-Walnuß
Stiel-Eiche
Holz-Birnbaum
Holz-Apfelbaum
Grau-Pappel
Hainbuche
Winter-Linde
Vogel-Kirsche
Berg-Ahorn
Spitz-Ahorn
Gewöhnliche Robinie (Akazie)
Götterbaum
Weiße Roßkastanie
Schwarz-Erle (selten)
Weiß-Birke

REBEN
Ufer-Rebe
Gewöhnliche Jungfernrebe
Gewöhnliche Waldrebe
Hopfen
Wilde Weinrebe
Garten-Geißblatt
Auen-Brombeeren

STRÄUCHER
Mandl-Weide
Korb-Weide
Purpur-Weide (Bah-Weidl)
Deutsche Tamariske (verg.)
Sanddorn
Rot-Hartriegel
Schwarz-Holunder
Einkern-Weißdorn
Gewöhnlicher Spindelstrauch
Gewöhnlicher Schneeball
Gewöhnliche Hasel
Faulbaum

Gewöhnlicher Kreuzdorn
Hunds-Rose
Wein-Rose
Berberitze
Dirndlstrauch
Gewöhnliche Heckenkirsche
Schlehdorn
Wolliger Schneeball
Asch-Weide
Pimpernuß
Sal-Weide

HALBSTRAUCH
Bittersüßer Nachtschatten

MISTELGEWÄCHSE
Laubholz-Mistel
Eichen-Mistel

KLETTERSTRAUCH
Efeu

KRÄUTER
Bach-Ehrenpreis
Ufer-Ehrenpreis
Bitter-Schaumkraut
Sumpfblatt-Ampfer
Kraus-Ampfer
Sumpf-Vergißmeinnicht
Pfeffer-Knöterich
Milder Knöterich
Ampfer-Knöterich
Steifes Barbarakraut
Scharfes Berufkraut
Sumpf-Ziest
Blutweiderich
Wassermiere
Kriech-Hahnenfuß
Sumpf-Labkraut
Wasser-Schwertlilie
Pfennigkraut
Gewöhnlicher Gilbweiderich
Gewöhnlicher Wolfsfuß
Echter Beinwell
Echter Baldrian
Sumpf-Greiskraut
Glanz-Wiesenraute
Taumel-Kälberkropf
Schöllkraut
Lauchkraut
Vogel-Wicke
Wilde Möhre
Drüsen-Springkraut
Knoten-Braunwurz

Erz-Engelwurz
Wild-Engelwurz
Ruten-Schöterich
Bach-Pestwurz
Osterluzei
Echte Zaunwinde
Hühnerbiß
Kohl-Distel
Echte Goldnessel
Gefleckte Taubnessel
Acker-Schachtelhalm
Fluß-Greiskraut
Großes Springkraut
Kleines Springkraut
Gewöhnliche Brennessel
Wald-Hexenkraut
Dorn-Hohlzahn
Bunt-Hohlzahn
Blut-Ampfer
Echte Gundelrebe
Klett-Labkraut
Auen-Klette
Späte Goldrute
Geißfuß
Schneeglöckchen
Busch-Windröschen
Gelbes Windröschen
Zweiblatt-Blaustern
Wald-Gelbstern
Bär-Lauch
Duft-Veilchen
Einbeere
Wald-Ziest
Knollen-Beinwell
Aufrechtes Glaskraut
Hundspetersilie
Rainkohl
Rote Zaunrübe
Wald-Veilchen
Hain-Veilchen
Echte Nelkenwurz
Echtes Lungenkraut
Blasenkirsche (Lampionblume)
Hecken-Wicke
Auen-Weißwurz
Nessel-Glockenblume
Kleb-Salbei
Wasserdost
Echter Dost
Gewöhnliches Kreuzlabkraut
Ruprechts-Storchschnabel
Großes Zweiblatt
Weiße Waldhyazinthe
Haselwurz

Sanikel
Echtes Johanniskraut
Wald-Weißwurz
Wunder-Veilchen
Hecken-Veilchen
Kleines Wiesen-Labkraut
Gewöhnlicher Bärenklau
Flaumiges Jaquin-Greiskraut
Purpurblaue Rindszunge
Acker-Glockenblume
Breitblatt-Stendelwurz
Mauerlattich
Süß-Tragant
Schattenblümchen
Maiglöckchen

GRÄSER UND SAUERGRÄSER
Gewöhnliche Rasenschmiele
Riesen-Schwingel
Wald-Segge
Wald-Zwenke
Nickendes Perlgras
Wald-Knäuelgras
Hain-Rispengras
Weiß-Segge

WIESENPFLANZEN*
Schopf-Traubenhyazinthe
Gewöhnliche Traubenhyazinthe
Felsen-Zwenke
Stengelumf. Täschelkraut
Acker-Winde
Sichel-Schneckenklee
Öhrchen-Gänsekresse
Kiel-Feldsalat
Kleb-Hornkraut
Österreichischer Lein
Flaum-Fingerkraut
Vielblüten-Hahnenfuß
Felsennelke
Hügel-Meisstern
Finger-Steinbrech
Hungerblümchen
Erdkastanie
Steppen-Kammschmiele
Bartgras
Feld-Gamander
Aufrechte Trespe
Steppen-Wolfsmilch
Österreichischer Quendel
Gelbe Krätzblume
Große Flockenblume

Spinnen-Ragwurz
Kleines Knabenkraut
Brand-Knabenkraut
Milder Mauerpfeffer
Mond-Rautenfarn
Kleiner Wiesenknopf
Schopf-Kreuzblume
Echter Wundklee
Blau-Segge
Echte Ochsenzunge
Sand-Veilchen
Blasen-Laimkraut
Knollen-Platterbse
Gewöhnliches Ruchgras
Feld-Ehrenpreis
Frühlings-Segge
Wiesen-Gänsekresse
Zittergras
Wiesen-Löwenzahn
Echtes Johanniskraut
Fieder-Zwenke
Feld-Mannstreu
Mittlerer Wegerich
Kleine Wachsblume
Gewöhnliche Wegwarte
Buntkronenwicke
Kleine Bibernelle
Wiesen-Salbei
Furchen-Schwingel
Zypressen-Wolfsmilch
Helm-Knabenkraut
Hopfen(Schnecken)klee
Wiesen-Pippau
Esels-Wolfsmilch
Gewöhnlicher Hornklee
Pastinak
Wiesen-Labkraut
Acker-Kratzdistel
Eseldistel
Vogel-Wicke
Wiesensilge
Möhre
Wiesen-Platterbse
Weß-Klee
Wiesen-Schwingel
Gewöhnlicher Rot-Schwingel
Gewöhnlicher Beifuß
Weißes Berufkraut
Späte Goldrute
Große Brennessel
Zaun-Wicke
Wiesen-Witwenblume

Kicher-Tragant
Wehrlose Trespe
Rohr-Schwingel
Große Bibernelle
Knack-Erdbeere
Wiesen-Veilchen
Liegender Ehrenpreis
Wiesen-Bocksbart
Gewöhnlicher Feldsalat
Wiesen-Glockenblume
Gamander-Ehrenpreis
Dorn-Hauhechel
Gänseblümchen
Knollen-Hahnenfuß
Schmalbl. Milchstern
Wiesen-Knäuelgras
Hügel-Schafgarbe
Wiesen-Margerite
Rot-Klee
Land-Reitgras
Wiesen-Flockenblume
Rispen-Sauerampfer
Spitz-Wegerich
Echtes Labkraut
Gewöhnlicher Löwenzahn
Schmalblatt-Rispengras
Kleiner Klappertopf
Herbstzeitlose
Schmalblatt-Wicke
Scharfer Hahnenfuß
Gewöhnliches Hornkraut
Faden-Klee
Glatthafer
Gewöhnliche Brunelle
Acker-Schachtelhalm
Saat-Wicke
Echte Gundelrebe
Acker-Quecke
Wiesen-Schaumkraut
Echter Beinwell
Kriech-Hahnenfuß
Wiesen-Fuchsschwanzgras
Kriech Fingerkraut
Pfennigkraut
Behaarte Segge
Früh-Segge
Kanten-Lauch
Zwerg-Veilchen
Echter Baldrian
Sumpf-Schachtelhalm
Österreichische Sumpfkresse
Wilde Sumpfkresse

* Geordnet von oben nach unten, von den trockenen Standorten (Marchfeldschutzdamm), zu den tieferen, feuchten.

Weidenblatt-Aster
Rohr-Glanzgras
Feigwurz
Kraus-Ampfer
Graben-Rispengras
Sumpf-Rispengras
Spitz-Segge
Sumpf-Labkraut
Kriech-Straußgras
Einspelzen Sumpfbinse
Wasser-Schwertlilie
Blasen-Segge
Zypergras-Segge
Geruchl. Ruderalkamille
Fremd-Ehrenpreis
Acker-Minze
Breit-Wegerich
Kamm-Segge
Hirse-Segge
Bülten-Segge
Filz-Segge
Ufer Segge
Gewöhnliche Rasenschmiele
Natternzunge
Rispen Gilbweiderich
Gänse-Fingerkraut
Schilf
Sumpf-Vergißmeinnicht
Sumpf-Segge
Weiden-Alant
Wiesen-Alant
Glieder-Simse

Sommer-Knotenblume
Graben-Veilchen
Moor-Reitgras
Glanz-Wolfsmilch
Sumpf-Wolfsmilch
Wasser-Knöterich
Grüne Teichbinse
Kalmus
Stumpfblatt-Ampfer
Gewöhnliches Barbarakraut
Ufer-Sumpfkresse
Pfeffer-Knöterich
Sumpf-Segge
Schlammkraut
Roter Gänsefuß
Braunes Zypergras
Sumpf-Ruhrkraut
Kröten-Simse
Froschlöffel
Schmalblatt-Rohrkolben
Breitblatt-Rohrkolben
Kleinfr. Ästiger Igelkolben
Knick-Fuchsschwanz

WASSERPFLANZEN
Gras-Froschlöffel
Sumpf-Wasserstern
Rauhes Hornblatt
Armleuchteralgen
Kanadische Wasserpest
Fischkraut (Dichtes Laichkraut)
Tannenwedel

Wasserfeder
Froschbiß
Kleine Wasserlinse
Untergetauchte Wasserlinse
Ährchen-Tausendblatt
Quirl-Tausendblatt
Großes Nixenkraut
Kleines Nixenkraut
Gelbe Teichrose
Große Seerose
Wasserfenchel
Wasser-Knöterich
Krauses Laichkraut
Stachelspitzes Laichkraut
Glanz-Laichkraut
Schwimmendes Laichkraut
Kamm-Laichkraut
Durchwachsenes Laichkraut
Zwerg-Laichkraut
Flutender Wasser-Hahnenfuß
Spreitzender Wasser-Hahnenfuß
Zarter Wasser-Hahnenfuß
Haarblatt-Wasser-Hahnenfuß
Flutendes Sternlebermoos
Schwimmlebermoos
Pfeilkraut
Vielwurzelige Teichlinse
Krebsschere
Gewöhnlicher Wasserschlauch
Wasserschraube
Teichfaden

Die Art der pflanzlichen Erscheinungen hängt naturgemäß von der Bodenbeschaffenheit ab. Dieser, als Binsenweisheit sich erweisende Erkenntnis wurde erst dank der Wissenschaft im wahrsten Sinne des Wortes auf den Grund gegangen. Wo ehemalige Flußarme zu Altwässern wurden, siedelten sich andere Pflanzengattungen an, als dort, wo die Donau als Schlagader die Au belebt. Oft entscheiden auch die verschiedenen Temperaturen der einzelnen Böden über den Stand der Dinge. Schließlich ist es jedermann einleuchtend, daß ein Sand- oder Schotterboden weniger anspruchsvolle Gewächse hervorbringt, als eine mit Humus bereicherte Oberschichte. Wenn aber hundertjährige Eichen anzutreffen sind, fragt sich der Laie, wie denn diese Bäume in die zu dieser Zeit noch unbeschadete Au gekommen sind? Die Erklärung hiefür ist denkbar einfach: Sie waren wie die Kastanie zu Futterungszwecken gepflanzt worden. – Dennoch: Wasser ist unerläßlich für jegliches Wachstum. Selbst Überschwemmungen sind nichts Überflüssiges, sondern ermöglichen erst den Lebenszyklus der Au.

Die Donau trägt den Sand der Uhren mit sich.
Im Frühjahr wird auch sie von Unruhe ergriffen. Schneller als sonst drängt sie zum Ziel und versucht mit ihren Armen noch einmal alles zu erfassen. Dabei gibt sie, wie eine Mutter, mehr als sie nimmt. Nur manchmal schwingt sie sich auf, um zu richten über Bestand und Vergehen.
Im Sommer kehrt Ruhe ein, gemächlich wird ihr Gang. Alles läuft aus Gewohnheit ab. Die Sehnsucht scheint geschwunden. Die Geheimnisse sind ausgeräumt. Sie gibt dem Land, was des Landes ist und hat sich mit dem Kreislauf des Lebens abgefunden. Im Herbst ist es wie ein Aufbäumen vor dem Tod. Noch einmal meldet sich das Leben, ehe alles in ein eisiges Schweigen versinkt. Dann wird der Fluß zur Brücke und wartet auf seine Wiederkehr.
Die Donau ist erfüllt von der Sehnsucht nach dem Meer. Nicht von ungefähr hat ihr der Mensch in seiner Sprache ein „Inundationsgebiet" als Überflutungsfläche, dem Marschland ähnlich, eingeräumt. So sei uns denn gestattet, die unregelmäßigen, nie vorauszusagenden Zeiträume zwischen Übergriff und Versiegen eines Flusses aufgrund

Ebbe und Flut im Strom der Zeit

des optischen Eindrucks den gleichmäßigen Gezeiten gleichzusetzen, trotz besseren Wissens, daß verschiedene Kräfte es sind, die dieses und jenes bewirken.

Wie ein Polyp ergreift die Donau von Zeit zu Zeit vom Land Besitz, als könnte sie das Ende ihrer Reise kaum erwarten. Mit überschäumender Lebensfreude fällt sie über Gebiete her. So rücksichtslos ihr Vordringen auch erscheinen mag, aber von dieser Einvernahme lebt die Au und vermag dadurch erst selbst, neues Leben aus sich hervorzubringen. Land und Fluß sind Gegensätze, die einander anziehen, um wieder voneinander zu lassen. Der Ablauf erfolgt jahraus, jahrein im gleichen Rhythmus, geleitet von der Suche nach einem neuen Weg. Dies hängt wieder davon ab, für welches Bett sich der Fluß entscheidet, um den Abstand von Land zu Land beliebig zu verändern. Auf diese Weise wurde die Donau zum Lebensnerv der ihr zur Seite stehenden Wälder.

Was die Lobau betrifft, gilt hier das abgewandelte Wort des Propheten: Kommt das Land nicht über den Fluß, kommt der Fluß über das Land. Bis zu ihrer Zähmung ist die Donau in jedem Jahrhundert mindestens dreimal über das Land gekommen. Im 17. Jahrhundert ist dies sogar zehnmal geschehen. Im Jahrhundert zuvor hat es nur eine Überflutung gegeben, die aber so gewaltig war, daß sie als „Jahrtausendüberschwemmung" in die Geschichte eingegangen ist.

Der Mensch indessen versucht zu jeder Zeit und mit allen Mitteln, allen Dingen seinen Willen aufzuzwingen. So versucht er andauernd, den Fluß in seinem Ablauf zu hemmen. Er versuchte, die Donau wie ein Lasttier für seine Zwecke gefügig zu machen. Die Donau ließ vieles mit sich geschehen. Nur manchmal, wenn das Maß bereits voll war und es ihr zuviel wurde, ging sie aus sich heraus. Das ist dann der Augenblick, in dem der Mensch zurücktritt, um Abstand zu gewinnen von der wahren Größe, seine eigenen Grenzen erkennend.

Im Laufe der Geschichte änderte sich das Weltbild politisch und geographisch gesehen mehrmals. So hatte auch die Donau auf ihrem Weg nach Osten für den Großteil ihrer Wassermassen nach manchem Hochwasser die Richtung geändert und einmal die Insel Lobau im Norden, ein andermal im Süden mit ihrem Hauptstrom umflossen.

So wie man zuweilen das Gebahren von Menschen in verzwickten Situationen als „Bauchtanz" bezeichnet, könnte man bei der Insel Lobau von einem „Schnursprung" sprechen, zumal das Band des Donaustroms einmal über ihr, dann wieder unter ihr die Grenzen bestimmte, ohne daß die Lobau selbst ihre Postition verändert hätte.

Anhand der Ansuchen für die jagdliche oder wirtschaftliche Nutzung der Insel durch die jeweilige Herrschaft läßt sich der Grenzwechsel auch in der Zeit vor den karthographischen Darstellungen des Donauraumes vermuten.

Die folgenden Jahreszahlen stellen die in den Annalen verzeichneten Überschwemmungen dar, wobei die hinter-

angestellten Buchstaben N (den nach Norden) und S (den nach Süden) wechselnden Hauptstrom und somit die Begrenzung der Lobau durch die Donau verdeutlichen sollen.

1021 N	1275	1342	1615	1661	1720 S	1830
1030 S	1280	1402	1647 N	1670	1785	1850
1194	1316 N	1464	1648	1677	1787	1862
1210	1328	1501 S	1651	1682 S	1799	1867
1235	1340	1606	1658	1717 N	1809	1954

Wie daraus zu ersehen ist, verblieb die Lobau seit dem Jahre 1720 dem nördlichen Donauufer zugeordnet. In den Jahren 1870 bis 1875 war es der Mensch, der ihr ein Korsett verpaßte und sie zu einem vorgegebenen Weg zwang, bis er ein Jahrhundert später abermals Hand an sie legte und sie im Bereiche Wiens zu einem „Großen doppelherzigen Strom" teilte.

Der Mensch hatte im Laufe der Zeit der Donau die Hände gebunden, die Arme abgeschnitten, ihren Rumpf in eine Zwinge gesteckt und ihr hinterher eine dreifache Freiheit geschenkt. Auf diese Art verkörpert die Donau an sich drei Altersstufen beziehungsweise drei Generationen.

Wenn dort, wo die Donau wieder die Alte ist, von Zeit zu Zeit ihr Bett zum Zwecke einer besseren Schiffbarkeit ausgebaggert wird, dann dringt aus ihr ein Ächzen und Stöhnen, als würde der Schmerz aller gepeinigten Kreaturen laut.

So wie die Lobau zu verschiedenen Zeiten und in verschiedenen Belangen eine begriffliche Erweiterung beziehungsweise Einengung erfahren hat, hält uns die Natur mit all ihren Erscheinungsformen wie Hoch- und Niedergang, Zunahme und Abnahme, Ebbe und Flut ein stetes Kommen und Gehen vor Augen. Der Mensch hat an den Fluß Hand angelegt, hat er aber damit die Natur auch in den Griff bekommen?

Der Wiener zumindest hat verstanden, mit der Donau zu leben. Ihm wird nicht nur ein goldenes Herz, sondern auch ein ebensolcher Humor bescheinigt, wenngleich sich dieser manchmal als schwarz erweist. Er hat diese Art von Humor vor allem an einem Faschingstag des Jahres 1867 bewiesen, als ungeachtet der schrecklichen Überschwemmung zum erstenmal der Walzer „An der schönen blauen Donau" erklang.

Manchmal hat es den Anschein, die Natur könnte nur dann als Sieger hervorgehen, wo die Vernunft der Menschen siegt. Würde der Mensch tatsächlich die Natur besiegen, dann hätte er seinen eigenen Untergang eingeleitet, denn so wie alles fließt, so ist auch alles Natur.

Wo die Zeit vergeht und Zeiten wiederkehren, findet auch der Fluß zu seinen angestammten Plätzen zurück, gleich den Menschen und Tieren, die ein Gebiet für sich bezeichnen, um bei Gelegenheit darauf zurückzugreifen. Auf diese Weise mündet jeder Fluß im Grunde in sich selbst. Die Zeit ist ein Fluß mit Wiederkehr. Für die Lobau bestimmt die Donau Zeit und Gezeiten.

DIE LOBAU ALS TRIBUT

Die Donau hat also ihr Kind, das erst später zu seinem Namen kommen sollte, abwechselnd dem einen, dann wieder dem anderen Ufer zugeschoben. Dadurch wurden die Besitzverhältnisse der Insel nicht klarer. Im Jahre 1021 sprach Kaiser Heinrich II. in einer Landschenkungsurkunde an das Kloster Weihenstephan von einem Gebiet, das im Süden von der Donau begrenzt war. Neun Jahre später billigte als neuer Besitzer dieses Landstrichs der Freisinger Bischof – ausgerechnet Heinrich von Eberstein mit Namen – dem Landesherren Markgraf Leopold III. freies Jagdrecht auf dem vormals Ebersdorfer Forste. Dies beweist, daß die damals noch namenlose Insel durch eine Änderung des Flußlaufes nach einem Hochwasser nunmehr dem Freisinger Bistum näher stand. Seit dem 12. Jahrhundert saß das Geschlecht der Tiersteiner nachweisbar in Ebersdorf und nahm die Insel für sich in Anspruch, eine Tatsache, die sich darin äußert, daß der Hauptstrom der Donau, der als Lobarm tief in das Marchfeld ausholte, damals wieder im Norden an dem Eiland, vorüberzog. 200 Jahre danach trat Veit von Ebersdorf das Erbe über jene inmitten einer vorwiegend von Wildschweinen belebten Wildnis gelegenen Enklave an. Zu dieser Zeit rangen auch aufgrund von ungeklärten Eigentümer- und Nachkommenschaften Böhmen, Mährer, Ungarn, Türken, Deutsche und zuletzt auch Österreicher um die Vorherrschaft in Europa. Verwandtschaftliche Bande schufen mehr Feind-, denn Freundschaften. Als schillernde Leitfigur in diesem Zeitalter trat der Ungarkönig Matthias Corvinus aus dem Geschlecht der Hunyadis in Erscheinung und versuchte, seinen Konkurrenten, wo immer es ging, das Reich streitig zu machen, was ihm auch soweit gelang, daß sich sein stärkster Widerpart Kaiser Friedrich III. wohl im Besitz der Stephanskrone, dennoch mehr auf der Flucht als an der Front befand. Dieser Friedrich hatte eine erstaunliche Karriere hinter sich, und seine einzelnen Stationen als Politiker und Staatsmann muten wie ein Zahlenspiel an. Als Herzog war er der V., als deutscher König der IV. und als erster Habsburger in der Würde eines Kaisers des Heiligen Römischen Reiches Deutscher Nation schien er als der III. Friedrich auf. Dies alles in eine Person zu vereinigen, während sich sein Machtbereich im Gegensatz zur jeweiligen Gradierung änderte, war gewiß keine leichte Aufgabe und führte zu einer inneren Zerrissenheit und Widersprüchigkeit, die vom Herrscher auf die von ihm beherrschten, vielmehr zu beherrschen beabsichtigten Ländereien übergriffen. Dennoch strebte Friedrich ständig einen erweiterten Machtbereich an und betrachtete selbst Rückzüge als strategische Maßnahmen. Der Haudegen Matthias war da von anderer Art. Er hielt nicht allzuviel von Diplomatie, sondern vielmehr vom energischen Vorgehen eines Eroberers und eines Mannes, der zum Herrscher geboren war. In der zweiten Phase des Krieges, den er gegen Friedrich führte, gelang ihm 1477, das Land zwischen Hainburg bis Enzersdorf an der Fischa einzunehmen und zu verwüsten. Acht Jahre später trug er den Angriff bis Ebersdorf vor. Sein Ziel, die Stadt Wien zu erobern, beabsichtigte er nur durch ein Aushungern ihrer Bevölkerung zu erreichen, während er sich selbst und ein Großteil seiner Truppe in den Auen östlich von Wien am Schwarzwild gütlich tat, zumal er dort von Veit förmlich zur Jagd eingeladen wurde, indes sich Friedrich nach Linz abgesetzt hatte und von dort her die Wiener mit Durchhalteparolen zu stärken versuchte. Veit von Ebersdorf hoffte, wie so viele im Lande, mit Matthias Corvinus auf die richtige Karte gesetzt zu haben, indem er sich im Gegensatz zu den allzeit Getreuen Wiener Neustädtern als Gefolgsmann des Ungarkönigs erwies.

Ringsumher zeichneten die brennenden Dörfer die Bedrohung des Ungarnkönigs in den Himmel. Matthias Corvinus verfolgte eine Politik der verbrannten Erde. Aber er forcierte im gleichen Maße auch eine Politik der Korruption. Während der Kaiser nichteinmal in der Lage war, seine Söldner zu bezahlen, geschweige auch die oftmaligen mit Reputationskosten verbundenen Friedensangebote des Ungarnkönigs einzugehen, bot dieser den jeweiligen Burgkapitänen hohe Summen für die kampflose Übergabe der von ihnen überantworteten Festungen an. Indes die „gemeinen Leute" bis zu ihrem letzten Atemzug dem Kaiser die Treue hielten, strichen dessen Vertrauenspersonen ihren Schandlohn ein. Auf diese Weise kamen Hainburg für 3000 Gulden und Güns für 1000 Gulden in Corvinus Hand, ohne daß dessen von 80 Ochsen aufgezogenen Geschütze eingesetzt werden mußten.

Wien war umzingelt. Die Ungarn hatten Baden, Wiener Neustadt und Korneuburg bereits eingenommen und blickten vom Kahlenberg in die Reichshauptstadt. Was sollte da Veit von Ebersdorf noch den Helden spielen? Also fand er es klüger, sich mit dem auf der Siegesstraße befindenden Ungarnkönig zu arrangieren. Als auf Corvinus ein Attentat durch dessen fähigsten Feldherren Dobiasch von Cernahora und einem Sekretär erfolgte, konnte sich Veit auch noch als Samariter erweisen. Damit hatte der Kaiser fürs erste einmal einen Mann aus seinen Reihen verloren, aber einen vorzüglichen Heerführer aus dem Korps des Ungarnkönigs gewonnen. Denn Dobiasch von Cernahora hatte nichts Eiligeres zu tun, als in der Zeit, in der Veit von Ebersdorf dem Ungarnkönig bis zu dessen Genesung freie Kost und Quartier „gewährte", sich seinerseits den kaiserlichen Truppen zur Verfügung zu stellen, um einer Exekution, wie sie seinem Komplizen widerfahren sollte, zu entgehen.

Mit Ebersdorf wurde dem Ungarnkönig das Tor in die Reichshauptstadt geöffnet. Aber es kam anders, als Veit dachte. Corvinus zog wohl in Wien ein, und Veit von Ebersdorf erlebte unter der Herrschaft des Ungarn einen Aufstieg. Aber mit dessen Tod war auch seine eigene Glanzzeit zu Ende. Es gelang ihm nicht, sich ein zweitesmal mit dem Mächtigen zu arrangieren, denn nun war Friedrich an der Macht und die ungarische Herrschaft hierzulande beendet. Der Tiersteiner wurde von Friedrich zur Rechenschaft gezogen. Veit zog aber seinerseits den Hals aus der Schlinge, indem er dem Kaiser seinen Sitz samt dem Ebersdorfer Amt, mithin jene Insel, die in späteren Landkarten als Lobau geführt wurde, überließ. Fortan erhielt der Ort der Handlung den Namen Kaiser-Ebersdorf, und die nachnamige Lobau wurde nicht nur habsburgischer Landbesitz, sondern auch kaiserliches Jagdgebiet. Der Kaiser hatte nunmehr nicht nur das Jagdrecht, sondern auch das Grundrecht. Als Resümee dieses in drei Etappen geführten Krieges ging es aber letztlich darüber hinaus um die Entscheidung, ob die österreichisch-ungarische Monarchie in Zukunft von einem Ungarn oder Österreicher regiert werden sollte.

Maximilian I., der mit dem Vorgehen seines Vaters nicht immer einverstanden gewesen war, verfuhr wesentlich freundlicher mit Veits Nachkommen.

Der letzte Ritter erwies sich nämlich gegenüber einem Benesch von Ebersdorf höchst ritterlich, indem er den Tiersteinern das Recht einräumte, daß jeweils der Älteste der Familie das Obristkammeramt in Österreich innehaben soll.

Wohl hatte Maximilian I. zuvor noch seinem Rat und Landmarschall in Österreich, Christoph von Liechtenstein zu Nikolsburg, befohlen, Amt und Pflege zu Ebersdorf samt Zeug und Zubehör unverzüglich seinem Rat und Pfleger zu Tulln, Andreas Krabath von Lappitz, zu über-

geben. Veits Enkel Sigmund starb aber immerhin 1566 als Obrister Erbkammerer zu Österreich und letzter Graf von Tierstein sowie Herr von Ebersdorf in Ernstbrunn.

Kaiser Leopold I. erwählte das Ebersdorfer Revier und somit die Lobau zu seinem Lieblingsjagdgebiet und das Gut zu seiner Sommerresidenz. Die von ihm veranstalteten Herbstjagden bedeuteten für die Aristokratie jedes Jahr einen gesellschaftlichen Höhepunkt.

Als die Donau längst wieder mit ihrem stärksten Arm die Insel Lobau an das Marchfeld drückte, wurde im Jagdatlas Kaiser Karl VI. durch Jakob Marinoni die Lobau immer noch als Ebersdorfer Dienst geführt.

Als fast 100 Jahre später der selbstherrliche Napoleon Bonaparte von Ebersdorf her die Lobau in Beschlag nahm, schlug sich die Herrschaft von Eßling bereits vor dessen Ankunft auf die Seite des Franzosenkaisers und bereitete eine Festtafel, vornehmlich aus Wildpret bestehend, vor. Damit hoffte sie die Besatzer und künftigen Machthaber für sich einzunehmen. Nur hieß bald darauf der Sieger Kaiser Franz I. von Österreich dank dessen Bruder Erzherzog Karl. Diesmal ahndete der österreichische Monarch das Verhalten eines ihm untertänigen Grafen nicht, der eigentlich im Grunde dasselbe als seinerzeit Veit von Ebersdorf getan hatte. Ging doch 46 Tage nach der Niederlage von Aspern Napoleon in Deutsch-Wagram als neuer Sieger hervor. Und Franz selbst bot dem Mächtigen seine Tochter zur Frau und zeichnete persönlich für die Hochzeitstafel verantwortlich.

Als nach weiteren 100 Jahren das Ende der Monarchie besiegelt wurde und der letzte Kaiser von Österreich der Ersten Republik die Insel Lobau zum „Geschenk" machte, ging jenes Pfand, das ein Habsburger von den Ebersdorfern eingelöst hatte, durch einen anderen Habsburger gewissermaßen als Tribut an das „Land" zurück.

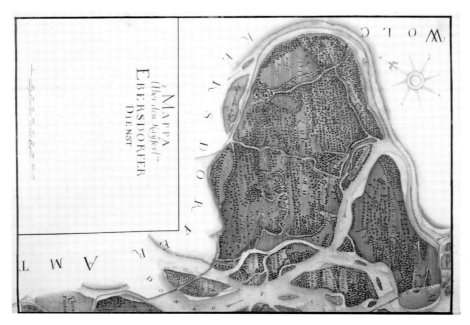

Marinoni-Atlas anno 1728

Jagdatlas Kaiser Karls VI.

NAPOLEON UND LANNES

Nach Schloß Schönbrunn hatte Napoleon das kaiserliche Jagdschlößchen Ebersdorf in Beschlag genommen. Kaiser Franz I. von Österreich hatte sich wohlweislich nach Horn zurückgezogen und seinem Bruder Karl das Feld überlassen. Nördlich von der Lobau erwartete der Oberbefehlshaber der österreichischen Truppen von Napoleon, daß diesem hier nun gelingen würde, was ihm in der Schwarzlackenau nicht gelungen war. Irgendwo müsse der schlaue Korse ja doch die Donau übersetzen, wenn er den Kampf mit den Österreichern aufnehmen wollte. Erzherzog Karl hatte nach der verlorenen Schlacht bei Regensburg, wo es wieder einmal um die Herstellung der alten Ordnung im Sinne der traditionellen Monarchie gegenüber den Folgeerscheinungen der Französischen Revolution gegangen war, den Rückzug seiner Truppe dermaßen angelegt, daß er damit bei seinen Verfolgern den Eindruck einer überstürzten Flucht erweckte und diese zu seiner endgültigen Vernichtung aufforderte.

Kaum in Ebersdorf angekommen, gab Napoleon den Befehl zum Brückenschlag. Zwei Inseln dienten dabei als Pfeiler: Der Hansel- und der Schneidergrund. Von hier aus war über den bislang breitesten Flußgang der Lobgrund zu erreichen. Am 15. Mai 1809 tummelten sich die ersten französischen Grenadiere darauf herum und jagten einigen Asperner Bauern bei der Holzarbeit einen argen Schrecken ein.

Der vorwiegend aus Pontons errichtete Übergang konnte trotz widriger Umstände, da die Donau Hochwasser führte, bereits fünf Tage später von Napoleon in Begleitung seines Jugendfreundes und besonderen Günstlings, Marschall Jean Lannes, beschritten werden. Den beiden

folgten der weitere Generalstab sowie fünf Divisonen der Kampftruppe.

Auf dem Lobgrund ließ Napoleon sein Hauptquartier errichten und den Brückenkopf absichern. Von hier aus konnte der Troß eine Heerstraße quer durch die Insel Lobau bis zum Mühlwasser ziehen und den Aufenthalt davor als Atempause für den letzten Sprung ins Marchfeld nützen. 200 Freiwillige wagten den Übergang noch am selben Abend. Napoleon hielt sich anfangs noch zurück. Als ihm aber bekannt wurde, daß außer einer kleinen Schwadron Reiter, die bald in die Flucht geschlagen wurde, von den Österreichern nichts zu bemerken sei, machte er sich mit dem Gedanken vertraut, diese bis Mähren verfolgen zu müssen.

Die Übersetzung des Mühlwassers erwies sich mangels Pontons doch schwieriger, als von den Franzosen anfangs angenommen worden war. Der Nachschub ging nur zögernd vonstatten. Dennoch konnte nach einigem Geplänkel Aspern von den Franzosen eingenommen werden. Der befragte Ortsrichter wollte genausowenig über den Verbleib der Österreichischen Verbände berichten wie der mit ihm verhörte Oberförster. War doch der Großteil der Asperner Bevölkerung in den Oberleitherwald bei Wolkersdorf geflüchtet.

Napoleon beorderte seinen General Massena in die Glockenstube, um nach den Österreichern Ausschau zu halten. Da aber nirgends ein Lagerfeuer zu sehen war, gaben sich die Franzosen einem scheinbaren Frieden hin. Dies war aber von dem österreichischen Oberbefehlshaber beabsichtigt worden. Er hatte noch untertags, während sich die Franzosen in den Büschen herumschlugen, seine

Leute von Aderklaa abkommandiert und vor Aspern zusammengezogen.

Napoleon beabsichtigte, die Verfolgung anderntags fortzusetzen.

Bei der Ausführung dieses Befehls liefen jedoch die Franzosen den Österreichern in die Bajonette.

Damit begann eine der wüstesten Schlachten, die jemals in diesem Raum stattgefunden hatten. Aspern wurde während der Kampfhandlungen an den Pfingsttagen sechsmal von den Franzosen eingenommen und ebensooft von den Österreichern zurückerobert. Es blieb kaum ein Stein über dem anderen. Was aus Holz war, wurde zu Asche. Dem Franzosenkaiser wurde in Kriegerpose, auf einem Pferd reitend, dieses förmlich unter dem Hintern weggeschossen. Ein andermal soll er sich im Jägerhaus im Beisein von zwei Jagdgehilfen befunden haben, die im Sinn hatten, den Despoten zu überwältigen, aber doch nicht den Mut dazu fanden.

Ständig wechselte das Kriegsglück von einem Lager ins andere. Ein Ende, und wie dies beschaffen sein sollte, war nicht abzusehen. Lediglich der Tod besiegelte unzählige Schicksale. Die von den Menschen verlassenen Tiere und die von Gott verlassenen Menschen stimmten eine Klage unermeßlicher Leiden an.

Tote lagen übereinandergehäuft. Verwundete baten um Erlösung ihrer Qualen.

Selbst in den eigenen Reihen flammten Meinungsverschiedenheiten auf. Auf österreichischer Seite gerieten die Generäle Hiller und Wacquant wegen unterschiedlicher Auffassungen über die fortzuführende Strategie einander in die Haare. Bei den Franzosen gab es zwischen den Marschällen Bessieres und Lannes Kompetenzstreitigkeiten.

Das eigentliche Schlachtfeld breitete sich zwischen den Dörfern Aspern und Eßling aus. Hier traf die Reiterei beider Heere aufeinander und löste ein Gemetzel ohnegleichen aus. Der Schüttkasten zu Eßling wurde zum Bollwerk der Schlacht und zur Festung der Franzosen. Die Artillerie pulverte einfach drauflos, und ihre Kommandeure hofften, ausschließlich den Feind mit ihren Geschoßen zu treffen. Die brennenden Dörfer ermöglichten den Kriegern, den Kampf auch in der Nacht fortzusetzen.

Obwohl zahlenmäßig in der Übermacht, kamen die Österreicher durch manche Fehleinschätzung ihres Gegners ins Hintertreffen. Manche ausgeklügelte Operation ging dabei ins Auge. So war der Idee, vom Floridsdorfer Spitz sogenannte Brander und mit Steinen beladene Kähne, Flöße, Plätten und Schiffsmühlen als Rammböcke auf den Brückenkopf abzulassen tatsächlich Erfolg beschieden, weil der Nachschub der Franzosen dadurch ins Stocken kam. Die österreichische Artillerie unter dem Kommando von Oberst Smola fügte dem Brückenkopf beträchtlichen Schaden zu. Andererseits hinderte der unterbrochene Übergang die Franzosen bei ihrem Rückzug, so daß ihnen in ihrer Verzweiflung nichts anderes übrig blieb, als sich neuerdings dem Kampf zu stellen, wodurch dieser bis zum 22. Mai hinausgezögert werden konnte. Letztlich wurde die Insel Lobau für viele zum rettenden Eiland, für viele zum Grab. 3000 Franzosen wurden allein in der Nähe ihres Pulvermagazins verscharrt. Alles in allem gerechnet waren an die 10.000 Tote und 34.000 Verwundete auf dem Schlachtfeld geblieben. Das grüne Dach der Au überdeckte ein Lazarett und ein Totenhaus.

Die Franzosen büßten fünf ihrer tüchtigsten Generäle ein. Marschall Lannes hatte eine von Groß-Enzersdorf abgeschossene Kanonenkugel beide Beine zertrümmert. Napoleon besuchte seinen Gefährten kurz vor dessen Abtransport nach Ebersdorf. Als er sich selbst mit einem Boot

Napoleon nimmt Abschied vom tödlich verwundeten Lannes

übersetzen ließ, sagte er im Hinblick auf seinen todgeweihten Jugendfreund: „Das war ein Mann, auf den ich mich unbedingt verlassen konnte" und tröstete sich angesichts der desolaten Brücken, daß eigentlich „General Danube" die französische Armee geschlagen habe. Aber das letzte Wort sollte darüber noch nicht gesprochen sein. „Nur Dummköpfe benötigen einen langen Schlaf" hat Napoleon einmal seinen Soldaten vorgeworfen. In Ebersdorf brachte er es zu einem 24stündigen Schlummer. Sein eigener Ausspruch war ihm mit der ganzen Schwere wie eine Decke auf den Kopf gefallen.

Seine Truppe brauchte 42 Tage, um sich zu erholen. Die Insel Lobau war zur Waffenschmiede geworden. Das metallene Hämmern erwiderte das Glockengeläute aus den umliegenden Dörfern, die von dem Kampfgeschehen bisher verschont geblieben waren. Hier, auf der Insel Lobau, wurden die Vorbereitungen zum nächsten Ausfall und Generalangriff getroffen. Bäckereien, Fleischereien, Feldküchen und Kantinen entstanden, indes die Leichen zum Himmel stanken. Der Übergang von Ebersdorf auf die Insel Lobau konnte über drei Spuren erfolgen. Eine mit Pfählen gestützte und eine von Schiffen getragene Brücke dienten den schweren Geschützen beziehungsweise der Kavallerie. Ein auf Piloten befestigter Steg ermöglichte der Infanterie die Querung des Hauptflusses. Am Stadtler Arm kam es ebenfalls zu einem Brückenschlag.

Die Lobau wurde zur französischen Kolonie. Der im Stadtler Arm gelagerte Mühlhaufen war in der Generalstabskarte der Franzosen mit „Isle Alexandre", der Uferhaufen als „Isle Montebello" und der Durchschlaghaufen „Isle d'Espagne" bezeichnet. Alle zusammen waren mit 60 Geschützen, darunter 18 Mörsern bestückt, die ihre Rohre nach dem Stadtl Enzersdorf richteten.

Von Napoleon wird berichtet, daß er eine Pappel bestieg, um die Position der Österreicher zu erkunden, während Erzherzog Karl nachweisbar vom Kirchturmfenster des Stadtl Enzersdorf die Bewegungen der Franzosen verfolgte. Vorbereitungen zu einem neuerlichen Angriff ließen sich wahrnehmen.

Napoleonschanzen

Zerstörung der Donaubrücke durch brennende Flöße

In der Nacht zum 5. Juli überquerte Napoleon mit seinen Leuten bei Sturm und Regen den Stadtler Arm in Richtung Osten. Zuvor war schon ein Stahlgewitter losgebrochen. Acht Stunden lang schlugen im Stadtl Enzersdorf die Geschoße der Mörser ein, ehe die französischen Streitkräfte die österreichische Vorhut überrannten und sich den Weg nach Wagram freischossen. Das letzte Kapitel einer Schlacht sollte in französischer Sprache fertiggeschrieben werden. Aber es war dies nicht das letzte Kapitel eines Krieges.

In der Lobau hatte wieder einmal etwas einen Ausgang genommen, das sich als blutige Spur quer durch Europa zog.

Der Schüttkasten zu Eßling

Man hatte später Erzherzog Karl den Vorwurf gemacht, daß er nicht seinem Feind in die Lobau nachgestellt sei. Aber seine Armee war genauso ausgeblutet wie die seines Gegners. An dieser Front hielten Sieg und Niederlage gleichsam wie Verlust und Gewinn einander die Waage.

Als der nächstfolgende Schwall der Donau über die unzähligen Leichen in der Lobau hinwegspülte und nach einiger Zeit wieder zurücktrat, wagte sich niemand mehr von den Einheimischen, den nunmehr zurückgekehrten Flüchtlingen, in die Lobau. Giftige Dämpfe lasteten über ihr. Und Seuchenherde lagen ihr zugrunde.

Ein sogenannter Großer der Weltgeschichte hatte die Sintflut hinter sich gelassen …

*

Napoleon stand also, von seiner Erschöpfung erholt, wie eh und je mit beiden Beinen im Leben. Seinem Jugendfreund, Kameraden und Gefährten Lannes aber waren die Beine auf dem Weg ins Grab vorausgegangen. Das war nicht das einzige Makabre und Absurde an dieser Geschichte. Lannes restliche Körperteile wurden ein Jahr später nach Paris überführt, wo diese zu den Klängen von Beethovens Trauermarsch im Pantheon beigesetzt wurden. Und Lannes Witwe rückte zur Ehrendame von Napoleons Gattin Marie Luise, der Tochter des österreichischen Kaisers auf.

DIE REGULATOREN UND DER ROTE HIASL

„Der Name ist eine Vorbedeutung." Diese alte, aus dem Lateinischen geschöpfte Weisheit ist nicht zu widerlegen. Wenn ein Wirtshaus „Zum Hecht", „Zum rostigen Anker" oder „Zur Oase" heißt, kann man sich darunter leicht etwas vorstellen. Beim „Roten Hiasl" verhält es sich schon anders. Aber auch dafür gibt es eine einfache Erklärung.

Nachdem sich Napoleon in der Lobau kalte Füße geholt hatte, trat die Donau 1830 erneut aus ihrem Becken, und zwar in einem derartigen Maße, daß sie Stadt und Land

Arbeiten am Damm

überflutete. In diesem Jahr war es so arg, daß ganze Dörfer hinweggespült worden sind. Franz Grillparzer hat in seiner Novelle „Der arme Spielmann" das Leid der vom Hochwasser Betroffenen eindrucksvoll geschildert und mithin auch die damals herrschenden Verhältnisse in der Brigittenau, Leopoldstadt und der heutigen Donaustadt. Die Frage nach dem größeren Übel – Napoleon oder das Hochwasser – wurde schon im Rahmen des Wiener Kongresses gestellt. Ein neues Gesetz wurde beschlossen, demnach sich alle Donaustaaten im Interesse der Binnenschiffahrt und Landabsicherung zur Regulierung der Donau verpflichteten. Gerade Wien war da vor eine große Aufgabe gestellt, weil sich just hier die Donau mit mehreren Armen Platz verschaffte. Sie zu einem Fluß zu zwingen und ihre Ufer mit Dämmen zu versehen, eine schon seit langem von Ingenieuren geforderte Maßnahme, sollte nun ihre Verwirklichung erfahren. Schon um das Jahr 1785 hatte der in Ödenburg geborene und in Preßburg zum Ingenieur gradierte Johann Sigismund Hubert mit einem Dammstück von Langenzersdorf bis Nußdorf eine Musterstrecke errichtet. Nur widerfuhr ihm das Mißgeschick, daß der Damm bald darauf brach und Jedlersdorf überschwemmte, worauf böse Zungen behaupteten, aus

Jedlersdorf sei ein Jedlersee geworden. Es bedurfte beinahe 100 Jahre, bis man an eine Fortführung dieses Projektes dachte. 1870 war endlich das Jahr, in dem mit der großen Donauregulierung begonnen wurde. Eine Heerschar von 1000 Arbeitern aus aller Herren Länder verdingte sich hier als Knechte, denn die Arbeit war schwer und nicht den Leistungen entsprechend honoriert. Wenngleich auch Schiffsbagger und Grabmaschinen direkt vom Suezkanal weg hierher beordert wurden und wie zu einer Schlacht auffuhren, mußte der Großteil an Arbeit händisch vom

Trockenbagger

„Fußvolk" im Kampf gegen die Naturgewalten erledigt werden. Aus Polen, Italien, Kroatien, Slowenien, Tschechien und der Slowakei kamen die Legionäre, um hier der Lebensader und dem Stolz des Österreichers, der Donau, zu Leibe zu rücken und sie zwischen Granitblöcken, Schotter und Erde einzuzwängen. Immerhin hatte man ihr einen Freiraum, das sogenannte Überschwemmungsgebiet belassen, das in trockenen Zeiten unzählige Wiener für ihre Freizeit nützten.

Dieses Jahrhundertprojekt hatte der Staatskasse 32 Millionen Silbergulden gekostet, der Lobau aber den Lebensnerv. Wie jede Medaille hatte auch jeder Silbergulden zwei Seiten. Während die Au mit der Zeit „verhärtete", trocknete das angrenzende Land zusehends aus. Wo zuerst ein Marchfeldschutzdamm errichtet wurde, mußte wieder ein Jahrhundert später ein Marchfeldkanal gegraben werden, um eine Versteppung durch den sinkenden Grundwasserspiegel zu verhindern.

Jedenfalls ahnten damals in den Jahren 1870 bis 1875 nur wenige die Folgen, die eine wirksame Bekämpfung des Hochwassers in Zukunft zeitigen werde. Man war stolz auf dieses technische Husarenstück, das der Donau als eine Art „Chinesische Mauer" zur Seite gestellt wurde.

Einer der unzähligen angeworbenen Mitarbeiter am Hochwasserschutzdamm war Mathes Turnowsky aus Galizien. Er wurde wegen seiner roten Haare „Der rote Hiasl" genannt. Er erwarb sich mit seinem hart erarbeiteten Geld eine auf dem Biberhaufen vom Wasser abgeschnittene, nun nutzlos gewordene Schiffsmühle und richtete diese als Gaststätte ein.

Zum Zeichen, daß er es von den vielen als einziger zu etwas gebracht hatte, hielt er nun seinerseits den ehemaligen Kumpeln mit einem Wirtshausschild seinen Spitznamen entgegen. Fortan hat sich diese Bezeichnung erhalten, auch als Mathes Turnowsky die Bretterbude in einen Steinbau verwandelte und er selbst die weitere

„Zum Roten Hiasl"

Entwicklung nicht mehr erlebte. Es blieb beim „Roten Hiasl", ob dessen neue Besitzer nun aus Serbien oder aus der Tschechoslowakei wie ehedem die Dammarbeiter kamen, andere Namen und andere Haarfarben aufwiesen oder ihre Haare überhaupt irgendwo gelassen hatten. Jeder von ihnen hat mit seinem Leben ein mehr oder weniger tragisches Kapitel zur Geschichte dieses Hauses geschrieben. Vom Aufbau und Verfall bis zum Aufstieg in den Rang eines Restaurants hat dieses mit einem menschlichen Namen bezeichnete Gebäude so manches mit dem Schicksal von Menschen gemein.

„Nomen est omen." „Der rote Hiasl" liegt am Fuße des Hubertusdammes, wo von der Raffineriestraße der Biberhaufenweg abzweigt und Richtung Aspern führt. „Hubertusdamm"! Wovon sich diese Bezeichnung wohl ableiten läßt? Es liegt nahe, an den Jagdheiligen zu denken, führt doch dieser Damm mitten durch dessen Reich. Aber das wäre zu einfach. Der Hubertusdamm gehört neben dem Burgenland zum Lieblingsobjekt der Etymologen, die das Naheliegende und Zwingende nicht gelten lassen wollen und die Erklärung naseweis an den Haaren herbeiziehen. Wie das Burgenland ihrer Darlegung nach nicht aufgrund der zahlreichen Burgen, die in diesem Land stehen,

sondern aufgrund seiner einstens ihm zugehörenden Städte Eisenburg, Preßburg und Ödenburg zu seinem Namen gekommen sein soll – als ob es nicht gleichgültige wäre, ob die Burgen nun in der Stadt oder auf dem Lande anzutreffen sind –, so wissen die Besserwisser auch, daß der Name Hubertusdamm auf den Pionier des Hochwasserschutzdammes, den unglücklichen Ingenieur Johann Sigismund Hubert in Verbindung mit einer lateinischen Nachsilbe zu beziehen sei. Wobei hier böse Zungen, falls sie noch nicht ausgestorben sind, behaupten könnten, daß hier der Name eine böse Vorausahnung bedeute. Es bleibt in diesem Zusammenhang immer noch die Frage offen, wie weit die mitten durch die Au ver-

laufende Hubertusallee in Beziehung zum Dammbaumeister steht. – Soweit, so gut. „Da legst die nieder", sagt der Österreicher nach ein paar Vierterln im „Roten Hiasl" zu dieser Erkenntnis. Der Bayer, aus dessen Heimat das Wasser der Donau zu uns heruntergeschwommen kommt, um allenfalls einen Gspritzten daraus zu machen, ist da anderer Meinung und zitiert im erweiterten Sinne seinen Landsmann Goethe. Aber völlig falsch angebracht, wenn er plötzlich von einem Forscher erfahren muß: Goethe hätte, als er seinen Götz von Berlichingen durch das Fenster den Hauptmann sagen ließ: „Lex mihi ars" gemeint, nämlich „Gepriesen sei die Kunst."

Wahrlich, bei soviel Forschergeist und Kunstsinn weiß man nicht mehr, wer da der Hiasl ist und welche Farb' der hat.

DAS STUMMERL

Während der Hochwasserschutzdamm zur March wuchs, wurden die Bauhütten nach und nach abgezogen, um sie an den neuen Bauplätzen zu errichten. Nur eine in der Nähe des „Schwarzen Loches" blieb bestehen. Ein Mann hatte sie sich auserbeten, mit gefalteten Händen, denn er konnte nicht sprechen, und die Antwort hatte er sich von den Lippen des Bauleiters abgelesen.

Als sich die nunmehr von Hochwasser- und Rückstaudamm behütete Lobau von den Wunden zu erholen begann, fand auch das Stummerl seine Bleibe in der Hoffnung, daß auch seine Wunden, die ihm manche Menschen bedacht oder unbedacht zugefügt hatten, vernarben würden. Die ehemalige Bauhütte wurde zu seiner Unterkunft. Ein Herd und ein Bett waren ihm verblieben und etwas Blech, das er der Hütte über die Bretter zog, damit der Wind nicht durch die Fugen pfeife. Ansonsten war das Anwesen vom Hochwasser einigermaßen abgesichert, denn beim Schönauer Schlitz kam im Ernstfalle immer nur soviel Wasser herein,

Das Stummerl vor seiner Hütte

als die Donau auf ihrem raschen Fluß in die Seitenarme erübrigen konnte, und was hinter dem Hauptdamm in entgegengesetzer Richtung zurückfloß. Das war gerade soviel, als die Au zum Leben brauchte.

Das Stummerl brauchte weit weniger. Er kam mit dem aus, was ihm das „Schwarze Loch" an Fischen bot und der Wald an Kräutern und Pilzen. Manchmal sah der Förster nach ihm, nicht ohne dem Stummerl eine Aufbesserung in Form von Käse und Würsten mitzubringen. Wenn es nötig war, kam sogar der Arzt vorbei.

Ab und zu ließ sich bei ihm der „Wilde" sehen. Der lebte schon in der Wildnis, ehe die Donau reguliert war. Er war nach der blutig niedergeschlagenen Revolution im März 1848 hierher geflüchtet, weil man ihn zum Tode verurteilt hatte. Er lebte fortan nur mit Tieren zusammen, denen er auf irgendeine Weise das Leben gerettet hatte. Niemand wußte, wo er seinen Unterschlupf gefunden hatte und ob er etwa mit einem Fuchs die Höhle teilte. Der Förster hatte ihn nur mehrmals auf dem Rohrwörth aufgespürt, aber der „Wilde" war dann plötzlich irgendwo untergetaucht. Die

Kunde, daß jene Revolutionäre, die damals nicht hingerichtet wurden – es waren deren genug – eine Amnestie erfahren haben, war nicht bis zum „Wilden" gedrungen. Der traute dem Frieden nicht. Nur dem Stummerl, seinem unmittelbaren Nachbarn, stattete er zuweilen einen Besuch ab, denn dessen Verschwiegenheit war er sich gewiß.

So wurde nur des Stummerls Anwesenheit in der Wildnis bekannt. Die Kunde, daß in der Lobau ein Einsiedler lebe, hatte viele Wiener dorthin wandern lassen. Bald wurde eine Pilgerfahrt daraus, bei der sich manche, die ihr Brot mit dem Stummerl teilten, als Heilige betrachteten. Dem Stummerl war anzusehen, daß es ihm lieber war, wenn er keine Leute sah. Bei einiger Überlegung war seine Verschlossenheit, die in seinem Verhalten zum Ausdruck kam, auch zu verstehen. Was sollte schließlich seine Flucht für einen Sinn gehabt haben, wenn sie ihm nun nachliefen, jene, die ihn zuvor noch ausgeschlossen hatten. Vor nichts fürchtete sich der Taubstumme offenbar mehr, als daß er noch einmal einen Menschen in sein Herz schließen könnte. Ob er sich davor mit einem Bildnis der Schmerzensreichen am Stamm des Christusdorns zu verwahren versuchte?

Er war nicht vor dem Lärm der Stadt geflüchtet, denn die Welt war für ihn allerorts still. Also hüllte er sich, da ihm niemand etwas sagen konnte, selbst in Schweigen. Dabei sprach aus seiner Gebärde, daß er nichts sehnlicher wünschte, als einem Menschen sein Wort zu geben. Wenn er auf seinem Lager mit verklärter Miene dahindöste, war es für den Besucher offensichtlich, daß im Innersten des Stummen alles geschah, was um ihn nie geschehen war. Oft stand er vor seiner Hütte wie vor einem Bahnwärterhaus und es schien, als würde er unsichtbaren Zügen seine Reverenz erweisen. Niemand erfuhr von ihm, was ihn im Innersten bewegte. Er war das Schweigen im Walde.

„Beim Stummerl", bedeutete eine Ortsbezeichnung für ein beliebtes Ausflugziel. Im Stummerl selbst konnten viele einen bedauernswerten Menschen oder einen stillen Narren sehen. Auch als das Stummerl wie die Figur aus einem Märchen gestorben war, lebte dieser Platz in seinem Namen weiter.

DER NATURHEILER

Als der knapp 30jährige Florian Berndl die Donau mit einem Schinakel übersetzte und auf eine Insel stieß, wußte er noch nicht, welche Entdeckung ihm hier bevorstand. Er fand Sand! Sand in einem derartigen Maße, wie man ihn nur von den Gestaden der Adria rühmen hörte. Und irgendwie ahnte Berndl, daß sich aus diesem Sand Gold machen ließe. Nicht Gold, das man sich als Ring um den Finger „wickeln" konnte, auch nicht Gold, das man gewinnen konnte, wenn man die Leute um den Finger „gewickelt" hatte. Die Gesundheit ist Goldes Wert. Und dafür sollte der Sand herhalten, wenn einer das „Reißen", sprich Rheumatismus oder Ischias hatte. So wie sich die Hühner im Sand einbuddeln, um die Flöhe loszuwerden, so sollten die Menschen, die sich an ihre Leiden mehr oder weniger wie die Hunde an die Flöhe gewöhnt hatten, ihre Schmerzen los werden. Dieses bisher mit Gänsen bevölkerte Häufel sollte, nachdem es mehr und mehr abgegrast worden war, zum Strandbad einer Großstadt werden, hier, wo die Wildnis begann und sich mit einem schier undurchdringbaren Dschungel über den Kaiser- und Biberhaufen, Dechant- und Fuchshäufel und weiß Gott welchen Haufen noch bis ans Ende der Welt fortsetzte. Hier sollte der Wiener sein „Bahama" finden.

Florian Berndl

Berndls Schinakel sollte fortan „Santa Maria" heißen und somit auf eine wesentliche Entdeckung verweisen.

Um 15 Gulden pachtete Berndl von der Donauregulierungskommission die Insel. Man billigte seinen Vorwand, Edelweiden pflanzen zu wollen, weil man sich damit den Wind aus den Segeln zu nehmen versprach, um künftig die Boote gemäßigten Tempos über die Wasserfläche gleiten zu lassen.

Berndl sah das Aufkommen von Booten aller Art mit großem Vergnügen. Brauchten doch nicht immer er selbst oder seine Frau oder die beiden Söhne als Fährleute einspringen, wenn jemand vom Kontinent „Ahoi" auf die Insel herüberrief und damit seinen Wunsch nach einer Überfuhr in die Robinsonade bekundete. Obwohl alles nur mit einer Flechtwerkhütte als Unterkunft für die Berndl-Familie begonnen hatte, vergrößerte sich nach und nach das Unternehmen „Luft- und Sonnenbad Gänsehäufel" und mithin auch sein Ruf. Berndl war clever genug, Ansichtskarten seiner Urwaldeinsiedelei drucken und von seinen Gästen versenden zu lassen. Schließlich wurde von

jedem eine Maut von 40 Heller eingestrichen. Darin war die Kleideraufbewahrung mitinbegriffen, denn die war den fortschrittlichen Gesundbadern nur hinderlich. Je weniger, desto besser, war die Parole und splitternackt der Superlativ in der Steigerungsstufe der Sonnenanbeter. Freilich gab es dafür eigene Separees, die bloß mit Laubwerk vor neugierigen Blicken von noch Uneingeweihten abgesichert waren. Hier konnte Florian Berndl uneingeschränkt den Urwalddoktor spielen. Zu einem richtigen Doktor hatte es nie gereicht, nicht wegen mangelnder Intelligenz, sondern von wegen der Herkunft und der sozialen Grundlage. Sein Vater war Schneider und die Mutter Baderin in Großhaselbach bei Zwettl, wo Florian als deren drittes Kind am 10. Mai 1856 auf die Welt gekommen war. Im Waldviertel soll es angeblich so viele Kräuter wie Bäume geben. Also war seine Mutter eine selbsternannte Doktorin der gesamten Heilkräuterkunde und der Sohn stand ihr bald in nichts nach. Alle Heilkräfte und Gifte, die in Gottes freier Natur zu finden waren, ergaben somit die Berndlsche Apotheke. Den Wunsch, Arzt oder Magister zu werden, mußte sich Florian bald als Flause aus dem Kopf schlagen. Der Militärdienst kam ihm dabei ein wenig entgegen. Konnte er sich doch in dieser Zeit als Sanitäter bewähren und den Sanitätsärzten ins Handwerk pfuschen. Nach der Abrüstung sagte ihm die Stelle als Aushilfskellner im Hotel Sacher wenig zu. Die feinen Leute, das Gezierte wie überhaupt das Pickfeine waren nicht nach seinem Geschmack. Da gefiel ihm die Küchengehilfin schon besser und er machte sie daher zu seiner Frau. Selbst ein Wirtshaus zu pachten, war für einen sogenannten Habenichts fast so schwer wie ein Arztstudium. Also bewarb sich Florian, den es immer schon in Spitäler gezogen hatte, um die Stelle eines Pflegers im Allgemeinen Krankenhaus. Je mehr er sich aber dort einlebte, desto weniger ließen sich die dort tätigen Schulmediziner von seinen Naturheilmethode-Theorien überzeugen. Berndl glaubte, in dieser verstaubten Philisterluft ersticken zu müssen. Um sie über den akademischen Bildungsweg doch noch eines besseren belehren zu können, fehlte es ihm an den finanziellen Mitteln. Demnach gab er sich als selbständiger Masseur und Pedikeur zufrieden. Alle Erfahrungswerte aber konnte er nun in seinem Badebetrieb auf dem Gänsehäufel vereinen. Und es bereitete ihm eine

Der Naturheiler und Urwalddoktor vor seinem „Sanatorium"

große Genugtuung, wenn sich der berühmte Chirurg Anton von Eiselsberg einer Behandlung durch den Hühneraugenoperateur Florian Berndl unterzog und diesen mit „Habe die Ehre, Herr Collega" begrüßte. Ansonsten war Berndl gerne mit seinen Klienten auf du und du. Er wußte sehr wohl, bei wem er eine Ausnahme machen mußte wie etwa beim Burgtheaterdirektor Max Burckhard oder bei dem mehr als Theaterkritiker denn als Dichter gefürchteten Hermann Bahr. Peter Altenberg und Eduard Pötzl zählten zu den Stammkunden. Bald gehörte es zum guten Ton, daß man sich vom „Wilden" auf der Donauinsel „behandeln" ließ. Der Halbnackte im Lendenschurz, der jugendliche Greis mit Vollbart und langen zu Zöpfen geflochtenen Haaren verabreichte seinen Patienten Wassergüsse, Massagen und derlei mehr. Wenn das alles nichts nützte, konnte man sich auch gleich an Ort und Stelle von ihm im heißen Sand begraben lassen. Nach der Auferstehung fühlte sich jeder wie neugeboren. Berndl war ein Gesundheitsfanatiker der eigenen Art. Er verordnete Bockssprünge, ließ Turngeräte und eine Kegelbahn zum Zwecke therapeutischer Behandlungen installieren. Da er den Wert von Diäten nicht bestritt, stellte er sich ab und zu mit einem Glas Wein und einer Stelze als abschreckendes Beispiel zur Schau. Damit rührte er auch gleichzeitig die Werbetrommel für seinen Gastbetrieb, den er sich ohne behördliche Bewilligung einfach auf dem Gänsehäufel eingerichtet hatte. Obwohl die Kläger anfangs moralische Bedenken hinsichtlich des Treibens auf der Insel vorschoben, war es schließlich der unkonzessionierte Gastbetrieb, mit dem sie Berndl beim Richter den Strick drehten. Die konservative Presse machte dabei den Insulanern den Boden heiß, so daß damals schon im Zusammenhang mit Berndls Aufgüssen von einer Sauna hätte gesprochen werden können. Berndl verlor dank seiner eigenen Bahndlung mit nervenstärkenden Kräutern nicht die Ruhe und spielte den Dummen, so lange man ihm dies nur glaubte. Er setzte dabei seine vornehmen Kunden, die inzwischen seine Freunde geworden waren, als seine Fürsprecher bei höchsten Stellen ein. Zu schlechter Letzt wurde der Pachtvertrag zwischen ihm und der Gemeinde Wien nicht mehr verlängert. Berndl mußte nur insofern das Feld, sprich das Häufel nicht räumen, da die Gemeinde selbst den Betrieb übernahm und ihn in Anerkennung seiner Verdienste zum Oberbademeister ernannte. Berndl hatte indessen von den offiziellen Stellen genug und seinerseits über dem „Kleinen Wasser" auf dem Lettenhaufen die Kolonie Neu-Brasilien gegründet. Ihn mit dem Amt eines Aufsehers der Kindererholungsstätte zu betreuen, empfand Berndl mehr als kindisch. Und es gab immer mehr Differenzen mit den beiden auf dem Gänsehäufel tätigen Ärzten. Wie jeder knorriger Naturmensch beharrte auch Berndl auf seine vermeintlichen Rechte und ließ sich von seinen fixen Ideen nicht abbringen. Zudem kam noch der Argwohn Berndls gegenüber den verhätschelten Doktoren, deren Eltern einfach nur das Geld gehabt hatten, ihre Binkeln studieren zu lassen. Die Anklage wegen Kurpfuscherei war der Akt, mit dem sich die Studierten beim „ungezogenen Waldmenschen" erkenntlich zeigten. Die Folge war die Entlassung Berndls.

Jetzt hatte er mit der Insel auch seine Hütte zu räumen. Ein Medizinmann nahm Abschied von seinen Lobau-Indianern. Er starb am Marterpfahl seines Lebens und ließ ihnen sein Werk als Totem zurück, während er selbst als lebender Leichnam von dannen ging.

Mit der Abfertigung baute er sich eine Hütte auf dem Bisamberg. So war er aus dem Tiefland in die Höhe gekommen, ohne daß dies für ihn einen Aufstieg bedeutete. Wie er von einer „Volksrivierra" an der Alten Donau geträumt hatte, träumte er nun hier, eine Art „Volkssemmering" zu errichten, einen Kurort der kleinen Leute mit Liegehallen, Kräutergarten und Champignonzucht, mit Almböden, auf denen statt der Kühe Ziegen weiden. Und es kamen tatsächlich mehr und mehr kleine und kleinere Leute, ganze Schulklassen, die den Rübezahl vom Bisamberg sehen wollten, und der sie dann mit den von ihm selbst angesetzten Fruchtsäften kostenlos labte. Denn Florian Berndl war ein durch und durch sozialer Mensch. Wer nicht zahlen konnte, der verlor vor seinen Augen nicht an Wert, nur wer nicht zahlen wollte, den strafte er mit Verachtung. Er sah im Kleinen das Große, nur mußte er allzuoft auch im Großen die Kleinlichkeit erkennen. Als er für sich selbst kein Kraut mehr fand, brach er in ohnmächtige Wut aus. Man brachte ihn in ein Krankenhaus, erstmals als Patient. Man lieferte ihn den Händen der Schulmediziner, seinen ärgsten Gegnern aus. Er war ihnen in die Falle gegangen. Dies war für ihn schlimmer, als wenn man ihn in irgend-

ein Gefängnis geworfen hätte. Er versuchte daraus zu fliehen. Er stürzte dabei. Freiheit war nur ein Gedanke … Am 20. Oktober 1934 starb auch dieser Gedanke.

Aber seine Idee wurde ihm im guten Sinne nachgetragen bis an sein Grab und endete nicht mit dem Nachruf des „Neuen Wiener Tagblatts": „… von Tulln bis weit stromabwärts über den Praterspitz hinaus, und vom einfachen, auf ein paar Holzstangen befestigten Tischtuchzelt der 'Wildbäder' bis zur mondänen Strandbar entfaltet sich zur Sommerzeit im modernen, luftigen Schwimmtrikot das ganze gesellschaftliche Leben der Weltstadt."

Mit Florian Berndl war ein „Wildgraf von Wildbad" gestorben. Er war eine Institution gewesen. Auf ihn treffen verschiedene Bezeichnungen zu, etwa „Der Kolumbus von Kaisermühlen", weil er das Gänsehäufel als Badeparadies entdeckte und deren erster Meister war. Der Ausruf eines Schulmediziners auf Berndls leidenschaftliche, fast handgreifliche Verteidigung der Naturheilmethoden hatte ihm den Vorwurf eingetragen, „Sie grober Waschl, Sie!" Dadurch ist für einen Bademeister im Jargon der Wiener die Bezeichnung „Badwaschl" entstanden, deren erster Repräsentant Florian Berndl war. Entscheidet man sich aber bei Berndl für den Titel eines Naturheilers, dann müßte man sich im Hinblick auf unsere schöne Sprache, die zu dauernden Mißverständnissen, Zweifelsfällen und Fehlinterpretationen führt, ernstlich wünschen, daß es für die Lobau einen Naturheiler gäbe, nämlich nicht jemanden, der die Menschen ausschließlich mit den von der Natur gegebenen Mitteln heilt, sondern die Natur von den Folgen der schädlichen Eingriffe durch den Menschen.

„Die Sandbader", zeitgenössische Karikatur von Rudolf Kristen

KAISER- UND SONNTAGSJÄGER

Zu diesem Kapitel ist ebenfalls ein Vorwort als Erklärung vonnöten, ehe wir auf die Sonntags- und Kaiserjäger direkt zu sprechen kommen. Unsere Sprache ist ja so großartig, daß manchmal ein Wort drei Auslegungen zuläßt. Nehmen wir nur die Bezeichnung Sonntagsjäger, so sagt uns dies, daß es sich hier im Gegensatz zu einem Berufsjäger um jemand handelt, der am Sonntag seiner Liebhaberei, der Jagd nachgeht. Will man aber das Wort wie den Begriff „Großwildjäger" betrachten, dann ist anzunehmen, daß der Sonntagsjäger den Sonntag jagt, um ihn zur erlegen. Er ist dann nach einem berechtigten Weidmannsheil als Jäger und Treiber gleichzeitig aufgetreten, denn er hat sich die Zeit, genauer gesagt, denn Sonntag vertrieben und zur Strecke gebracht und ist selbst einem großen Irrtum erlegen. Das Wort Kaiserjäger läßt sogar drei Interpretationen zu. Man denke in erster Linie an die Tiroler Kaiserjäger, die nicht etwa ihren Kaiser jagten wie Carlo Benito Juarez den armen Maximilian von Mexiko gejagt hatte, sondern im Gegenteil bereit waren, um dessen Bart zu kämpfen.

Und schließlich gibt es noch die Möglichkeit, in einem Kaiserjäger einen jagenden Kaiser zu sehen. Man muß sich dabei den Begriff wie bei der Anwendung an einem seiner Untertanen, dem Bauern vergegenwärtigen. Bei dem spricht man von einem Bauernfänger und denkt dabei an einen Mann, der einen Bauern fängt. Dabei wird außer acht gelassen, daß es auch Bauern gibt, die auf derartigen Fang aus sind. Ein Kaiserjäger war also in diesem Sinne nicht jemand, der sich selbst gejagt hat, obwohl auch das im Hinblick auf seinen Zeitplan häufig vorgekommen sein mag. Nein, wir wollen diesmal unter dem Begriff Kaiserjäger einen Jäger verstehen, der zugleich Kaiser ist, das heißt, als Kaiser der Jagd huldigte. Sie waren ja alle passionierte Jäger, unsere Kaiser, solange es ein Kaiserwetter gab.

Zum Ausgleich mußte das edle Wild auch für manchen Adeligen sein Leben lassen. Für diese Hobby-Weidmänner, vom Beamten bis zum Monarchen, gäbe es freilich auch die pauschale Bezeichnung „Herrenjäger", würde diese nicht wieder zu Mißverständnissen führen, indem ein solcher als das Gegenstück von einem Schürzenjäger falsch ausgelegt der Gattung Leibjäger zugeordnet werden könnte.

Es hat also mit unserer zauberhaften Verständigungsmöglichkeit viel auf sich, daß wir bei einem zusammengesetzten Hauptwort nicht nur Grund- und Bestimmungswort, sondern auch die Begriffe derart auszutauschen vermögen, so daß niemand mehr weiß, ob es sich im speziellen Fall um einen Jäger oder Gejagten handelt.

*

Die Jagd, das sogenannte „Edle Weidwerk", beschränkte sich nicht nur auf das Aufbringen und Erlegen von Wildtieren, sondern auch auf die Jagd nach Jagdgründen. Die ausgedehnten Auen der Donau waren in diesem Sinne ein viel umstrittenes Jagdgebiet. Dies ist auf die Tatsache zurückzuführen, daß die Donau in alter Zeit mit vielen Armen vom heutigen Wiener Becken Besitz ergriff, so daß ihr Name als Grenzbezeichnung immer wieder zu Mißverständnissen führte, weil nicht deutlich festzustellen war, welcher Flußgang nun tatsächlich als Hauptstrom anzusehen war. Zudem trugen undeutliche Angaben in den Schenkungsurkunden das Ihre dazu bei, ganz abgesehen von den in der Folge wiedergegebenen Dokumenten, mit denen bei Generations-, Herrscher- oder Besitzerwechsel die Sachlage immer wieder neu bestätigt werden und Vergessenes in Erinnerung gebracht werden mußte.

Neben dem Landbesitz kam dem Jagdrecht eine besondere Bedeutung zu, zumal es sich bei der Jagd um das so ziemlich einzige Vergnügen vermögender Menschen handelte, in dem verschiedene Sportarten zu einer Art Zehnkampf vereinigt werden konnten. Landbesitz bedeutete noch kein Recht auf die darauf grasenden Wildtiere. Daran änderte sich bis heute nichts.

Nun war aber die Insel Lobau mit besonderem Wildreichtum gesegnet, so daß man vor allem im Ebersdorfer Revier auf eine Schweinezucht verzichten konnte, da das Gebiet von Wildschweinen nur so wimmelte.

Die Nachfolger Leopolds III. legten das ihnen zugebilligte Recht, in der Lobau zu jagen, nicht, wie sich die Freisinger Herren erwartet hatten, als Gastrecht, sondern als ein ihnen seit jeher zugestandenes Gewohnheitsrecht aus. Erst nach dem Tod des letzten streitbaren Babenbergers, Friedrich, und nachdem sich der Böhmenkönig Ottokar von Přemysl II. der österreichischen Ländereien bemächtigt hatte, bestätigte dieser den Freisingern das Jagdrecht, und es lag nun wieder an den Bischöfen, die weltlichen Herren nach ihrem Gutdünken zur Jagd in ihre Reviere einzuladen. Die Habsburger waren aber nicht nur in politischen Belangen in die Fußstapfen der Babenberger getreten, als ihre wahren Erben entfachten sie wieder den Streit um das Jagdrecht in den Donauauen, und Freisings Verwalter mit Sitz in Groß-Enzersdorf hatten alle Hände voll zu tun, um sich selbst einmal einen Rehbraten aus eigenen Forsten zu holen. Ja, es ging sogar so weit, daß herrschaftliche Diener und kaiserliche Jagdhüter einander Duelle lieferten, wenn es um das Vertreiben des Wildes aus den satten Feldern ging, welche das Kaiserhaus vielmehr als seine Weiden betrachtete.

Durch den ganzen Stammbaum der Habsburger zieht sich ein grüner Faden von Herrschern, die der Jagd frönten. Kaum einer, von Rudolf bis Karl, ob Erzherzog, Kaiser

Erzherzog Franz Ferdinand mit dem von ihm erlegten 1000. Hirschen / Konterfei des Hirschen für die „denkwürdige" Tat

oder König, war nicht der Jagd verfallen und hatte auch in der Lobau seine Visitenkarte in Form eines Pfeiles oder einer Kugel zurückgelassen. Mit Ausnahme von Maria Theresia, die allerdings in ihrer Jugend der Jagd nicht abgeneigt war und der erst im späteren Alter die grausamen Hetzjagden widerstrebten, überboten einander die einzelnen Familienmitglieder mit der Zahl von Abschüssen, Größe der Trophäen und Gewicht der Beute.

Und einer der schießwütigsten, Erzherzog Franz Ferdinand, der 1897 auf dem Kronwörth seinen 1000. Hirsch erlegt und insgesamt 277.769 Tiere zur Strecke gebracht hatte, war zeitlebens auf seinen Bruder Franz Joseph eifersüchtig, nicht weil dieser Kaiser, sondern Todesschütze eines Bären war, ein Jagdglück, das ihm selbst zeitlebens versagt geblieben war. Hingegen war es Kaiser Maximilian I., dem letzten Ritter und letzten Armbrustschützen gelungen, seinen Zeitgenossen einen Bären aufzubinden, indem er berichtete, er hätte mit einem einzigen Bolzen 26 Hasen erlegt. Damit stellte er sogar die Rekorde des Freiherrn Hieronymus von Münchhausen und des tapferen Schneiderleins in den Schatten und erhob für alle Zeiten das Jägerlatein zur Umgangssprache aller Hubertus-Jünger, müßte man nicht bedenken, daß er vielleicht ein und denselben Bolzen mehrmals verwendet hatte. Jedenfalls hatte sich Maximilian I. nicht nur in der Martinswand verstiegen, sondern gewiß auch bei der Angabe seiner Beute-

Kaiser Franz Joseph I. von Österreich (ganz links) und König Eduard VII. von England (links, vorgeneigt) besichtigen die Strecke

stücke und auf welche Art er diese zur Strecke gebracht haben wollte. Der letzte Ritter hielt sich jedoch nachweislich nicht nur im Hochgebirge, sondern gerne auch im Niederlande der Lobau zur Jagd auf, mußte er doch hier als eingefleischter Ritter nicht auf sein Pferd verzichten.

Ganz erpicht auf die Lobaujagd war Ferdinand I. Um den Streitigkeiten zwischen Hof und Kirche ein Ende zu bereiten, versuchte er den Freisingern die Herrschaft grossen entzerstorff abzuluchsen. Wie diese über ein Tauschgeschäft mit den Weihenstephanern in den Besitz des begehrten Reviers gekommen, schlug er nun seinerseits einen Tausch, allerdings mit untauglichen Mitteln vor, indem er den Weinhauerort Ulrichskirchen für Groß-Enzersdorf bot. Die Freisinger, die nicht gewillt waren, ihre Stadt gegen ein Dorf einzutauschen, wenngleich sich diese auch nach wie vor bescheiden als solches bezeichnete, stellten dem Kaiser scheinheilig die Möglichkeit eines Kaufes in Aussicht, weil sie wußten, daß der über Bargeld nicht verfügte.

Das änderte sich allerdings nach 240 Jahren mit der Säkularisation mit einem Schlage. Da nun jeglicher geistlicher Besitz vom Hof eingestrichen worden war, gab es über Grund- und Jagdrecht, die Lobau betreffend, keine Zweifel mehr.

Das nahm offenbar auch Napoleon, nachdem er sich selbst zum Kaiser der Franzosen ermächtigt hatte, für sich in Anspruch. Nach seinem Abzug zogen wieder normale Verhältnisse ein. Das habsburgische Jagdgebiet Lobau wurde eingeplankt. Das Volk blieb ausgesperrt. Nur die Tiere – gleichgültig, ob es sich um Hoch- oder Niederwild handelte, durften sich darin bis zu ihrem Abschuß frei bewegen.

Im Jahre 1865 wurde auf Befehl Seiner Majestät Kaiser Franz Joseph I. das gesamte Hochwild zum Abschuß freigegeben, die Zäune abgerissen und die Fasanzucht im sogenannten Fasangarten aufgelassen. Daß dabei nicht der ganze Tierbestand ausgerottet wurde, ist dem „Nachschub" aus der nicht mehr abgeriegelten Unteren Lobau zu verdanken.

Später wurde die Obere Lobau freilich mit einem drei Meter hohen Zaun umgeben. Wollte jemand die Au besuchen, mußte er ein Ansuchen an das Oberstjägermeisteramt in Wien oder an die Hofjagdverwaltung in Aspern richten. Wurde dies genehmigt, durfte der Betreffende nur in Begeitung eines Jägers oder Forsteleven eine derartige Expedition unternehmen. Als Rast- und Einkehrstelle bot sich das bereits zu Beginn des 19. Jahrhunderts erbaute Jägerhaus an. Außerdem gab es je ein unbewirtschaftetes Hegerhaus am Königshaufen und in der Steinbühelau sowie ein beim Mühlwasser dem Hofärar zugehörendes Häuschen, das vom Plättenführer bewohnt wurde.

1903 kam der englische König Eduard VII. in Begleitung

Reichsmarschall Hermann Göring (hemdsärmelig) bei der Trophäenschau

Kaiser Franz Josephs als Jagdgast in die Lobau. Einige Jahre später weilte Kaiser Wilhelm II. von Preußen auf Einladung des österreichischen Thronfolgers hier zu Gast. Weitere Jahre später sollte es wieder ein Preuße sein, der die Untere Lobau, nachdem diese zum Reichsjagdgebiet erklärt worden war, für einen Jagdausflug heimsuchte: Reichsmarschall Hermann Göring. Ihm zu Ehren wurde die Straße von Groß-Enzersdorf nach Mühlleiten eigens asphaltiert. Zuvor aber haben die Habsburger im Laufe der Geschichte von Maximilian I. und II., von Ferdinand I. bis zum III. als Kaiser des Heiligen Römischen Reiches deutscher Nation oder Kaiser von Österreich, nicht nur einen Pfeil und nicht nur eine Kugel in der Lobau abgeschossen.

Wie schnell ein Schritt vom Licht in die Finsternis, von der Größe in die Kleinlichkeit erfolgt, ist am Beispiel zweier Herrscher gleichen Namens zu erkennen. Karl V. konnte noch von sich behaupten, daß in seinem Reiche die Sonne nicht untergehe. Karl VI., der sich besonders gerne in der Lobau aufhielt, sah sich hingegen genötigt, seinem Volk das Sammeln von Holz zu verbieten, während seine Tochter Maria Theresia bekanntlich die Obere Lobau mit Ausnahme des Jagdrechts der Gemeinde Wien als Grundlage für einen Armenfonds stiftete, so daß sich hier nun gerade die Ärmsten der Stadt mit Brennholz versorgen konnten.

Während der langen Regierungszeit der Habsburger über ein ausgedehntes Reich gelangte aufgrund ihrer Kontakte zu den führenden Herrscherhäusern Europas manche exotische Pflanze und manche Tierart auch in ihre Reviere. So kam der Fasan in die Lobau und erfuhr eine Aufzucht im „Fasangarten". Von den Bäumen waren es vor allem die Robinie und der Götterbaum. Aber auch die Kastanie mußte erst eingebürgert werden. Die Zeile „Unter den Kastanien" bezeichnet heute noch die Stelle, wo deren Stämme den höfischen Jägern einen Hinterhalt boten.

Zu einem sonderbaren Jagdunfall war es im Jahre 1906 bei der Begegnung eines Asperner Hofjagdgehilfen mit einem Eßlinger Kollegen gekommen. Die beiden waren im Zuge eines Kontrollganges, den der eine innerhalb und der andere außerhalb des Hofareals durchführte, beim Zaun aufeinandergestoßen. Nach der Begrüßung schulterte der Eßlinger sein Gewehr, blieb aber mit dem Hammer in einer Masche des Gitters hängen, was einen Schuß zur Folge hatte, der den Asperner Jagdgehilfen niederstreckte. Zum Glück war ihm die Schrotladung nur in den Arm gefahren. Dank der raschen Hilfeleistung durch die Groß-Enzersdorfer Rettung war der tragische Zwischenfall noch glimpflich verlaufen, so daß hinterher eine Anekdote darüber zum besten gegeben werden konnte, wonach ein Jäger einen anderen, ohne auf ihn gezielt zu haben, getroffen hatte.

Das alte Groß-Enzersdorfer Uferhaus um 1937 / Das Forsthaus auf dem Kühwörth

1919 war die jahrhundertelange Herrschaft der Habsburger untergegangen. Die Republik hatte nun das Erbe angetreten. Der Kaiser hatte hier sein Recht verloren.

Aus dem ehemaligen Cameralfonds beziehungsweise habsburgischen Familienfonds wurde die Lobau auf die Gemeinde Wien und den Kriegsgeschädigtenfonds aufgeteilt. Die Jagd auf Hoch- und Niederwild war sowohl in der Oberen wie auch in der Unteren Lobau nicht mehr dem Adel vorbehalten. So kamen neben Berufsjägern auch viele Sonntagsjäger auf Kosten des verfolgten Wildes zu ihren Erfolgserlebnissen. Es war manchmal recht seltsam anzusehen, wenn versulzte Beamte bei ihrer Freizeitgestaltung mit wohlverwahrten Büchsen unterwegs waren, obwohl eigentlich ein Geigenkasten besser zu ihrer Erscheinung gepaßt hätte.

Die Obere Lobau durfte nun von jedermann gegen ein entsprechendes Eintrittsgeld von 20 Groschen ab Ostersonntag bis 31. Oktober jedes Jahres durch eines der sieben „Tore" von 7 Uhr früh bis zwei Stunden vor Einbruch der Dämmerung mit Ausnahme an Donnerstagen betreten werden. Bei den jeweiliegn Eingängen wie Kommassierungstor, Schrödertor, Lobgrundtor, Schutzdammtor, beim Groß-Enzersdorfer Uferhaus, Egerer Brückl und bei der Eßlinger Furt saßen die Portiere in Schilfhütten, wo man die Eintrittskarten in eine scheinbar entrückte Welt erwerben konnte.

FISCH FRISST VOGEL

Um vom Reich der Hubertus-Jünger ins Reich der Petri-Jünger zu wechseln, bedarf es nur einiger Schritte näher an die Ufer der Gewässer oder einige Bootslängen die Wasserfläche hinaus. Ansonsten ist der Ort der Handlung der gleiche, wie auch das Bedürfnis, ein Wild zu erlegen oder einen Fisch zu fangen das gleiche ist. Dennoch sind Fischer und Jäger nicht immer ein und derselbe und daher kaum ein Herz und eine Seele und manchmal nicht gut aufeinander zu sprechen. Ein Fischer darf sich kein Reh fangen und ein Jäger darf sich keinen Fisch schießen, es sei denn, daß eine Persönlichkeit für beides eine Lizenz besitzt, aber auch dann empfiehlt es sich, mit den üblichen Methoden an die Beute heranzugehen, allenfalls sich auf ein Netz zu einigen. Fallenstellen jedoch war nie eines echten Weidmannes Sache und seit je verpönt. Die Fischer hingegen scheuten sich nicht, die Biber, in denen sie arge Konkurrenten sahen und die sie zudem als Wassertiere betrachteten, mit Schlageisen zu fangen, und hinterher ihre Schwänze als besonders delikates Gericht zu verzehren. Die Jäger hingegen fraß nicht nur der Neid. Wie Volk und Völker sich manchmal um des Kaisers Bart gestritten haben, so stritten Jäger und Fischer um des Bibers Schwanz. Die Weidmänner brachten eine Klage bei Hofe vor, was zur Folge hatte, daß den Fischern recht gegeben wurde, die begehrte Trophäe aber künftighin dem Hofe abgeliefert werden mußte. Wie um den Streit zu beenden, wurde zunächst einmal der letzte Biber in der Lobau im Jahre 1863 erlegt.

Davon abgesehen gibt es Menschen, die auf alles Jagd machen müssen, über die Tierwelt hinaus, und denen jedes Mittel dazu recht ist. Bei den Tieren verhält es sich anders. Von vielen Vogelarten, vornehmlich Wasservögeln, ist bekannt, daß sie nach Fischen jagen. Aber es ist kaum jemandem bekannt, daß sich Fische von Vögeln nähren. In der Lobau konnte ein solches ungewöhnliches Verhalten beobachtet werden.

Es war zu Beginn des 20. Jahrhunderts. Für viele Menschen, vor allem für die sogenannte gehobene Klasse, war die Welt noch heil, auch für das Herrscherhaus, zumindest nach außen hin. Kronprinz Rudolf hielt sich gerne in der Lobau, am Kühwörther Wasser und in seinem Pirschhaus auf. Er durchpirschte vorwiegend als Ornithologe das Revier und gab seine Eindrücke und Erfahrungen in einschlägigen Publikationen wieder. Für den Band „Die österreichisch-ungarische Monarchie in Wort und Bild" lieferte er den Text. Mit „Tiervater" Brehm durchstrich er die Lobau, um hier über das Tierleben, vor allem was die Vogelwelt betraf, zu berichten. Der Beitrag „Ornithologische Beobachtungen in den Auwäldern der Donau bei Wien", erschienen in der April-Ausgabe des Jahres 1879 im „Journal für Ornithologie", stammte aus Kronprinz Rudolfs Feder. Wie sein Cousin Franz Ferdinand, der verschiedene Gewächse für den Eckartsauer Schloßpark von weit hergeholt hatte, hatte Rudolf der Lobau eine Vogelart gebracht: die Kormorane. Diese waren für die Jäger bald eine Augenweide, den Fischern hingegen ein Dorn im

Kormoran

Kronprinz Rudolf mit seinem Leibjäger Rudolf Püchel im Kühwörther Wasser / Das alte Pirschhaus

Auge, denn sie fraßen mehr, als die Petri-Jünger je zu fangen imstande waren. Deshalb kamen denen bald Ängste auf, daß ihnen die Kormorane die Gewässer samt der Donau leerfischen würden. Sie selbst aber konnten dagegen nichts unternehmen und sahen sich daher genötigt, nachdem ihr Ansuchen um Pachtzinsnachlaß diesmal bei Hof kein Gehör gefunden hatte, mit den Jägern ein Bündnis einzugehen. Diese sollten ihnen die Kormorane von den Bäumen und Sandbänken schießen. Nicht alle gaben sich dazu her. Aber Erzherzog Franz Ferdinand, der nach dem tragischen Tod des Kronprinzen nun Thronfolger geworden war, fand nichts Besonderes daran, das auszusiedeln, was sein Vetter so liebevoll hier angesiedelt hatte. Nur war das Fleisch der Kormorane von Haus aus nicht für den menschlichen Genuß bestimmt und wurde daher den Fischen zum Fraß vorgeworfen. So kam es, daß in der Lobau die Natur unterlaufen, eine Weltordnung auf den Kopf gestellt wurde. Die Fische bekamen ihren gefährlichsten Gegner zum Fraß.

Als Thronfolger Franz Ferdinand in Sarajevo die Kugeln des Gavrilo Princip trafen, betrauerten die Fischer den Tod ihres Gönners mehr als seinerzeit den Tod des Kronprinzen, der ihrer Meinung nach ja doch nur als unglücklich Liebender gestorben sei.

Nachdem aber Freund und Feind der Kormorane nicht mehr am Leben waren, nahmen diese sehr zum Kummer der Fischer wieder überhand. Wie aber sollten nun die Petri-Jünger ihrer Konkurrenten aus der Vogelwelt Herr werden, ohne selbst einen Schuß abfeuern zu dürfen? Denn die paar Fischer, die eine Lizenz zum Töten mit der Kugel besaßen, konnten eine Vermehrung der verhaßten Vögel nicht verhindern. Also kamen sie auf die Idee, sich nachts zu den Brutbäumen der Kormorane zu schleichen und an die Stämme zu klopfen.

Diese nächtliche Ruhestörung ging den armen Gefiederten offenbar auf die Nerven, und sie hoben eines Tages auf Nimmerwiedersehen ab. Fortan konnten die Fischer allein und unbeschadet im trüben fischen. Die von ihnen erfolgreich angewendete Methode der Klopfsignale wurde jedoch auch auf anderen Gebieten, wie etwa auf höchster politischer Ebene, angewendet.

Nach dem durch den Tod des österreichischen Thronfolgers heraufbeschworenen Weltkrieg und seinem für das Herrscherhaus so unglücklichen Ende klopfte der erste republikanische Staatskanzler, Dr. Karl Renner, an das Tor von Schloß Eckartsau, um dem abgedankten Kaiser Karl zu raten, in seinem eigenen Interesse das Land zu verlassen.

Die Wandlung der politischen Struktur eines Landes hatte auch eine Wende in der Landschaft herbeigeführt: Jäger wurden zu Gejagten. Dies begann mit dem Augenblick, als die Fische in der Lobau die Vögel zu fressen begannen.

Die Pirschhauswiese heute. Der Bombeneinschlag ist als Mulde sichtbar geblieben.

53

Fischerhütte am Herzoghaufen

PETRI-JÜNGER UND FISCHERS FRITZE

Zwischen Fischern und Jägern herrschen also zuweilen Meinungsverschiedenheiten und Mißverständnisse. Das ist darauf zurückzuführen, daß sich jede Interessensgruppe einer anderen Sprache bedient. Die Jäger sprechen lateinisch, die Fischer griechisch. Wer hat noch nicht von einem Jägerlatein gehört? – Das Fischergriechisch ist hingegen dem Laien weniger geläufig.

Fürs erste vielleicht einmal dies: Fisch lautet auf griechisch ICHTHYS und setzt sich aus folgenden Abbreviaturen zusammen:

I CH = Jesus Christus, T = Gottes, HY = Sohn, S = Retter. Der Fisch wurde somit zum christlichen Symbol. Außerdem trat Christus zu seinem späteren Apostel, dem Fischer Simon Petrus, mit den Worten: „Fürchte dich nicht. Von nun an wirst du Menschenfischer sein." Die Nachfahren Petris begnügten sich, als Menschen Fische zu fischen und dünkten sich als Herren über Leben und Tod der ihnen überantworteten Geschöpfe wie die Jäger auch. Nur wenn der Letztere ein Hirschgeweih, das 20 Kilo gewogen haben soll, als seine Trophäe bezeichnet, dann spricht man von einem Jägerlatein. Wenn umgekehrt ein Petri-Jünger von einem Wels berichtet, mit dem er 60 Kilo aus dem Wasser gezogen haben will, dann müßte dies als Fischer-

griechisch verstanden werden. Die Wahrnehmung, daß ein Wels einmal einen Wasservogel verschluckt haben soll, ohne zu wissen, wie ihm die Federn unter Wasser bekommen sind, kann nun, je nachdem, ob der Bericht von einem Jäger oder Fischer erfolgte, als lateinisch oder griechisch verstanden werden. Die Jäger und Fischer finden ja immer etwas, um einander etwas vorzuwerfen. Wer hier für den Schaden gutzustehen hat, konnte nicht festgestellt werden, weil niemand den Beweis erbrachte, wie dem Wels unter Wasser die Federn bekommen waren. Es ist eher anzunehmen, daß diese Geschichte ins Reich der Sage gehört und es sich hier um den nämlichen Wels handelt, der in den geheimnisvollen Untiefen der Panozzalacke sein Unwesen treiben und dort den Fischbestand auf ein Minimum herabgesetzt haben soll. In Wahrheit und ohne Griechisch ziehen heutzutage noch immer in der Donau und ihren stillgelegten Gewässern eine beachtliche Anzahl prächtiger Exemplare umher. Und es vergeht kaum ein Jahr, in dem die Tageszeitungen nicht von einem rekordverdächtigen Fang zu berichten wissen, den ein Petri-Jünger aus einem der fischreichen Lobaugewässer gezogen hat. Von den darin gesichteten Arten seien etliche angeführt.

Mitglieder der Sektion Lobau des ÖAFV rüsten zum Welsfang / Die Petri-Jünger im Pfahlbau

FISCHE

Aal	Hecht	Schrätzer
Aitel	Huchen	Schuppenkarpfen
Äsche	Karausche	Spiegelkarpfen
Barbe	Kaulbarsch	Steinbeißer
Barsch	Laube	Sterlet
Bitterling	Nase	Sternhausen
Brachse	Nerfling	Stichling
Forelle	Pleinze	Streber
Giebel	Rotauge	Tolstolob
Groppen	Rotfeder	Ungar. Hundsfisch
Gründling	Schied	Wels
Güster	Schlammspeitzger	Zander
Hasel	Schleie	Zingel

Vereinzelt sollen dereinst auch Stör und Hausen gesichtet, ja sogar gefangen worden sein. Diese Mitteilung, wonach der sogenannte Donaulachs beziehungsweise Kaviarspender vom Schwarzen Meer bis zu uns heraufgekommen sei, sollte man ins Griechische übersetzen. Jedenfalls weist die oben angeführte Liste die in der Donau und in den Lobaugewässern vorkommenden Fische eine beachtliche Palette auf. Wie der Mensch des Menschen Feind, ist auch nicht jeder Fisch des andern Fisches Freund. Nur allzu gut hat uns der niederländische Maler Pieter Breughel mit der Zeichnung

„Große Fische fressen die kleinen" dieses notwendige Fehlverhalten als Überlebenschance dargestellt und gleichnishaft auf beide Spezies bezogen.

Es wurden aber auch schon Fischleichen von Junghechten aufgebracht, die bei dem Versuch, einander aufzufressen, verendet sind.

Man muß einfach einmal Zeuge geworden sein, wenn plötzlich bei irgendeiner Furt das Wasser zu kochen scheint und die Fischlein massenhaft wie aus einer heißen Suppe zu springen versuchen. Dabei ist nur ein größerer Räuber in ihrem Schwarm aufgetaucht und hat für die allgemeine Verwirrung gesorgt.

Anders die Rotaugen, je kleiner desto aggressiver. Sie dulden keine Eindringlige in ihre Territorien. Nähert man sich ihnen langsamen Fußes, sind die Zehen ihr Angriffsziel. Und da sie menschliche Zehen von Fingern nicht unterscheiden können, kann man sie bei einigem Geschick sogar mit der Hand fangen und das Erlebnis als Haiku in 17 Silben wiedergeben:

> „Held des Gewässers.
> Rotauge sieht nun die Welt
> durch das Gurkenglas."

Dem schlechten Instinkt der Fische ist es auch zuzuschreiben, daß sie sich leichtfertig in Gefahren begeben, in

dienter einen fen an , Fotouch alle h nach- in der ch einer r Super- m feuch- KURIER

15 Kilo wog der Superkarpfen, der dem Fotografen an die Angel und vor di

Petriheil in der Lobau

Ein Spezialist mit der Angelrute: Dem Großenzersdorfer Pensionisten Franz Jira gelang der Fang dieses 12 Kilo schweren Karpfen.
Foto: Süss

GROSSENZERSDORF — Die Altarme der Donau und der „Donau-Oderkanal" bei Großenzersdorf sind dafür bekannt, daß sie kapitalen Fischen beste Lebensbedingungen bieten.

Meldeten wir im Vorjahr aus dem Altarm in Mannsdorf den Fang eines 16 Kilo schweren Karpfen (Willi Broz), so gelang es einem passionierten Angler in der Vorwoche (20. 8.), einen 12 Kilo schweren Karpfen an den Haken zu bekommen. Stolz erzählt uns der gelernte Kupferschmied und pensionierte ÖMV-Fortsetzung auf Seite 3

PETRI-HEIL!
(Schluß von Seite 1)

Bedienstete Franz Jira aus der Lobaustraße in Großenzersdorf von seinem bisher drittbesten Fang: „Heuer war die Ausbeute am „Zweierkanal" bis Juli sehr mager. Als ich am vergangenen Montag den schweren Burschen am Haken hatte, war ich froh, daß mein „Zeugl" wie immer in Schuß war, sonst wäre mir der 75 cm lange Fisch, der natürlich

57

Fallen wie Reusen schwimmen oder sich vom Hochwasser über Buhnen und Traversen tragen lassen, die ihnen dann bei Niederwasser den Weg zurück versperren. Im Schlamm oder auf Steinen verenden sie elendiglich, wenn sie nicht zufällig ein Fischer ohne Netz oder Angel zu seiner Beute macht.

Die Mitglieder der Sektion Lobau im Verband österreichischer Arbeiter-Fischerei-Vereine hat sich die Betreuung der Lobaugewässer besonders angedeihen lassen. Ihr Ziel besteht nicht allein in der Ausbeutung der Flußarme, sondern auch in der Reinigung von Altwässern sowie in der Aufzucht beziehungsweise Pflege des Fischbestandes.

Dieses Prachtstück von einem Wels brachte 40 Kilo auf die Waage

War der Fischfang zunächst als Lebensgrundlage und später als Sport den Männern vorbehalten, so drangen im Zuge der Gleichberechtigung auch etliche Frauen in das Reich Petris ein und betätigten sich mehr oder weniger als erfolgreiche Anglerinnen. Vor allem mit dem Netz sollen sie gut umzugehen verstehen. Das ging so weit, daß man nicht nur im fernen Ländle von einer schönen Fischerin am Bodensee sang, sondern solches auch von mancher Lobau-Aphrodite behaupten könnte. Da man ein weibliches Wesen nicht als Jünger titulieren kann und Damen bekanntlich nie alt werden, sind solche Erscheinungen

diplomatisch als die Jüngsten im Geiste Petris zu bezeichnen, – oder man nennt sie einfach Nixen. Auf solche Geschöpfe läßt sich auch die Bezeichnung „Menschenfischer" leichter, wenngleich auch auf ein Geschlecht beschränkt, übertragen.

Von einer Begegnung mit einer Donaunixe mit einem dieser Petri-Jünger, die ihre Netze vom Überschwemmungsgebiet in die Donau gelegt hatten, gibt es auch eine Sage. Manche wissen diese derart genau zu berichten, daß sie sogar noch den Vornamen jenes Fischersohnes kennen, dessen Schicksal von einer Donaunixe bestimmt worden war. Er soll Friedrich geheißen haben und kurz Fritz und bündig Fischer-Fritz genannt worden sein. Diesem Fischer-Fritz war mehrmals eine Donaunixe erschienen. Die Flußjungfrau hob sich bei ihrer Erscheinung mit dem weißen Schleier kaum vom Nebel ab. Einzig die Seerosen bildeten den zusätzlichen Schmuck dieses an sich schon schmucken Mädchens. Immer, wenn Fischers Fritze der Erscheinung näher treten wollte, verschwand sie und trat erst wieder in seinen Träumen auf. Als Fritz seinem Vater seine Begegnung mit der Nixe berichtete, warnte ihn der, ihr nie zu folgen und riet ihm darüber hinaus, sie am besten zu vergessen. Aber Fritz vermochte dies nicht. Er ging immer wieder zum Ufer und kam mit leeren Händen zurück, schien aber wie verzaubert, als hätte er den besten Fang gemacht. Die Fischer begannen sich bereits über ihn lustig zu machen und nannten ihn den Spinner. Wenn er abends heimkam, fragten ihn die anderen Fischer, ob er Spinne oder Wurm als Köder genommen habe. Sein Vater schämte sich für ihn. Fritze aber tat, als ginge ihn das alles nichts an und sah verklärt in die wallenden Nebel.

Eines Tages stand er der Flußjungfrau abermals allein gegenüber. Während Fritz wie immer in dieser Situation sprachlos war, redete das Donauweibchen zu ihm: „Mach dich mit deinen Leuten so schnell wie möglich davon, wenn ihr nicht wollt, daß mein Vater, der Donaufürst, über euch alle kommt."

Fritze berichtete davon seinem Vater und den anderen Fischern. Die lachten zunächst einmal, nahmen dann aber doch von ihren Hütten und Booten Abschied, weil sie schließlich nicht wußten, was an der Geschichte wahr sein könnte. Wahr war indes, daß die Donau am nächsten Tag tatsächlich über das Ufer trat und alles mit sich nahm, was sich ihr in den Weg stellte. Die Fischer dachten nun anders über Fritze und hielten ihn zum Teil für einen Weissager, obzwar sie noch immer im Zweifel waren, ob es sich hier um einen Zufall oder um ein Wunder gehandelt hatte.

Fischers Fritze wollte jedoch als einziger der Donaunixe danken, vielmehr dies als Grund nehmen, um sie wiederzusehen. Und er sah sie tatsächlich wieder. Nur sein Vater und die anderen Fischer sahen Fritze niemals wieder. Es verbreitete sich unter ihnen bald der Glaube, daß diesmal das Donauweibchen die Netze ausgelegt hatte, um einen von den Petri-Jüngern zu fangen.

DER VATER DER HEGERKINDER

Zwei Trilogien sind von der Jugend dreier Generationen in unseren Breiten wohl am meisten gelesen worden: „Winnetou" von Karl May und „Die Höhlenkinder" von Alois Th. Sonnleitner. Über letzteres hätte der Österreicher alle Ursach' stolz zu sein – nicht allein, was den erzieherischen und belehrenden Wert der Lektüre betrifft, sondern auch darüber, daß der am 25. April 1869 in Dašic bei Pardubitz in Böhmen geborene Alois Theodor Tlučhoř sich in seinen späteren Jahren in Perchtoldsdorf auf der Sonnleiten angesiedelt und sogar deren Namen angenommen hatte. Bis dahin war es für den Eisenbahnersohn freilich ein harter, von vielen Stationen durchsetzter Weg gewesen. Allein die Voksschule mußte er in sieben verschiedenen Orten absolvieren, für den Gymnasiumbesuch brauchte er allerdings nur viermal Bekanntschaft und Trennung zu überwinden, ehe er in Melk maturieren konnte. Aber gerade die im Kindesalter empfangenen Eindrücke von Menschen, Landschaften und Gegenständen waren es vor allem, die ihn zum Dichter reifen ließen.

Am Fuße des von Rübezahl umwitterten Riesengebirges hatte er zum erstenmal „Robinson Crusoe" kennengelernt. Leobersdorf, Kienberg-Gaming, Pöchlarn und Wien-Stadlau sollten dann viel später zum Schauplatz seiner eigenen im Herbst des Lebens hervorgebrachten Erzählungen werden. Denn Sonnleitner war ein Spätvollendeter. Mit fünfzig Jahren hatte er seinen ersten Bestseller gelandet, mit fünfundfünfzig Jahren seinen Doktor der Philosophie gemacht. Obwohl er nach der Matura als Pharmazeut und zoologischer Präparator arbeitete, war er auf die Hilfe seiner stets opferbereiten Mutter und Geschwister angewiesen, um endlich 1891 das Lehramt für naturgeschichtliche Fächer in einer Wiener Schule antreten zu dürfen. Alois Tlučhoř war von diesem Augenblick an beseelt von dem Gedanken, den Schutz für Jugendliche allzeit zu fordern, diesen seinen Schülern angedeihen zu lassen, sie aufzuklären, zu warnen und zu lehren. Er startete in einer Wiener Bürgerschule eine vierte Versuchsklasse und erstellte den Lehrplan dazu. Er gab als einer der ersten den Anstoß zu der Idee, den Unterricht ohne Klassifikation zu bestreiten, um bei den Schülern eine allfällige Neurasthenie zu vermeiden. Darüber hinaus wurde er zum Begründer der Elternkonferenzen und Elternvereine. Auch die Film- und Jugendschriftenkommission zählen zu seinen, gegen viele Widersacher durchgesetzten Einrichtungen. Ja, sogar der heute noch umstrittene „Sexkoffer" läßt sich von einer Aufklärungskampagne Tlučhořs ableiten. Er wandte sich mit unzähligen Aufsätzen und Vorträgen an Eltern und Schüler im gleichen Maße. Vor allem dem Alkoholismus sagte er den Kampf an, obwohl er nie leugnete, daß er in seinen Jungmännertagen selbst gerne ab und zu ein Glas gekippt habe. Tlučhoř war kein Moralist im landläufigen Sinne, mehr ein Mahner, der in freundlicher Art seine Erfahrungen anderen, vornehmlich jüngeren Menschen, kundtat. Im Nikotin sah er weit weniger Gefahren, denn das Pfeifchen gehörte genauso zu seiner Erscheinung wie der Griffel oder Gänsekiel, wenn er der jeweils zu beschreibenden Epoche entsprechend ein Schreibgerät benützte. Stimulans war für Tlučhoř-Sonnleitner ein unentbehrlicher Faktor im Schaffensprozeß. Und nicht von ungefähr lautete daher auch der Titel seiner Dissertation „Potentielle Willensfreiheit und Suggestion des Objekts".

Alois Th. Sonnleitner

Während Sonnleitner an den „Höhlenkindern" schrieb, diesem ausgezeichneten Entwicklungsroman der Menschheit mit dem er den Lobauer Kolonisten geradezu die Anleitung zum Überleben gab, schuf er gleich den Helden seines Berichtes Schalen, Geräte und Werkzeuge. Es fehlte nur noch, daß er eine Höhle seinem „heimlichen Grund" vorzog. Um „Die Höhlenkinder im Pfahlbau" zu schreiben, errichtete er sich ein Blockhaus auf Stelzen. Und um „Die Höhlenkinder im Steinhaus" letztlich landen zu lassen, hatte er sich ein solches in Perchtoldsdorf gekauft. Hier lebte er nun mit seiner gleichgestimmten Frau Clara, die ihm Gefährtin im Leben und Schaffen war und mit ihm auch manchen Vortrag konzipierte. Beginnend vom Schreibtisch, war das ganze Haus mit Gegenständen erfüllt, die ihre Wirkung auf den Hausherrn taten: Archäologische Fundstücke, Präparate, Aquarien, Globen, selbstgefertigte Lehrmittel, ja sogar ein Planetarium für Schule und Heim hatte dieser universelle Geist geschaffen. Ein Knöchelchen aus seiner Sammlung hatte ihn auf die Idee für eine recht nützliche Fußprothese gebracht und damit vielen Opfern des Ersten Weltkrieges wieder auf die Beine geholfen. Dr. Tlučhoř war damit dem Geiste Henri Dunants gefolgt, dem er mit anderen Humanisten In seinem „Goldenen Buch der Helfer – Samariter" ein literarisches Denkmal setzte. Theorie mit Praxis zu verbinden sowie Dichtung und Wahrheit – so gut dies geht – auf einen Nenner zu bringen, war Sonnleitners Forderung, die er zeitlebens an sich selber stellte. Nicht zufällig fühlte er sich daher auch mit Pestalozzi verbunden, zu dessen Andenken er gemeinsam mit Hans Jüllig ein Stück für die Jugendbühne geschaffen hatte. Darüber hinaus sollte die Geschichte „Der Zwerg am Steuer" den Behinderten ein Lebensziel verheißen. Tlučhoř-Sonnleitner war in diesem Sinne auch ein Fürsprecher von Schulwerkstätten und Jugendhorts. In solcher Mission reiste er als Beauftragter des Wiener Schulwesens zu internationalen Kongressen und hielt in Nürnberg, Paris und London Vorträge. „Mehr Mütterlichkeit" lautete dabei ein Aufruf an die Elternschaft, und er forderte Geborgenheit im häuslichen Rahmen, damit den Kindern im Elternhaus kein „unheimlicher Grund" als Basis und Ausgangspunkt für den weiteren Lebensweg erwachse. „Wir dienen der Menschheit, indem wir vermeidbares Leid verhindern", war einer seiner Aussprüche und Grundsätze.

Zwei durch einen schrecklichen Krieg zu Waisen gewordene Kinder stehen vor der Aufgabe, in einem einsamen Gebirgstal wie die ersten Menschen in die Zivilisation zurückzufinden und erfahren so die Geschichte der Menschheit am eigenen Leibe.

Das ist schlechthin die Inhaltsangabe des dreibändigen Werkes der „Höhlenkinder". Dieses Werk erreichte 1929 allein im deutschen Sprachraum 64 Auflagen und wurde in viele Sprachen, so auch ins Hebräische übersetzt. Es gibt eine Ausgabe in Esperanto und in der Blindenschrift. Vier Jahre nach dem Zweiten Weltkrieg erschien in Österreich bereits eine Neuauflage. 1986 brachte der Verlag Kremayr & Scheriau eine gekürzte einbändige Ausgabe auf den Markt. Freilich hatte für das neuerliche Interesse eine italienisch-deutsche Fernsehproduktion viel dazu beigetragen. Und dies, obwohl auch Sonnleitners dereinst im Auftrag der österreichischen Schulbehörde verfaßten „Hegerkinder" mit ihren Abenteuern in Aspern, in der Lobau und im Gamsgebirg zum Teil bis in den siebziger Jahren noch als Klassenlesestoff in den hiesigen Volksschulen herangezogen wurde. Für diese Arbeit hatte der Autor lange Zeit in der Lobau zugebracht. Er war den Spuren lokalhistorischer Betrachtungen wie den Fährten des Wildes mit gleicher Aufmerksamkeit gefolgt.

Schon als Papa Tlučhoř auf dem Stadlauer Bahnhof seinen Dienst versah, lockte es den angehenden Pädagogen in das nahe Augelände. Hier, außerhalb des kaiserlichen Jagdgebietes, auf dem Schierlingsgrund, entdeckte er eine Welt, wie er sie nur aus Büchern kannte, die von fernen Kontinenten berichteten. Als Freund der Urgeschichte hatte er nun die dementsprechende Landschaft in unmittelbarer Nähe gefunden. Als später die eigentliche Lobau der Öffentlichkeit zugänglich gemacht wurde, war er dann einer der ersten, die ständig dort anzutreffen waren.

Der Heger mit den Kindern / Das Hegerhaus in der Steinbühelau

Die Erstausgaben

In seiner später erfolgten Selbstdarstellung „Aus meiner Werkstätte" bekennt er: „Denk' ich vierzig Jahre zurück an meinen Aufenthalt in Stadlau bei Aspern, so finde ich im Betrachten der Pflanzen- und Tierwelt der Lobau sowie im Skizzieren kleiner Landschaftsbilder des Donaugebietes schon die unbewußte Vorbereitung auf meine ‚Hegerkinder von Aspern' und ‚– in der Lobau', in denen ich erst als reifer Mann die Jugendeindrücke auszuwerten vermochte."

Offenbar überließ er Schulen in der Donaustadt und im Marchfeld einige von ihm angefertigte Präparate.

Alois Th. Sonnleitner hat überdies viele Erzählungen und Märchen geschrieben und war Mitarbeiter verschiedener Zeitschriften, so des „Frohen Schaffen" und des seinerzeit noch von Peter Rosegger herausgegebenen „Heimgarten". Der Band „Von Schönheit Gnaden" vereinte Sonnleitners lyrisches Schaffen. „Dr. Robin-Sohn" läßt schon im Titel einen Nachfahren des weltbekannten Abenteurers und Insulaners erkennen. Mit der „Koja"-Serie erzählt Sonnleitner eigene Erlebnisse aus Wanderjahren und Waldläuferzeit und läßt die Geschichte gleichsam wie das Schicksal sein Leben im „Haus der Sehnsucht" enden.

Am 4. Juni 1939 verschied der beliebte Pädagoge und Jugendschriftsteller. Die bekannte Erscheinung mit Hut und langem Bart, halb Tolstoj, halb Whitman, war aus dem Perchtoldsdorfer Kaleidoskop gewichen. Nach und nach verblaßte die Erinnerung an den Autor heute noch bestens bekannter Jugendbücher.

Es ist gar nicht so abwegig, anzunehmen, daß ein Kenner österreichischer Literatur wie der amerikanische Dichter Thornton Wilder, nicht nur von Nestroy so begeistert war und eine der Possen zu einem eigenen Stück verwertete, sondern auch das Schicksal der kleinen Everl aus den „Höhlenkindern" auf die Figur des Mr. Adams seines Bühnenstückes „Wir sind noch einmal davongekommen" übertrug. Denn hie wie dort war die Menschheit durch einen fürchterlichen Krieg in die Urzeit „zurückgebombt" worden und mußte sich alles bis auf das Rad erst wieder erfinden.

Wer heutzutage als Bewunderer des Wirkens und Werkes Alois Th. Tlučhoř-Sonnleitners die Walzengasse zur Perchtoldsdorter Heide hinaufwandert und plötzlich vor dem Haus „Auf der Sonnleiten" mit ähnlichen Gefühlen wie vor der Villa „Shatterhand" zu Radebeul verweilt, der wird sich fragen, warum denn nicht auch dieses Haus noch all die Schätze birgt, die es einstens beseelte und in einer Art Wechselwirkung und Suggestion auf den Besitzer derart wirkte, daß er den Menschen den Spiegel ihrer Herkunft und Geschichte in Form von Büchern als unverlierbaren Schatz zum Geschenk machen konnte.

Wer aber in der Unteren Lobau auf das in der Steinbühelau dahinträumende Hegerhaus zuwandert, dem treten im tagwachen Traum aus der verschlossenen Tür des Hauses der Heger und dessen Kinder entgegen.

DAS LIED

Wer nach der Öffnung der Lobau dachte, die Wiener würden in Scharen in das ihnen bisher versagt gebliebene Revier pilgern, der irrte. Die Gemeinde Wien unternahm daher alles, um ihren Bürgern dieses Naturjuwel als Erholungsgebiet anzubieten. Mit riesigen Plakaten fragte sie daher von Litfaßsäulen und Anschlagetafeln „Wiener, kennt Ihr Eure Lobau?"

Heinrich Strecker

Unter den unzähligen Passanten, die die Gassen Wiens vollstopften, befand sich auch Heinrich Strecker, seines Zeichens Musiker und Kompositeur, am 24. Februar 1893 in der Anzengrubergasse auf der Wieden geboren. Von seinem Erbonkel, einem Regierungsrat, zum Jusstudium angehalten, folgte er trotzdem dem Ruf der Muße und verdingte sich mit wechselndem Erfolg als Musikant, Chorleiter und Musiklehrer. Strecker hatte erst kürzlich die Bekanntschaft mit einem Mädchen und mit der Lobau gemacht. „Ja, für die Lobau sollte man was unternehmen", dachte er, so wie er schon für Wien im allgemeinen das eine oder andere Lied gemacht hatte. Er vertraute sich seinen Freunden Alois Eckhardt und Dr. Fritz Löhner-Beda an. Und diese schrieben gemeinsam mit ihm:

„Wo die Donau mit silbernen Armen umschlingt,
s letzte Stückerl vom träumenden Wien,
wo die Einsamkeit winkt,
wo die Nachtigall singt,
und das Heimchen noch nistet im Grün;
dort lacht das Glück aus tausend Zweigen,
dort ist der Blütenduft so eigen,
am stillen Waldrand, wo ich mein Liebchen fand.

Und die Stunden vergingen,
wir saßen beim Teich,
und wir hatten einander so lieb.
Und die Vöglein, sie zwitscherten alle zugleich
uns ihr Lied, daß es immer so blieb'.
Wir träumten unser schönstes Märchen,
wir waren ein verzaubert Pärchen,
das in der Traumwelt, sich fest verschlungen hält.

Doch es kam dann ein Tag,
und ich ging durch den Hag,
so wie einst, als die Welt noch so schön,
hörte nicht aus den Zweigen
der Nachtigall Schlag,
konnt' die Blümlein am Weg nicht mehr sehn.
In meinem Herzen brannt' ein Sehnen,
aus meinen Augen fielen Tränen
am stillen Waldrand, wo einst mein Liebchen stand."

Und als Refrain folgte allen Strophen ein Vers, dessen erste Zeile für den Titel stand:

„Drunt' in der Lobau,
wenn ich das Platzerl nur wüßt',
drunt' in der Lobau,
hab' ich ein Mädel geküßt;
ihre Äugerln war'n so blau
als wie die Veigerln in der Au
auf dem wunderlieben Platzerl in der Lobau!"

Heinrich Strecker fiel die Melodie wie ein Geschenk zu. Diese Melodie war als Schicksal über ihn gekommen, so wie er dem Mädchen begegnet war und das Platzerl gefunden hatte.
Die einzige Möglichkeit musikalischer Unterhaltung auf der Basis von „leichter Muse" vor der Erfindung des Radios und Wurlitzers war Volksmusik live. In Gaststätten, Cafes, Varietees und Etablissements traten Komponisten mit ihren Interpretinnen als Bühneneinlage auf. Ralph Benatzky, Robert Stolz und Hermann Leopoldi hatten auf diese Weise ihre ständigen Begleiterinnen, die sie ihrerseits auf dem Klavier begleiteten. Heinrich Strecker hatte

Die Partitur mit dem Titelblatt der Erstausgabe

seine erste Partnerin in der damals 18jährigen Lilly Buresch gefunden. Sie traten zum ersten Male gemeinsam im Cafe „Reklame" in der Praterstraße auf, dort, wo Johann Strauß geboren worden ist, und wo auch so viele andere Komponisten ihre ersten Kompositionen vorzuführen begannen. Buresch hatte Strecker fünf Jahre lang die Treue gehalten, bis sie ihn an einem Silvesterabend im Stich gelassen hatte und er seine Lieder dem hochverehrten Publikum hätte vortragen müssen, wäre nicht die entzückende kleine Hanni Elsner rettend eingesprungen. So erklang anfangs 1926 beim Ball der Oberösterreicher im Hernalser Jörgersaal zum erstenmal „Das Lied von der Lobau" und kam beim Publikum gut an, weniger beim Verleger. „Aber hör'n S ma auf, wer kennt schon die Lobau?" war dessen Einwand gegen das Ansinnen Streckers, die Melodie in Noten setzen zu lassen. Und so hat sich denn dieses Lied wie die alten Märchen zunächst einmal von Mund zu Mund verbreitet, ist zu einer Art Volkslied geworden wie das „Aennchen von Tharau", das Strecker mit einer Operette krönte. Jetzt hatten die Lobau nicht nur die Wiener kennengelernt. Bald war es die ganze Welt. Und zuletzt haben – wie immer – auch die Verleger den Wert dieses Liedes erkannt.

Mit einem Gefühl der Dankbarkeit übersetzte eines Sonntages Heinrich Strecker mit Hanni Elsner die Donau vom Praterspitz zum Lobgrund. Es sollte dies für beide eine Pilgerfahrt zur Wiege von Streckers Ruhm werden. Mit dem Paar waren viele Wiener unterwegs. Aber zuerst waren es die Gelsen, die den Ausflüglern am anderen Ufer das Dasein verleideten, dann erfolgte unvermittelt ein Wolkenbruch, der in ein fürchterliches Donnerwetter ausartete. Das Lied von der Lobau war für alle Beteiligten zu einer Schicksalssymphonie geworden. Die auf diese Weise Heimgesuchten suchten nun ihrerseits ein Dach über dem Kopf. Der Fährmann kam gar nicht nach, die Ausflügler in sichere Gefilde zu befördern. Er mußte darauf achten, daß sein Boot nicht überlastet würde und

konnte weitere Herandrängende nur auf die nächste Fuhre vertrösten. Natürlich entlud sich nicht nur das Gewitter über den Köpfen der Touristen, sondern diese entluden sich ebenfalls ihrer Wut: „Und da traut sich noch einer 'Wo die Nachtigall singt und das Heimchen noch nistet im Grün' zu schreiben. Des kann einem da vergehen in dieser Wildnis."

Heinrich Strecker und Hanni Elsner, deren Bilder in allen Zeitungen waren, zogen sich die Mütze tiefer ins Gesicht und fielen in den „Gesang" der enttäuschten Aubesucher ein, um nicht als die Schuldigen dieses verunglückten Ausflugs entlarvt zu werden.

Dennoch hatte dieses Lied nicht nur die Lobau, sondern auch seinen Komponisten berühmt gemacht. Mehr als alle Plakate hatte dieses Lied für die Lobau und Wien geworben. Wo gab es denn eine Stadt, die eine solche Umwelt hat? Um in einen Dschungel vorzudringen, brauchte man nun als Europäer nicht mehr in einen anderen Erdteil zu reisen. Viele machten sich auf den Weg, das Platzerl und insgeheim das geeignete Mädel zu finden. Viele haben beides und darüber hinaus einander gefunden. Eine grobe Statistik behauptet, daß ein großer Teil der Bevölkerung Wiens der Lobau ihr Leben verdankt. Das ging so weit, daß man nach dem Zweiten Weltkrieg im Zuge der Identitätsfindung Streckers Lied zur Bundeshymne erheben wollte. Darüber hinaus hatte Strecker eine Unzahl von Liedern geschrieben, wenngleich kein Lied die Welt in einem derartigen Maße erobert hat, als jenes von der Lobau. „Ja, ja, der Wein ist gut", war für Strecker ein neuer Hut, dem eine Unzahl von Gassenhauern, Walzern, Märschen, Operetten und Singspielen folgte. Als der Tonfilm kam, wurde so mancher Streifen mit Hans Moser, Paul Hörbiger und weiteren Repräsentanten des Wienertums mit Melodien Streckers untermalt. Vielleicht einer der größte Erfolge für Strecker, von seinen Triumphen in Breslau, Bremen und Berlin abgesehen, war eine Begebenheit, die ihm der Stummfilm- und Operettenstar Liane Haid nach einer Afrikareise berichtete. Sie war im Rahmen einer Safari mit ihrem Freund und Verehrer Prinz von und zu Liechtenstein Gast eines mächtigen Stammeshäuptlings. Nachdem in vorgerückter Stunde noch etwas von dem mitgebrachten Wein genossen worden war, begannen der Prinz und Haid ein Potpourri von Streckers Wiener Liedern zu singen, darunter auch „Drunt in der Lobau".

Da verließen der Stammeshäuptling, dessen Getreue und der Medizinmann nach und nach die Gesellschaft. Erst als Haid und Liechtenstein, durch diesen Exodus irritiert, zu singen aufgehört hatten, kamen die Eingeborenen der Reihe nach wieder zurück. Der Dolmetsch überbrachte an diese die bange Frage der Gäste, warum sich denn die Gastgeber vorhin entfernt hätten? Die Erklärung dafür war: „Wir wollten Sie als Ungläubige Ihres Glaubens bei Ihren Gebeten nicht stören."

EIN KRIMI ANNO 1920

Heinrich Deml galt als aufsteigender Stern im Kommissariat Kagran. Obwohl erst 24 Jahre zählend, munkelte man, daß ihm selbst ein weiterer Stern und somit die Beförderung bevorstehe. Trotz seiner Jugend bewies er einen Spürsinn für Zeit und Örtlichkeit, wo ein Verbrechen geschehen oder verhindert werden konnte, so daß man in ihm den geborenen Stadtschutzwachmann erblickte, dem noch dank seines Diensteifers ein ausgezeichneter Aufstieg beschieden sei. Er dürfte da in die Fußstapfen seines Vaters getreten sein, der als Leiter des Kommissariats Kagran erst kürzlich aufgrund von 30 Dienstjahren geehrt wurde und in diesem Zusammenhang den braven Bürgern des Bezirks im gleichen Maße wie den Gaunern versichert hatte, weiterhin für Ordnung zu sorgen. Die „Nachrichten für Wien und Niederösterreich" würdigten daher Heinrich Deml seniors bisherige Verdienste mit den Worten: „Er hat es verstanden, den Ort von unsauberen Elementen zu säubern, in allen Fällen den Recht und Schutz suchenden Bewohnern jederzeit entsprechende Unterstützung zuteil werden zu lassen."

So wie Heinrich Deml junior jedesmal seinen Bericht mit dem Datum begann, schrieb er diesmal den 11. April 1920 ins Protokoll, ehe er mit dem nächtlichen Kontrollgang begann. Deml und sein Kollege traten aus dem Dienstraum. Bald danach trennten sie sich, und jeder ging seines Weges.

Deml konnte sich selbst nicht erklären, warum ihn ausgerechnet das Ökonomiegebäude festhielt, förmlich anzog, auch wenn er davon entfernt war. Vielmehr, wollte er sich keine Erklärung geben. In seinem Innersten wußte er sehr wohl, daß dieser Kontrollgang dem Mädchen Rosi galt, Rosi, die tagsüber als Rose zwischen dem Erdäpfelkraut blühte. Ob sie ruhig schlafe, von niemandem erwünscht oder unerwünscht gestört werde, um am anderen Morgen wieder taufrisch ihre Schönheit auszustrahlen. „Rosi Deml", das hörte sich gut an, klang aber nach Zukunftsmusik, solange sie Ondreiska hieß und dies auch bleiben sollte. Aber ihr nahe zu sein, ohne daß sie es ahnte, weil sie vielleicht von jemandem anderen träumte; sich als ihr Beschützer zu wähnen, ohne daß jemand davon wußte, gab dem jungen Wachmann eine gewisse Befriedigung. Als er tatsächlich unter ihrem Fenster stand, schien nur der Mond über den dunklen Waldkamm und verlieh dem

Heinrich Deml

Bild jenen romantischen Zauber, wie ihn ein glückliches Liebespaar nicht besser hätte umrahmen können. Nur war das Verhältnis des jungen Deml zur schönen Rosi ein anderes.

Während der Stadtschutzwachmann in Andacht auf das geöffnete Fenster hinaufblickte, begannen die Schweine im nahen Wirtschaftsgebäude zu schreien, als wäre ein Messer in ihren Schlaf gefahren.

„Da kann etwas nicht stimmen", ging es Deml durch den Sinn, war doch in der Nacht zuvor in ein Wirtschaftsgebäude zu Oberhausen eingebrochen und eine Sau daraus gestohlen worden. Deml lief dem furchterregenden Geschrei entgegen. Er kam bis zur Stalltür. Dort traf er auf eine dunkle Gestalt. Er sah deren Gesicht einen Augenblick deutlich vor dem seinen. Ein weiteres Gesicht tauchte im Hintergrund auf, aber fast gleichzeitig wieder in der Finsternis unter. Alles ging so schnell, daß Deml die beiden kaum an der Flucht hindern konnte. Sie waren an ihm vorbei, ehe er ihnen noch ein Bein hätte stellen können. Deml wußte, was hier vor sich ging, vielmehr, was hier hätte vor sich gehen sollen. Er legte das Gewehr an und setzte etwas umständlich hinter den Flüchtenden her. „Halt, stehen bleiben, oder ich schieße!" rief er. Aber sie blieben nicht stehen. Er verfolgte sie auf dem Weg zur Alten Felber. Der eine der verhinderten Diebe kam schlecht voran. Es mußte an seinem Fuß liegen. Ihn konnte Deml fassen. Da krachte ein Schuß …

Ein Schrei – und Deml brach zusammen, verblutete an Ort und Stelle. Er gab sein Leben für ein Schwein, das ihm kein Glück gebracht hatte …

Mord wurde an diesen Tagen nicht groß geschrieben. Man schob die Schuld der wachsenden Not nicht nur den hohen Politikern zu, sondern auch den Augen, die über deren Gesetze wachten. Fast jeden Monat mußte irgendein Wachorgan daran glauben. Deml war nur einer von vielen. Deshalb wurde um seinen Tod nicht viel Aufhebens gemacht. Ein Bankraub oder der Konkurs eines Großunternehmens war da schon etwas anderes. Die Insolvenzen nahmen im amtlichen Teil der „Wiener Zeitung" ganze Seiten ein. Lediglich in der „Abendpost" waren einige Worte zum Tod des Stadtschutzwachmannes zu finden, ein knapper Vermerk über dessen mysteriösen Tod und ein Hinweis, wann und wo sein Begräbnis stattfand und von wo sich der Trauerzug in Bewegung setzen sollte. Für die Ausfindung des Täters oder der Täter wurde eine Belohnung in Aussicht gestellt. Hinweise würden vertraulich behandelt.

Daraufhin spalteten sich Kollegen in Ankläger und Angeklagte. Der Nachbar von Karel Ondreiska hatte unter dem Siegel der Verschwiegenheit zu Protokoll gegeben, daß er Rosis Vater kurz nach dem Schuß und Schrei auf der Wiese vor dem Gebäude herumgeistern gesehen habe. Auf seine Frage, was Ondreiska denn mitten in der Nacht im Freien mache, und was denn da vorhin geschehen sei, wußte Ondreiska keine Antwort. Er sagte nur, ihm hätte auch der Lärm aus dem Schlaf geweckt, und nicht einmal der Nachtwächter wisse, was geschehen ist, denn der habe alles verschlafen. So wurde Ondreiska fürs erste dringend der Tat verdächtigt. Der Nachtwächter konnte zu seiner eigenen Entlastung eine leere Schnapsflasche als Alibi vorbringen.

Die Zuneigung des jungen Wachmanns zu Ondreiskas Tochter war auch den anderen Landarbeitern nicht unbekannt geblieben, und daß der alte Ondreiska nicht glücklich darüber war. Aber daß er deshalb einen Mord begangen habe, das wollte doch niemand so recht von ihm glauben. Eher, daß sich der Alte mit der Sau etwas Geld holen wollte, ein Sparschwein sozusagen für die Mitgift seiner schönen Tochter, die einmal einem Besseren als einem

Bericht der „Wiener Zeitung" vom 14. April 1920

Stadtschutzwachmann zugestanden werden sollte. Trotz all dieser Anschuldigungen und Verdächtigungen sprach vieles gegen diese Version, so daß die den Vorfall untersuchenden Beamten den alten Ondreiska wieder laufen lassen mußten. „Mangels Beweisen", hieß die offizielle Begründung. Aber das Verhältnis zwischen Ondreiska und den anderen von der Ökonomie blieb gespalten. Man begegnete einander nur noch mit Mißtrauen und sprach nur das Notwendigste bei der Feldarbeit miteinander. Obwohl sich der Verdacht erhärtete, daß es sich im Fall Deml um einen Racheakt, möglicherweise mit politischen Motiven handeln könnte, wobei man dem alten Deml eins auswischen wollte, waren die redlichen Leute vom Vorwerke doch nicht ganz von Ondreiskas Unschuld über-

Der ermordete Stadtschutzwachmann

Bei der Gedenksteinenthüllung (in Zivil: der Vater des Ermordeten)

zeugt und im Zweifel, ob sie nicht doch mit einem Mörder unter einem Dach zu leben verurteilt waren.

Selbst Demls Kollege geriet ins Zwielicht und wurde von den anderen Kollegen verhört, wann und wo er sich von Deml getrennt habe, wie sein Verhältnis zu ihm war, ob nicht Eifersucht im Spiel gewesen sei im Hinlick auf die Rosi oder auf die bevorstehende Karriere des Protektionskindes.

Der Fall Deml blieb ein Rätsel, auch als die Prämie zur Ausfindung des Täters erhöht wurde. Er blieb so lange ein Rätsel, bis eines Tages etwas Seltsames geschah, das anfangs mit dem Fall gar nicht in Zusammenhang zu stehen schien. Im Kommissariat Kagran erschien eine Frau, die, nachdem sie sich ausgewiesen hatte, Name und Wohnort einer „Weibsperson" mit der Bemerkung nannte, man möge doch einmal bei dieser Schlampe, wohin ihr Mann hingezogen sei, während er sie mit den Kindern sitzengelassen habe, im Falle Deml vorgehen. Bisher habe sie geglaubt, ihr Mann sei ein Kerl, mit dem man Pferde stehlen könne. Jetzt aber weiß sie, daß er nicht einmal Schweine stehlen kann.

Im Laufe der Erhebungen stieß man auf den Mann der verlassenen Frau, einen Bauaufseher der Donauregulierungskommission, der sich bei einem Arbeitsunfall eine Beinverletzung zugezogen hatte. Im weiteren Verlauf vergrößerte sich der Kreis der Verdächtigen auf einen Hilfsarbeiter der Donauregulierungskommission, einen Kondukteur und Oberkondukteur der Straßenbahn sowie auf einen Fischer. Die Beziehungen dieser vier Männer waren sehr vernetzt. Der Fischer war der Bruder des Kondukteurs, dieser der Schwiegersohn des Oberkondukteurs. Der Kondukteur hatte eine Fischerhütte in unmittelbarer Nähe des Fischers, und der Bauaufseher bewohnte ein kleines aufgelassenes Gebäude am Hochwasserschutzdamm daneben. Der Hilfsarbeiter war einmal da, ein andermal dort zu Hause. Allen zusammen konnte Wilderei in mehreren Fällen in der Nähe des Tatorts nachgewiesen werden, dabei beschränkten sie sich nicht nur auf Wildschweine. Beim Kondukteur konnte eine Übungspatrone des gleichen Kalibers und mit den Initialen F. N. sichergestellt werden, wie Deml aus unmittelbarer Nähe in den Kopf geschossen worden war. Beim Bauaufseher fand sich ein hiefür passender Revolver. Alle zusammen konnten für die betreffende Nacht kein stichhaltiges Alibi erbringen. Die Beteuerung jedes einzelnen, sie hätten zusammen gefischt, sollte zur gegenseitigen Entlastung dienen, führte aber dahin, daß ihnen ihre Handlung als mitgegangen und somit mitgefangen ausgelegt wurde.

Auf diese Weise geriet gleich eine halbe Familie in den Arrest. Die Frau des Bauaufsehers erhielt die Prämie ausbezahlt, und ihre Kinder bekamen zu essen. Diesmal hatte die Mutter dafür Sorge getragen und nicht der Vater.

Gemälde von Gottfried „Laf" Wurm

DAS BILD

Manche Künstlerinnen und Künstler haben sich von der Lobau ein Bild gemacht. Manche Experten haben – wie auf allen Gebieten der Kunst – ein Kunst- oder Machwerk daraus gemacht. Kunst kommt zweifellos von Können und stellt einesteils das dar, was einem gefällt beziehungsweise was einen Menschen anspricht. Kunst ist aber auch, etwas, das keine Kunst ist, als Kunstwerk auszugeben, so daß es in der Folge als solches angesehen wird. Freiheit in der Kunst hat einiges mit Meinungsfreiheit gemein.

Kunstverständnis wurzelt offenbar darin, daß man sich bei der Meinungsbildung von keinem Experten beeinflussen läßt.

Was die Lobau als Modell für bildende Künstler betrifft, trifft hier die Forderung, daß Natur und Kunst zu einer Einheit finden mögen, im besonderen Maße zu.

Als älteste Darstellung der Lobau gilt eine Zeichnung, die genauso gut aus dem Donaudelta stammen könnte oder uns eine Vision aus dem Paradies vermittelt, in der der Mensch noch nicht geschaffen war.

Unbestritten um ein Motiv aus der Lobau handelt es sich bei dem von Josef Kriehuber 1871 gemalten Aquarell.

Emil Jakob Schindler (1842 – 1892) malte die Dampfschiffstation bei Kaisermühlen und ein Motiv beim Mühlwasser. Hugo Darnaut (1851 – 1937), Carl Moll (1861 – 1945) wiesen jeweils ein Motiv aus der Lobau aus, Willi Singer (geb. 1942) sogar im herbstlichen Kleide. Josef Turetschek hielt Szenen aus dem Lobauer Kolonistendasein fest.

Meister Hans Fronius (1903 – 1988) widmete der Auenlandschaft manches Blatt.

Egon Haug und Karlheinz Vinkov bedienen sich Farbe und Stift, um das Land am Strom im Bilde festzuhalten.

Erich Dichtl ließ St. Hubertus in der herbstlichen Au erscheinen.

Karl Adolf Werner hat durch die Nähe seines Heimatortes Groß-Enzersdorf seine Staffelei oftmals in den Donau-Auen aufgestellt.

Gottfried „Laf" Wurm (geb. 1946), in allen graphischen Techniken bewandert, durchwanderte auch mehrmals die Lobau, nicht ohne einige Motive daraus festzuhalten.

Ivan Draskovic ließ vor allem Blumen sprechen. Seine in der Lobau gefertigten Aquarelle können sich neben jedem Herbarium sehen lassen.

Beatrix Kutschera (geb. 1952) stellte die Au mit bezaubernden Impressionen im Jahresablauf dar.

Lied und Leid, Liebe und Haß, eine Welt zwischen Dornengestrüpp und Stacheldraht, von der untergehenden Sonne beleuchtet, vermittelt uns Jeanette Schörk mit einer ihrer Batiken.

Eine herausragende Erscheinung ist der dem Phantastischen Realismus verbundene Helmut Kies (geb. 1933). Als begeisterter Ballonfahrer läßt er sein Traumschiff über den Landeplatz des Jean-Pierre Blanchards schweben. Dieser französische Luftfahrtpionier war am 6. Juli 1791 unter großem Spektakel am Rande der Lobau gelandet. Von diesem Ereignis hat übrigens Hieronymus Löschenkohl (1753 – 1807) eine authentische Darstellung geschaffen. Somit hat sich der Kreis von Standbildern für den jeweiligen Betrachter zu einem Gesamteindruck von einer Schicksalslandschaft am Rande des Flusses geschlossen.

*

In der Folge sei die Geschichte eines Illustrators erzählt, der für alle jene stehen mag, die von der Öffentlichkeit als Künstler kaum zur Kenntnis genommen und mit ihren Bildern nie „berühmt" geworden sind, obwohl ihre Kunst mit der Natur in einem derartigen Einklang stand, daß diese das Bemühen des Künstlers zu Ende führte.

HUBERTUS IN DER LOBAU

August Endlicher kam zur Eßlinger Furt. Vor ihm der Knüppelsteg. „Nix als Prügeln vor die Füß werfen, des können s!"

Er hatte auf sein Ansuchen um eine Ausstellung in der Wiener Sezession einen abschlägigen Bescheid erhalten. „Ihr seids ja aus eurem Atelier nie rauskrochen, das ist es. Ihr habts eure Naturstudien in der Akademie gmacht, von der ihr euch nur zum Schein losgsagt habts, bis selber Philister wordn seids. Ihr könnts ma alle gstohln werden. Ihr müßts da amal rauskommen, da, und den Wald sehen, wie die Schwarzpappeln ihre Arme nach dem Himmel strecken und wie sich der Nebel als Tuch um ihre Stämme legt, nur Schwarz auf Weiß, sonst nichts. I bin mit meiner Staffelei immer hinter Jägern und Gejagten her. I ziel und triff mi selber. Aber was zählt des in euren Augen? I möchat die Hubertus-Vision malen können, wie's no niemand gsehn hat, net mit an Kreuz im Gweih von an Hirschen, sondern für den ganzen Wald, für die ganze Au. I weiß net, ob i des je amal zsambring? Es is schwer, denn zu leicht macht ma is Kreuz über die Lobau. Des haßat dann, in Teufel an die Wand maln. Was red i da? Herrgott verzeih mir, du waßt wie is man. Is eh scho zviel gschehn zum Schaden der Au."

„Endlich is er da, da Endlicher!" wurde der Maler im Jägerhaus empfangen. Oberförster Schweinhammer warf ein Scheit ins Feuer.

„Die Letzten werden die Ersten sein", zitierte der Schulmeister. Er hatte wie üblich das Buch zum Vorlesen bereit. „Die Leiden des jungen Werther", 10. und letzte Folge, war an der Reihe.

„Was für eine Madonna hat Sie denn heute festghalten", lachte Fuchs, ein Forstadjunkt.

„Des is ja sei Pech, daß er keine Madonnen malt, sondern nur Hirschkühe", bemerkte Tröster vom Kamin her.

„Er sollte statt Viecher lieber Viechereien malen, dann hätte er mehr Erfolg", meinte der Schulmeister.

„I könnt machen, was i wollt, i hätt nie an Erfolg. I könnt hundert Jahr alt werdn und erreichert nie des, was andere mit 28 erreichen."

„Na, na, lieber Endlicher", sagte der Schulmeister, der wußte, wo der Erfolglose hinauswollte, „ein Schiele wirst du nie, höchstens du fangst zum Schielen an."

Alle lachten. Auch Endlicher lachte gequält.

„Du derfst net unzufrieden sein", lenkte der Oberförster ein, „unter uns Waidmännern hast du an guten Namen."

„Ja, weil i schon a paar Böck gschossen hab", schwächte Endlicher ab. „Bei der Jagdzeitung nehmen s mi ja a nur, weil i erna billiger als a Photograph komm und weil der Herausgeber mei Freund is."

„Was hat er denn heut wieder? A Gsicht wie zehn Tag Regenwetter, dabei dürferts bei dieser Kälten nur mehr

August Endlicher

schneien. Auf gehts, Endlicher, laß di aufwärmen!" Der Gastgeber hielt ihm eine Steingutflasche entgegen.

Endlicher nahm gerne an und wollte sie für sich behalten.

„Heute könnt er mit sein Gsicht als Treiber gehn", ergänzte der Adjunkt.

„Is alles halb so schlimm. Man muß mit allem einmal fertig werden", beschwichtigte Endlicher.

„Na also. Drum haßt's in Schulmeister anfangen. Er brennt ja schon darauf", lachte Schweinhammer. „Er will uns Waldsäue unbedingt kultivieren. Los, Schulmeister, laß die Katz aus dem Sack. Werthers Leiden san a unsere werte Leiden." Damit schlug er dem Kulturapostel freundschaftlich auf die Schulter. Der ließ sich nicht zweimal bitten. Bald war er in seinem Element. Während er las, bemerkte er nicht, daß ihm niemand zuhörte.

„Malen ist die Krone der Künste", behauptete Endlicher flüsternd, „weil alles Große in der Stille geschieht. Der Dichter braucht sein Wort, der Musiker seinen Ton; aber ein Bild spricht für sich. Wie ich vorhin da hergekommen bin, hab i den Wald atmen gspürt. In Norwegen hat kürzlich ana an Schrei gmalt, nur mit Farben. Du hörst nichts, und trotzdem is dir, wie wenn's dir s Trommelfell zreißat. Des is a Kunst. Dort möcht i hinkommen. Ma muß sich selbst aufgeben dabei. Ma muß mit seiner Kunst ans werden zu seiner Natur. Des hat scho Shakespeare gefordert. Des is dann des Wahrhaftige, verstehts?"

Zeichnung von August Endlicher

Alle verstanden, bis auf den Schulmeister. Der ließ Werther an Lotte einen Abschiedsbrief schreiben.

„Weißt, es kommt im Grund gar net darauf an, ob du an Erfolg hast vor der Welt, vor dir selber mußt bestehen können, vor deinem künstlerischen Gewissen. Wenn du des kannst, dann hast du dich in die Waagschaln gworfen, als Mensch und Künstler, und wanns nix war, dann hast halt Pech ghabt. Aber ana kummt dann amal vielleicht, der find dei Bild und find es schön, und für den hast glebt", sinnierte der Maler.

„Des hört se an wie a Religion", bemerkte Schweinhammer.

„Religion, Religion! Leben is es, ganz einfach Leben. Es kann Politik sein, es kann Religion sein, es kann tausend Namen haben, aber es is des Leben. Leben und Sterben als Mensch und durch die Kunst für alle Zeiten geboren werden. Wann i geh, geh i nur Motiven nach. Wann i a Motiv seh, dann überleg i nur, wie i es in an Rahmen fassen könnt, wie i mirs erhalten könnt über den Augenblick hinaus. Aber i geh nie, nur daß i an Schritt mach. Es muß immer da Pinsel oder da Stift dabei sein. Dazu bin i auf der Welt und dafür tät i alles geben. I such eigentlich immer nur, wie is machen könnt. Des hört sich so einfach an und is do so schwer."

„Was du da sagst, könnte für alles gelten", bestätigte Tröster.

„Richtig", pflichtete ihm Endlicher bei. „Wir brauchen nur für jedes a anderes Wort – oder wir finden zur gleichen Farb über den selben Namen."

Das Feuer prasselte. Eine neue Flasche kam an die Reihe. Der Schulmeister lehnte unwirsch ab: „Lieber Wilhelm, ich habe zum letztenmal Feld und Wald und den Himmel gesehen. Leb wohl auch du, liebe Mutter, verzeiht mir. Tröste sie, Wilhelm! Gott – segne euch! Meine Sachen sind alle in Ordnung. Lebt wohl! Wir sehen uns wieder und freudiger."

„Der Herbst war heuer schön", lobte Tröster.

„Wenn ma denkt, nur no a paar Tag, und wir wünschen uns wenigstens a glückliches neues 35er Jahr, wann schon des 34er kans war", sagte Schweinhammer.

„Wie stehts mit deinem Bild, Endlicher, mitn 'Hubertus in der Lobau?'" wollte Tröster wissen.

„I komm net weiter."

„Habn S' no kann richtigen Hirschn gfunden, der Ihna Modell steht?" witzelte der Forstadjunkt.

„Der Endlicher will kan gewöhnlichen Hubertus malen", erklärte der Oberförster.

„Also, gibts des, an gwöhnlichen Hubertus?"

Du verstehst mi schon richtig: net so wie er üblich dargestellt wird. Er sucht no die Lösung."

„I will an Hubertus", bestätigte Endlicher, „der für jede Kreatur steht, in jedem Wesen is, aus jedem Wesen leuchtet, für Mensch und Tier, für Baum und Strauch."

„Es soll sein Hauptwerk werden, mit dem ihm der Durchbruch gelingt. Deswegen steht's mit ihm so schlecht. Er reibt se ganz auf dabei!

„Die Ausführung des Oberförsters war etwas laut ausgefallen. Der Schulmeister unterbrach ärgerlich: „Malt er jetzt a Bild zur Ehre des Hubertus oder zu seiner eigenen Ehre?"

„Lehrt er die Kinder, weil ers net dumm sterben lassen will oder weil er von was leben muß?" entgegnete Endlicher.

„Beides. Beides läßt sich vereinbaren."

„Und genau so is mit der Kunst und mitn Künstler. Die Untugend is die Mutter mancher Tugend. Wir brauchen die Eitelkeit, sonst tät ma manches net machen."

„Für wen les i dann?" Der Schulmeister wollte nicht, daß noch länger geschwätzt werde.

Endlicher nahm sich aus der Flasche den Mund voll und verhielt sich wie ein braver Schüler. – Ach Gott, seine Lotte hatte Karin geheißen. Es war ein Wunder, daß er noch lebte, vielleicht war er schon gestorben und in der Malerei nocheinmal auferstanden. Werthers Leiden vernahm er wie die Schmerzen eines Bruders. Er selbst quälte sich mit dem Bild, das ihn zur Vollendung drängte. War er so unglücklich in die Kunst verliebt wie der Held des Buches in eine Frau, die schon einem anderen versprochen war? Fehlte es ihm an Glück oder an Talent? Soviele Gläser er auch befragte, die Antwort lag keinem zu Grunde.

Der Schulmeister kam mit dem Werther zu Ende: „Nachts gegen elfe ließ er ihn an der Stätte begraben, die er sich erwählt hatte. Der Alte folgte der Leiche und die Söhne. Albert vermocht's nicht. Man fürchtete für Lottens Leben. Handwerker trugen ihn. Kein Geistlicher hat ihn begleitet."

„Sehr schön, Bravo. Seids ma net bös, i muß jetzt gehen. Wir sehn uns eh bald wieder", rief Endlicher und stürzte davon.

Da war er auch schon draußen und stapfte los. Er spürte nichts von der Kälte, die um alle Bäume war. Sein Wald zerfloß in sanfte Farben. Der Nebel schmiegte sich zwischen ihn und die Bäume. Über die Richtung gab es keine Zweifel. Er war im Bilde. Es gab nur den einen Weg …

Nur war der länger als sonst, mit mehr Prügeln vor den Füßen, und das andere Ufer erschien ihm fremd.

Er wird es heute wieder versuchen, bis zur Erschöpfung. Er wird in dieses weiße Gewebe seine Farben legen.

Haben ihm der Wein und der Schnaps so zugesetzt? Haben sich wider ihn nun auch die Geister des Waldes verschworen, die Kobolde und Dämonen, die sich durch knackende Zweige verrieten? Weshalb war dieser Weg so weit geworden? Was hindert ihn beständig an seinem Ziel?! Ein abgeworfener Ast stellte ihm ein Bein. Endlicher stürzte. Er drückte sein Gesicht in das feuchte Laub.

„Warum halts ihr mi ab? Ich habe gegen eine Übermacht gekämpft. Ihr habts mi immer wieder angschossen, mit den Hunden ghetzt, aber i hab immer wieder a Ausflucht gfunden, da, in meiner Au. Ihr wollts mi nie aufkommen lassen. Aber i hab mi immer wieder zur Staffelei geschleppt, und i werd mi auch heut wieder erheben. I laß mi net unterkriegen." Und er stemmte sich vom Boden ab. Der Wald begann sich zu drehen. Die Astgabeln schoben sich ineinander wie die Geweihe kämpfender Hirsche. Die Au ging in Licht auf. Die Winternacht zerschmolz in einen lauen Sommerabend.

„Das ist es! Das ist es!" stöhnte Endlicher. Er rappelte sich auf, fiel aber zurück in die Erde.

*

Gegen Morgen fanden Wanderer den Erfrorenen. Jäger trugen ihn zum Schrödertor hinaus. Forstleute legten an der Stelle, wo er verstorben war, zwei rohbehauene Stämme quer übereinander. Kein Name ziert das Kreuz. – Nur die Zeiten des Jahres malen in vollendeter Weise an dem unvollendeten Bilde weiter.

Die Eßlinger Furt

Steg am Herzoghaufen

DER BÜRGERMEISTER VON BRETTELDORF

„Warden und Wardanieri! Euer Goro führt Euch aus Asgard ins Mora, um dort Glüsa, Hewo und Abo zu finden."

Um diesen Aufruf zu verstehen, müßten einige Worte aus dem Wardanierischen (Bogossprache) übersetzt werden. Der Einfachheit halber und wegen des besseren Verständnisses sei gleich der ganze Satz auf gut deutsch wiedergegeben: „Ihr Männer, die Ihr nun bereit seid, nach dem Vorbild jener deutschen Siedler, die während der Regentschaft von Kaiserin Maria Theresia unter der Führung von Jakob Waller Gebiete in Südungarn besiedelten, deren Kolonisationsgedanken neuerdings in die Tat umzusetzen und allenfalls dafür zu kämpfen: Euer Guru führt Euch aus dem Garten der Asen (germanische Edelmenschen) in das Morgenland, um dort Glück, Sonne, Arbeit und den Himmel auf Erden sowie den Gott aller Menschen zu finden."

Darüber hinaus bleibt noch manches unklar. Etwa wer als Guru der Wardanieries zu verstehen ist und welcher Sprachgruppe die Bogossprache zuzuordnen ist, beziehungsweise, wer den bewußten Satz mit den eigenwilligen Worten geprägt hat. Diese Fragen können mit Peter Waller beantwortet werden. Der Name spricht für sich und sollte,

Peter Waller

wenn schon nicht alles, immerhin manches erklären. Bei der Sprache der Bogos (Bogo = Bodengott = Gottmensch) handelt es sich um eine Kürzelsprache. Sie ging aus dem altösterreichischen Pidgin-Deutsch hervor und wurde in kosmopolitischer Absicht geschaffen, wobei nicht nur Wortkombinationen aus dem germanischen, slawischen und romanischen Sprachraum, sondern auch Elemente aus exotischen Sprachen einbezogen wurden und für das ungewohnte Ohr ein sonderbares Kauderwelsch ergaben. Peter Waller, ein Nachkomme des vorhin erwähnten Jakob Waller, hoffte damit, eine Weltsprache zu kreieren, die das Esperanto an Kürze und Klarheit übertreffen sollte.

Von all den Gestalten, die jemals in der Lobau herumgegeistert sind, ist Peter Waller wohl die merkwürdigste gewesen. Er wurde am 21. Oktober 1891 in Budapest geboren. Seine Mutter war überglücklich, ihrem Gatten, einem Donauschwaben und Beamten im k. u. k. Kriegsministerium, nach drei Fehlgeburten endlich einen Sohn geboren zu haben. Peter blieb ihr erklärter Liebling, auch

nachdem ihm fünf Geschwister gefolgt waren. Und es hieß, wenn ein Pilzgericht im Hause Waller auf den Tisch kam, bekamen aus Sorge, daß ein giftiger Pilz sich darunter befinden könnte, erst die anderen Geschwister zu kosten, ehe Peter am Mahle teilnehmen durfte.

Von Wien aus, dem neuen Domizil der Wallers, unternahm der aufgeweckte Bursche einen Abstecher in eine Schweizer Missionsschule. Dort wurde er wegen seines sonderbaren Benehmens zum erstenmal auf seinen geistigen

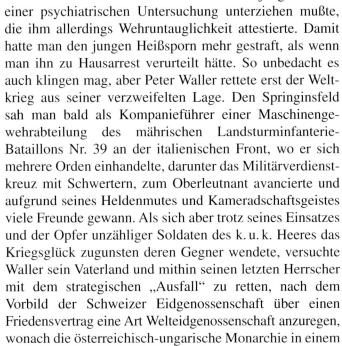

Zustand untersucht. Nachdem er in die Infanterie-Kadettenschule nach Preßburg gewechselt war und es zum Fähnrich gebracht hatte, rückte er, zweiundzwanzigjährig, zum Leutnant auf. Er entfernte sich aber von seiner Einheit, um in Montenegro dem Fürsten Nikita als militärischer und politischer Berater zur Seite zu stehen. Seine Ratschläge, die er dort erteilte, entsprachen mehr den Empfehlungen eines Till Eulenspiegels, so daß Waller bald aus dem diplomatischen Korps des Fürsten ausgeschlossen und den österreichischen Behörden überantwortet wurde. Seine Desertion wurde ihm von höchster Stelle nicht weiter übel genommen, da sein Vater beim Heeresminister eine Pardonierung erwirkt hatte, so daß sich Peter zum zweitenmal in seinem jungen Leben

einer psychiatrischen Untersuchung unterziehen mußte, die ihm allerdings Wehruntauglichkeit attestierte. Damit hatte man den jungen Heißsporn mehr gestraft, als wenn man ihn zu Hausarrest verurteilt hätte. So unbedacht es auch klingen mag, aber Peter Waller rettete erst der Weltkrieg aus seiner verzweifelten Lage. Den Springinsfeld sah man bald als Kompanieführer einer Maschinengewehrabteilung des mährischen Landsturminfanterie-Bataillons Nr. 39 an der italienischen Front, wo er sich mehrere Orden einhandelte, darunter das Militärverdienstkreuz mit Schwertern, zum Oberleutnant avancierte und aufgrund seines Heldenmutes und Kameradschaftsgeistes viele Freunde gewann. Als sich aber trotz seines Einsatzes und der Opfer unzähliger Soldaten des k. u. k. Heeres das Kriegsglück zugunsten deren Gegner wendete, versuchte Waller sein Vaterland und mithin seinen letzten Herrscher mit dem strategischen „Ausfall" zu retten, nach dem Vorbild der Schweizer Eidgenossenschaft über einen Friedensvertrag eine Art Welteidgenossenschaft anzuregen, wonach die österreichisch-ungarische Monarchie in einem weltweiten Staatengefüge Europas erhalten bleiben sollte. Auf diese Weise könnten weltweit Hof und Parlament nebeneinander bestehen und Österreich-Ungarn samt seinem Monarchen von einem reformierten Völkerbund geduldet werden. Um seine Ideen an höchster Stelle darzulegen, hatte Waller um eine Audienz bei Kaiser Karl angesucht, diese jedoch nie erhalten, offenbar in weiser Voraussicht, daß aus dieser Ecke nichts besonders Kluges zu erwarten sei, ohne zu berücksichtigen, daß Seine Majestät diesem Oberleutnant Waller vor einiger Zeit noch an der Front bei Moena im Zuge einer Truppeninspektion gegenübergestanden war.

Nachdem also der Kaiser diesmal Waller nicht einmal angehört hatte, konnte man dem jungen Leutnant keinen Vorwurf machen, daß das Schicksal ungebremst seinen Lauf nahm und die österreichische Monarchie mitsamt seinem Kaiser hinwegfegte.

Peter Waller sah sich von Gott, Kaiser und Vaterland verlassen. Als er von einer Wiener Roten Garde hörte, fühlte er sich zu ihr hingezogen, zumal sich dort ehemalige Soldaten zur Verteidigung der neuen Republik versammelten und gegen eine Wiedereinführung der Monarchie stellten. Peter Waller wurde allmählich rot, aber nicht in dem Maße, daß er sich mit den Kommunisten solidarisch fühlte. Tonangebend unter den Gardisten war auch ein gewisser Egon Erwin Kisch, der in der Folge als „rasender Reporter" in die Literaturgeschichte einging und zum ersten Male zu rasen begann, als vor dem Parlamentsgebäude am 12. November 1918 ein kommunistischer Putsch zerschlagen werden sollte.

Zur Roten Garde von Wien schlugen sich neben Weltkriegsveteranen auch Deserteure und Revolutionsgestalten, die eine Wiederholung einer derartigen Katastrophe für die Zukunft mit allen Mitteln verhindern wollten. Auch Waller war gegenüber dem Kaiser verbittert, daß der seine wohlgemeinten Ratschläge in den Wind geschlagen hatte, und schloß sich als führende Persönlichkeit dem Haufen an, um Kaiser Karl in Schönbrunn gefangen zu nehmen, allerdings in der Absicht, wie Waller später in seinen Memoiren bekannte, den Kaiser unter Schutzhaft zu stellen. Staatskanzler Karl Renner war ihm aber da zuvorgekommen, indem er über den Monarchen in Eckartsau gewissermaßen kurzzeitig Hausarrest verfügte. Bei der Roten Garde, einer Splittergruppe der Volkswehr, mangelte es allerdings noch an der nötigen Ausrüstung und Disziplin, so daß Waller mit Bitternis während der Generalmobilmachung vermerkt: „Es fuhren auch unsere einzigen Geschütze auf, die uns zur Verfügung standen: zwei Gulaschkanonen." Dennoch brachte er, der „alte" Kommißknopf, die saloppe Bruderschaft auf Trab. Und während sich eine unter anderer Führung stehende Abteilung auf dem Matzleinsdorfer Bahnhof als Plünderer hervortat, kreuzte alsbald Oberst Waller mit einer ordentlichen, zum Teil uniformierten Truppe auf. Sie wurde

dort mit einigen Warnschüssen seitens einer von Passanten zu Hilfe gerufenen Einsatztruppe der Stadtpolizei empfangen. Als aber der Polizeikommandant die tadellos ausgerichtete Abordnung gemustert hatte, trat er auf Waller zu und entschuldigte sich für sein Vorgehen. Er sei hierher beordert worden, eine Bande auszuheben und entdecke nun eine wohlformierte Front des Militärs, die hier für Ordnung sorge und daher den Einsatz der Polizei erübrige. Somit hatte sich vor dem Matzleinsdorfer Bahnhof in altösterreichischer Montur wiederholt, was sich auf dem Schlesischen Bahnhof vor Köpenick in preußischer Uniform zuvor ereignet hatte.

Nachdem es in Wien für Wallner nichts mehr zu tun gab, wechselte er nach München, wo es in der Räterepublik gegen die Spartakisten, eine kommunistische Vereinigung, vorzugehen hieß. In diesem Zusammenhang lernte er auch einen Mann namens Adolf Hitler kennen, der ähnliche Flausen wie Waller im Kopf hatte. Als auch Bayern dank Wallers Hilfe einigermaßen zur Ruhe gekommen war, stattete er mit einigen Kameraden auf der Reise nach Ungarn seinen Verwandten in Wien einen Besuch ab, um dann gleich darauf am Aufstand gegen Bela Kun teilzunehmen, geriet aber in Ödenburg den Bolschewiken in die Hände, die ihn prompt zum Tode verurteilten, da ihnen Wallers politische Vergangenheit nicht unbekannt geblieben war. Dem alten „Feld"-Hasen gelang jedoch die Flucht. Als in Ungarn Admiral Nikolaus Horthy an die Macht kam, konnte sich Waller nach einem kurzen Zwischenspiel in Bayern wieder beruhigt in Wien nach Arbeit umsehen. Die kleine Offiziersrente und Gelegenheitsarbeiten brachten ihm nicht viel ein. Dennoch schwang er sich dank einiger Gönner und Gesinnungsgenossen zum Zeitungsherausgeber auf. Allerdings erlebte die „Asische Miliz-Zeitung" nur zwei Ausgaben. Immerhin konnte Peter Waller all seine Ziele und Gedanken darin offenlegen und zu „Seinem Kampf" aufrufen, so wie Jahre später mit seiner legendären Osterrede. Er appellierte an alle Kriegsveteranen, sich zu formieren und zu uniformieren. Da laut dem Friedensvertrag von Saint Germain fürs erste einmal Österreich militärische Verbände und somit eine Aufrüstung untersagt waren, sollte die von Waller geplante Armee den Anschein erwecken, es handle sich um eine Art Freiwillige Feuerwehr. Sein Aufruf erging daher auch an alle Feuerwehrleute. Neben blaugrauer Windjacke, graugrünen Hemden, grün-gelber Krawatte, grüner Baskenmütze, grüner Breeches-Hose und schnürbaren Schaftstiefeln zeichnete seine Miliz auch ein zwischen Schulter und Achsel mehrmals gewundenes Seil aus sowie ein Karabiner und Feuerhaken. Um die Glaubwürdigkeit dieser Einsatztruppe zu unterstreichen, gab es wöchentliche Löschübungen im Rahmen von Manövern. Mit dieser nach der germanischen Göttin Ase benannten Heerschaar plante Waller das Reich der Asen, „Asgard", einen Garten Edens auf Erden zu gründen. Der Grundstein hiefür sollte

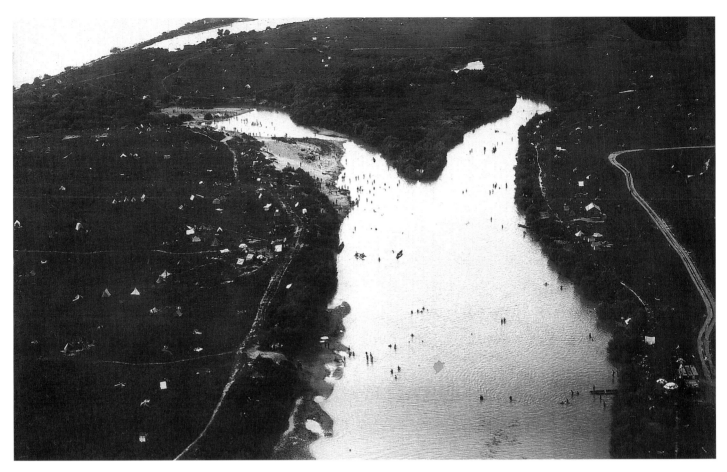

Die Stürzellacke zur Zeit, als das Bretteldorf entstand

in der Lobau gelegt werden. Waller ging, beeinflußt von der Rassentheorie eines Lanz von Liebenfels, von dem Gedanken aus, daß die Asen ein Volk, ein Reich und eine Nation von Edelgermanen darstellten, zu deren Führer er von Gott bestimmt worden sei. Da er nicht mit allem, was bisher unter dem Namen „christlich" geschah, in Einklang stand, schuf er sich auch gleich eine Variante christlichen Glaubens, dessen Künder und Oberhaupt auf Erden wiederum er selbst zu verkörpern gedachte. Obwohl kein sonderlicher Freund der Juden, versuchte er auch diese in seinen Verband einzubinden, indem er ihnen ein Asgard-jüdisches Miliz-Infanterie-Regiment einräumte und ihnen im Gegensatz zum gelb-grünen Wimpel der arischen Verbände die jüdischen Nationalfarben zubilligte. Ihr erster Vorsitzender war mit Armin Berg gegeben, der sich später als Kabarettist mit dem Couplet über den Maurer, der noch immer den selben Stein in der Hand habe, jahrzehntelang lustig machte, ohne zu bedenken, daß er noch immer den selben Witz erzählte. Wie der Gag eines Kabarettisten mutet daher nach einiger Überlegung Wallers Angebot einer asisch-jüdischen Miliz an, die sich genaugenommen aus jüdischen Germanen hätte zusammensetzen müssen.

Von Zweifeln kaum gepeinigt, zog Peter Waller im Sommer 1924 mit seiner von ihm als Naturheilverein ausgegebenen Gefolgschaft in die Lobau zur Stürzellacke

und überschwemmte auf diese Weise das Überschwemmungsgebiet. Zelte und Bretterhütten entstanden und wuchsen sich zu einem Dorf aus, wie bereits vor geraumer Zeit eines auf dem Bruckhaufen zwischen Schlacken- und Müllhalden unter Wallers Beteiligung errichtet worden war.

Arbeitslose hatten hier Arbeit gefunden, Obdachlose ein Obdach. Peter Waller hatte die Menschen aus der Not herausgeführt und dem Lichte nähergebracht. „Glück, Sonne, Arbeit" hieß die erste Parole, die dann in „Licht, Luft, Wasser" umgewandelt wurde und in der Sprache der Asen „Glüsa" beziehungsweise „Liluwa" lautete. Ihr Wodan Waller hatte sich mit dem aufkommenden Esperanto wohl einige Zeit befaßt, schließlich eine eigene Sprache geschaffen. Rechtschreibfehler und legastenische Anwandlungen an den Ursprungsworten dieser Stenogramme spielten keine Rolle. So ist nach und nach Wodosch aus Wojwode für Stammesführer der Warden entstanden. Die Warden selbst eiferten den fränkischen Kolonisten nach, die im 18. Jahrhundert in die Wojwodina eingewandert waren und sich um Prinzwardein angesiedelt hatten. Unter Warde oder Wardanieri wollte Waller eine Kampftruppe verstehen, die ähnlich den Guerillas zugleich auch eine Art Gendarmerie darstellte. Die nächste Einladung, seinen Verbänden beizutreten, richtete er daher an alle Gendarmeriebeamten, freilich mit dem

74

Wallers Naturheilverein, in unmittelbarer Nachbarschaft das Strandbad des Österreichischen Jugendbundes

gleichen Erfolg wie zuvor bei den Feuerwehrleuten. Einen wirklichen Zustrom konnte sich Waller nur aus Kreisen der Mittellosen erwarten, die weder bei der Feuerwehr noch bei der Gendarmerie Unterschlupf gefunden hatten. Und deren gab es genug. Mit ihrer Zahl wuchs auch Wallers Bretteldorf. Es schien tatsächlich, daß es sich noch zu einem Großreich auswachsen würde. Hier, in der Lobau, mit allem drum und dran fühlten sich diese Menschen zum ersten Male nicht nur frei, sondern auch trotz ihrer Armut reich. Genaugenommen war ihnen das größte Gut geblieben: das nackte Leben und die Zeit.

Das Nacktbaden kam immer mehr auf. Hier, weit vom Schuß und vom Auge des Gesetzes, wo es nicht einmal eine Bassena für moralische Entrüstungen gab, konnte sich jeder geben wie er war und hautnah mit der Natur in Einklang leben. Waller selbst war kein Freund des Nacktbadens. Er, der eingefleischte Militarist, wäre am liebsten mit der Uniform ins Wasser gesprungen.

Für den Anfang hatte sich also Waller sein Ziel nach einem Gelobten Land gar nicht so weit gesteckt. Die Lobau war dessen erste Etappe. Hier, im Osten von Wien, begann für Waller mit dem Balkan schon das Morgenland, das „Mora", wie es seiner Zunge entsprach. Lediglich seinen Leitspruch „Kopf hoch, Nase zu und mitten durch!" verteidigte er gegen jede Abbreviatur, weil dies zu einer „Konami" geführt hätte.

Im Reiche der Asen und Wardanieri herrschte Disziplin, obwohl anfangs die Rangordnung nur mit Brüdern (Brates) und Schwestern (Detschans) und Peter Waller als Missionskolonisten-Oberherr (Parke) über die ganze Bratschaft (Sippschaft der Brates) gegeben war. Erst später entwickelten sich Generalmajore mit einer Goldlitze an der Uniform, Generalobersten mit zwei Litzen und Generalfeldmarschälle mit drei Litzen daraus.

Der militärische Glanz täuschte aber über die Tatsache nicht hinweg, daß bislang die Not nicht besiegt werden konnte. Es schien, als ob die Donau auch Menschen als Treibgut in ihr Überschwemmungsgebiet spülte. Immer mehr Menschen versuchten, der wachsenden Not zu entfliehen und strömten zur Stürzellacke, um in die dortige Kolonie zu münden. Die Stürzellacke mochte manchen als See erscheinen, den sie nur aus Reiseprospekten als Ziel reicher Leute kannten. Wenn jedoch die Donau wie überhaupt die Natur auf ihr angestammtes Recht beharrte, das Wasser aus dem Boden und über die Ufer trat, dann war für die Bretteldorfer die „Saison" zu Ende. Den Winter über, während der Wind zwischen die Bretter pfiff, hielten es ohnedies nur wenige aus. Wer nicht bei Verwandten oder Bekannten Unterschlupf finden konnte, fand in den diversen Vereinsheimen der Wardanieri und deren Splittergruppen Notquartiere. Viele versuchten überhaupt anderswo ihr Glück, das ihnen bisher nicht beschieden worden war. So hörte man von Auswanderungen nach Übersee. Nach einem Vorschlag der Arbeiterkammer sollten die Vereinigten Staaten von Nordamerika um eine Lockerung der Einreisebestimmungen ersucht werden. Schließlich war auch Österreich das Einzugsgebiet vieler Einwanderer aus den Gebieten der ehemaligen Monarchie. Und die aufgrund tragischer Umstände Entwurzelten hofften nun, im Kernland bessere Lebensbedingungen vorzufinden. Kam doch für die meisten Einwanderer Österreich nur als Trittplatte für die Auswanderung in die Neue Welt in Frage. Peter Waller benützte die Zeitschrift „Übersee" als Sprachrohr für seine Anliegen und versuchte zunächst einmal ein Auskommen im eigenen Land mit Unterstützung anderer Länder in Europa zu erwirken. Zu diesem Zwecke unternahm er eine Studienreise nach Mazedonien, wo er sich über Blumenzüchtungen unterrichten ließ, die als Rohstoff für eine Parfumfabrikation in Österreich dienen sollten, was sich aber als Schlag ins Wasser erwies. Waller fehlte einfach das Glück des Tüchtigen, soviel Mühe er sich auch gab. Bei seiner Rückkehr fand er ein gespaltenes Volk der Asen vor. Während seiner Abwesenheit hatte im Ottakringer Vereinsheim eine Palastrevolution stattgefunden. Die neuen selbstermächtigten Wodosche waren mit den Salzburger Wardanieri in Verbindung getreten. Um seine Position zu behaupten, mußte Waller erst ein Bündnis mit den Münchner Kameraden eingehen. Wallers Ansehen war nach dem Luftgeschäft ziemlich angeschlagen. Also sah er sich genötigt, seine Erscheinung immer wieder aufzupolieren. Dabei schreckte er nicht einmal davor zurück, unter verschiedenen Namen über sich selbst zu schreiben und seine Erscheinung als die einer schillernden Persönlichkeit mit hehren Zielen darzustellen. Er ließ sogar von dem Siebenbürger Donau-Schwaben Müller-Guttenbrunn eine Hymne schreiben.

Waller war zu einer Persönlichkeit geworden, die jedermann kannte und von der man sprach. Dem taten selbst die wiederholten Verhaftungen und Vorführungen gebenüber Richtern und Psychiatern keinen Abbruch. Waller erregte höchstens öffentliches Ärgernis oder widersetzte sich der Staatsgewalt, indem er der Not dieses Staates mit allen Mitteln zu Leibe rückte. Er galt bald als der Rattenfänger aller Wiener Arbeiterbezirke, deren Einwohner arbeitslos waren. Es fehlte nur, daß er mit diesen Scharen unter fröhlichen Klängen davonziehen würde. Wohin? Das war die Frage, mit der sich Waller schon seit je beschäftigte, vor allem, seit ihm der Boden in der Lobau zu kalt geworden war. Er sah sich um wärmere Gefilde um und setzte seine Hoffnung auf Abessinien. Als ihm bekannt wurde, daß dieses Land mit Österreich einen Handelsvertrag abgeschlossen hatte, demnach österreichische Erzeugnisse dort eingeführt werden dürfen, berief sich Waller im Zuge seiner Einwanderungsbemühungen auf diesen Passus mit der Begründung, daß sämtliche unter seiner Führung eine Einreise nach Abessinien anstrebenden Leute garantiert in Österreich gezeugt worden seien.

Dem „Ersten Buch Moses" entsprechend, wonach der Herr zu Abraham sprach: „Zieh hinweg aus deiner Heimat, aus deiner Verwandtschaft, und aus deinem Vaterhaus in ein Land, das ich dir zeigen werde", verhieß auch Peter Waller seinem Volk der Asen Abessinien als das Land der begründeten Hoffnung, nicht anders, als einige Jahre zuvor der österreichische Schriftsteller Theodor Herzl seine Glaubensbrüder aufgrund des „Alten Testaments" auf Palästina verwiesen hatte, um dort den Staat Israel zu gründen.

Die folgenden unzähligen Kundgebungen rückten Waller immer mehr ins Blickfeld, vor allem in das der Psychiater. So erfolgte kurz vor dem Exodus in das Gelobte Land eine Einlieferung Wallers in die Klinik Wagner-Jauregg. Wieder einmal mehr wurde er als harmloser Phantast und geltungssüchtige Person mit Ansätzen zum Größenwahn ausgewiesen. Universitätsprofessor Dr. Erwin Stransky attestierte ihm eine Führernatur von der Art Moses und Kolumbus.

Ungeachtet dessen sammelten sich am 3. Mai 1928 nahezu 300 Menschen in Wien-Mauer und rüsteten zum Aufbruch nach Äthiopien. Nicht nur aus Österreich, auch aus Bayern waren Auswanderungswillige eingetroffen. Lediglich ihr Führer blieb in der Psychiatrischen Klinik des Allgemeinen Krankenhauses kaserniert.

Dennoch setzte sich der Zug in Bewegung. Neue Kräfte rückten zur Führungsspitze auf. Die Formalitäten schienen ja bereits von Waller ausgehandelt und geregelt. Waller, der aus der Not niemals Kapital geschlagen hat, fand in seinem Vertreter einen Repräsentanten jener Erben, die aus einer Ideologie ein Geschäft machen. Der neue Heerführer der Elenden scheute nicht davor zurück, den Ärmsten der Armen die letzten Groschen als Schleppergeld aus der Tasche zu ziehen und in die eigene zu streichen, um sich selbst nach einem besseren Ziel umzusehen. So bettelte sich die Schar der gescheiterten Existenzen durch das Viertel der lahmgelegten Industrien bis über den Semmering in die Steiermark. Die Presse berichtete ständig wie über ein sportliches Ereignis. Der Zug bestand in der Regel aus mehr als 200 Männern und 20 Frauen. Dennoch sprachen die Reporter von Vielweiberei. Von einer Dezimierung des Zuges konnte niemals eine Rede sein. Denn jene, die wegen Krankheit, unzumutbarer Strapazen und dergleichen absprangen, wurden durch neu Hinzukommende immer wieder ergänzt, so daß sich die Zahl der Teilnehmer stets im gleichen Rahmen bewegte. Abends teilte sich die Truppe in mehrere Gruppen auf, immer in so viele, als es Gaststätten in der jeweiligen Stadt gab, und wo sich Speis und Trank sowie Nächtigung durch „künstlerische" Darbietungen verdienen ließen. Der eine oder andere konnte tanzen, singen oder pfiff auf alles. Einige trugen ein Musikinstrument als einziges Hab und

Abmarsch des Wardanieri-Korps ins Reich des Negus (Aus der Zeitung „Der Abend" vom 5. Mai 1928)

Gut mit sich. Wer überhaupt nichts hatte, stellte seine Not zur Schau so wie die Frauen ihre Körper. Der Wirt kam auf seine Rechnung. Das Männervolk bevölkerte die Gaststuben, denn die Truppe, von der Presse bereits angekündet, wo sie ihr nächstes Gastspiel geben werde, wurde schon lange vor ihrer Ankunft von der jeweiligen Bürgerschaft erwartet.

Erwartet wurden sie auch von der Grenzkontrolle Arnoldstein. Hier wurde den Menschen, die sich unter unsäglichen Strapazen krank und elend, dem Wahnsinn nahe, durch halb Österreich bis hierher geschleppt hatten, die Einreise nach Italien verwehrt. Das Gelobte Land war von ihnen weiter denn je entrückt worden; sie waren ihrem Ziel trotz aller Anstrengungen bis zur Selbstaufgabe keinen Schritt näher gekommen.

Waller flüchtete nach seiner Entlassung aus der Anstalt vor dem Zorn der am Festland Gestrandeten nach Bayern. Unverdrossen schmiedete er dort neue Pläne. Die Idee des Wardanieritums müsse auf Deutschland, Österreich, Ungarn, Jugoslawien, Rumänien, die Tschechoslowakei, Abessinien, Brasilien übertragen werden, um in Zukunft durchschlagskräftiger vorgehen zu können. Waller wurde kurzerhand von der bayerischen Polizei ins Gefängnis gesteckt und bald darauf gemeinsam mit einem Raubmörder an die österreichischen Behörden überstellt. Da kam er gerade zu den Vorbereitungen zu seinem 37. Geburtstag zurecht.

Im Floridsdorfer Klubheim fanden sich etliche Gratulanten ein, die unverzagt noch an ihrem Wodosch festhielten. Gerührt über soviel unerschütterlichen Glauben verhieß ihnen Waller nun eine neue Heimat. Sich der Urzelle des Reiches besinnend, sollte dieses nunmehr dritte Reich des Peter Waller von der Stürzellacke aus eine Erweiterung bis Orth und Maria Elend erfahren und auch das Burgenland miteinbeziehen. Das Elend war hierzulande groß. In Österreich gab es an die 600.000 Arbeitslose, von der Wohnungsnot gar nicht zu reden. Dieses Reich sollte dereinst als Hewo in die Atlanten eingehen. Hewo bedeutete nach Waller der Himmel auf Erden und stand als Abkürzung für Heimat und Wohnung. Die Hauptstadt sollte mit dem Namen Ormajelo bedacht werden, weil diese nach Wallers Vorstellungen die Orte Orth an der Donau mit Maria Elend verband. Ganz Schönau sollte in eine Burg umgebaut werden, in der er zu residieren gedachte, und die allmählich zur Pilgerstätte aller Asen werden sollte. Waller selbst wollte nunmehr den Titel „Goro Dowo Babukerim" für sich in Anspruch nehmen. Er verfaßte bald darauf „Das Buch der Waranieri" unter dem Pseudonym Immanuel (Graf) Falkenstein, womit er angab, die Wahrheit über die Bogos und ihren Goro zu berichten.

Des Goros Reich hatte sich tatsächlich bald über den Überschwemmungsdamm hinweg auf den Kaiserspitz ausgedehnt. Der Herr und Meister der Bogos konnte

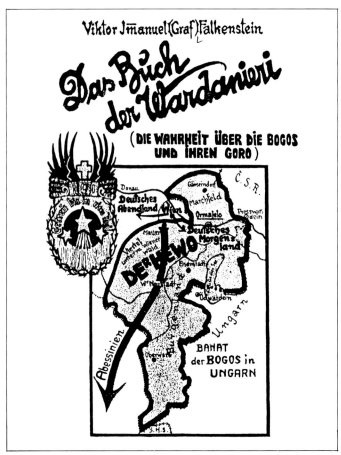

Peter Wallers drittes Buch über sein drittes Reich

freilich nicht immer unter seinen Stammesleuten weilen. Zu sehr war er mit internationalen Auswanderungsangelegenheiten beschäftigt. Da galt es zunächst einmal einen sudetendeutschen Transport unter paraguayische Flagge zu bringen. Dann reiste er als „Oberst des kolonisierenden Sanitätsdienstes im Ekuadorischen Roten Kreuz" nach Ekuador. Titel und Körperschaften, mit denen er dort aufkreuzte, waren oft seine Erfindungen, die Reisen ins Ungewisse und die Kontakte mit unbekannten Größen gingen meistens auf Kosten seiner kleinen Rente, die er als „Großfürst in Pension" bezog. In Ekuador ließ er sich in Gesellschaft von Manabi-Indianern photographieren. Seine Abreise von dort erfolgte überstürzt, weil die Nachricht zu ihm durchgedrungen war, daß seinem Bretteldorf in der Lobau der Abbruch drohe. Peter Waller war tatsächlich wie die Feuerwehr an allen Brennpunkten der Welt, vor allem dort, wo es brenzlig wurde.

Kaum hatte er das Schlimmste in der Lobau verhindern können, tauchte er im Osttiroler Matrei bei den ehemaligen Tiroler Standschützen, den nunmehrigen Osttiroler Heimwehr-Wardanieri auf. Waller war so ziemlich durch alle politischen Lager Österreichs gewandert, so lange, bis dieses Österreich aufhörte, für sich zu bestehen und insgeheim einem neuen Morgen entgegendämmerte.

Peter Waller verdingte sich nun als Bürodiener in einem deutschen, nunmehr in Wien beheimateten Verlag. Mit den Manuskripten, die er würdevoll von Lektor zu Lektor brachte, ward ihm gleichsam Demut aufgetragen. Dies hinderte ihn nicht, daß er seinem Konkurrenten und weit erfolgreicheren Gefährten im Geiste, Adolf Hitler, einen Brief in die Reichskanzlei nach Berlin sandte, worin er diesem riet, sich Indianer vom Stamme der Manabis als Leibstandarte zu halten, weil diese treu und verläßlich wie kaum ein anderes Volk auf Erden seien. Aber wie seinerzeit der letzte österreichische Kaiser, schlug nun auch der Führer des großdeutschen Reiches die gutgemeinten Ratschläge Wallers in den Wind. Der ehemalige Gefreite hatte dem ehemaligen Oberleutnant den Gehorsam verweigert. Daraufhin verhalf Waller, noch immer von Auswanderungsplänen besessen, einigen Juden zur Flucht. Als ihm die Gestapo hinter seine Schliche kam, dürfte sich Hitler seines alten Freundes und Beraters besonnen haben und ließ ihn bloß auf dessen geistigen Zustand hin überprüfen. In diesem Zeitraum verfaßte der Goro aller Wardanieri sein „Neues Testament" und das Drehbuch zu einem autobiographischen Film mit dem Titel „Parke Peter Waller, der Mann, der nach Jesus kam". All das kam dem Goro der Wardanieri zustatten, um sich nach Hitlers Ende als Widerstandskämpfer auszugeben. Ja, darüber hinaus empfahl er sich der provisorischen Österreichischen Regierung für das höchste Amt im Heeresministerium, das damals noch nicht einmal in den Sternen stand.

So mußte er weiter seinen Dienst im Verlag versehen, half sich zeitweilig als Nachhilfestundengeber, als provisorischer Gutsverwalter und Portier im Raimund-Theater über die Runden. Er war zuvor Faktotum und Meister manchen Hauses gewesen. Er war den Weg einer Karriere in die entgegengesetzte Richtung gegangen und hatte doch den Traum von einer großen Zeit, die ihn als Führer eines Volkes sah. Die Anstellung in einem Theater, zumindest als Portier, kam seinen Lebenserwartungen sehr entgegen. Während zu dieser Zeit Bundeskanzler Raab, wie es hieß, in aller Bescheidenheit im Bundeskanzleramt seine legendere Knackwurst verzehrte, enthüllte in der Portiersloge des Raimundtheaters das Oberhaupt der Wardanieri, Goro Dowo Babukerim, Viktor Imanuel (Graf) Falkenstein, mit bürgerlichem Namen Peter Waller, seine Leberkäsesemmel und tat sich gütlich daran.

Später landete Waller wieder bei einem Verlag. Es war ein seltsames Bild, hier zu sehen, wie er erfolgreiche Autoren devot in die Redaktion komplimentierte, hinterher wieder zur eigenen Würde fand und diese manchem Bittsteller gegenüber fühlen ließ. So schusselte er wie ein von Hans Moser verkörperter Bürogehilfe durch die Verlagsräume.

Später brachte ihn eine bescheidene Rente noch immer nicht zur Ruhe. Er glaubte fest daran, die Welt verändern zu müssen. Aber die Welt veränderte ihn. Er begann ein Tagebuch unter dem Titel „Scheusal Mensch – Ebenbild Gottes?" zu führen.

Mit Verbitterung nimmt Waller darin sein Scheitern auf allen Linien zur Kenntnis, während er den Aufstieg von

Stars und Sternen mit Mißgunst verfolgt, gleichsam mit dem Bewußtsein, daß die Lüge in dieser Welt als Wahrheit gilt. Aufgrund seiner Erfahrungen ist er nun fest davon überzeugt, daß Erfolg hier auf Erden nur jenen beschieden ist, die mit dem Teufel im Bunde stehen. Für den alten, mehrfach gescheiterten Mann gibt es nur noch religiöse Edelmenschen im Gegensatz zu religionslosen Untermenschen, die sich wieder untereinander in Scheusale, Teufel und Tiermenschen gliedern. Atheisten bezeichnet er als nietzscheanische Ausgeburten und die sich in Nadelstreifsozialisten wandelnden Sozialdemokraten einfach als „Wiener Feschaken". In der Jugend erblickt er russophile Hippies, so wie er in der ihr vorausgegangenen Generation Irrdeutsche und Foxtrotteln gesehen hatte. Der rein animalisch ausgerichtete österreichische Volkstypus wird von ihm als austro-ostbayrische Nachläufer oder einfach als Affen abgetan. Einzig in den Donauschwaben erblickt er die Errettung des Abendlandes sowie den Grundstock seines irdischen Himmelreichs, das er mit seinem, dem dritten und somit neuesten Testament zu verkünden glaubt. Schwere Asthma und Herzanfälle machen dem unermüdlichen Greis zu schaffen. Er fühlt sich als doppelte Belastung seiner Schwester, ohne daß er selbst eine Möglichkeit zur Betreuung seiner kranken Geschwister sieht, indes er die Welt als betreuungswürdig findet.

Peter Waller suchte Hewo und fand immer wieder nur Ego, von dem er sich selbst der Nächste war.

Sein Leibarzt hatte ihm sein Lebensende auf das Jahr vorausgesagt. Waller wurde in ein Spital gebracht. Er vermerkt für den 24. November 1970 in seinem Tagebuch: „Man bringt mich in einen Saal, in welchem zehn Betten, darunter auch zwei Gitterbetten stehen. Mich aber legt man ausgerechnet in eines der beiden Gitterbetten."

Waller wird in das Lainzer Altersheim überstellt. Er schildert uns dieses als Archipel Gulag.

Waller lebte fortan nicht in Angst um sein Leben, sondern, in Sorge, daß er sein Lebenswerk nicht zu Ende bringen werde. Er vermerkt kurz vor dem neuen Jahr, das ihm den Tod verheißt, bereits etwas verworren: „Würde mich nicht die Fertigstellung meiner Manuskripte, wie besonders gerade des 'Dritten Testaments', dazu treiben, Abo zu bitten, mich noch so lange am Leben zu erhalten, bis ich meine Manuskripte druckreif fertig habe, ich würde gerne sterben, denn mich hat das Schicksal derartig geistig und körperlich fertiggemacht, daß ich angesichts der Unmöglichkeit, den von mir wenigstens mit der Hauptstadt des Hewos und den sonstigen Konturen desselben praktisch wenigstens im kleinen zu erleben, drückt mich seelisch derart nieder, daß ich den Rest meines Lebens in dem Fegefeuer Welt und der Hölle nichts mehr Positives im Idealismus abgewinnen vermag."

Er besuchte noch einmal Hainburg und alte Veteranen, so die Dichterin Edeltraud Moritz, eine seiner früheren Anhängerinnen, die nun im Stadtbild Hainburgs durch ihre mittelalterliche Kleidung jedermann ins Auge stach. Er sah aus dem Zug auf der Strecke Fischamend – Maria Elend seine Hauptstadt Hewo als Vision vor sich erstehen, so daß sich die übrigen Passagiere über das verzückte Gesicht ihres Mitreisenden ihre Gedanken machten. Dabei hatte Hewo nicht einmal die Dimension eines Potemkinschen Dorfes erreicht.

Waller gab gegenüber seinem Verleger Dr. Leber der Hoffnung Ausdruck, daß das „Dritte Testament" wenigstens nach seinem Tode die noch religiös denkende und fühlende Edelmenschheit aufrütteln und zur Wiedergeburt oder Auferstehung in die Höchstprimatie der Bogos und deren Parakletum Hewo begeistern wird.

Unter diesem Leitstern verbrachte Peter Waller seine letzten Tage im Kreise der Menschheit, ehe er in ein unbestritten größeres Reich übersiedelte. Als besondere Tragik am Ende eines zuweilen von ungewollter Komik geprägten Lebens mag wohl die Tatsache erscheinen: Da Peter Waller bereits am 8. September 1971 die Augen für immer schloß, konnte er nicht mehr mitansehen, wie aus dem Boden seines ersten Bretteldorfes die UNO-City wuchs.

*

EPILOG

Das Bogos-Kauderwelsch oder das „Kihewua" wie Peter Waller seine Allhimmelreich-auf-Erden-Sprache in Sprach- und Wörterbüchern ähnlich den Brüdern Grimm seinem Volk zu vermitteln versuchte, entsprach völlig den Gedankengängen eines politischen Wirrkopfs – oder wie sich die Psychiater ausdrückten – eines Phantasten, der im Innersten von der Verwirklichung seiner Ideale überzeugt war. Waller versuchte die verschiedensten Thesen der Religionen sowie die Dogmen der politischen Parteien in sich aufzunehmen, ohne sie verdauen zu können. Heraus kam ein unausgegorenes Surrogat, das ihm ein Leben lang im Magen liegen blieb. Allein, was die christlichen Lehren betraf, vereinte er die Ansichten von Hus, Calvin und Luther in sich, versuchte sie zum Ursprung zurückzuführen und schwamm dabei gegen den Strom. So wirkte er als selbsternannter Apostel, Heilsverkünder, Prophet und Paraklet. Am schwersten tat er sich mit der römisch-katholischen Kirche, zu der er sich selbst nur mit einem halben Herzen bekannte. Er arbeitete unermüdlich an einer von ihm als „Drittes Testament" bezeichneten Volksbibel, womit er die beiden vorangegangenen Verkündigungen zu entmythologisieren und im Gegensatz zum Alten und Neuen als Neuestes Testament herauszugeben versuchte, auf daß für den Menschen des 20. Jahrhunderts und darüber hinaus alle Offenbarungen an Glaubwürdigkeit gewinnen sollten. Auf ähnliche Weise bemühte er sich auf politischer Ebene, ein Drittes Reich auf der Basis des Ersten aufzubauen.

Peter Waller war alles, was man nur sein kann und in Summe ein Mensch ist. Seine Visitenkarte hätte demnach dergestalt aussehen können:

PETER WALLER

Idealist, Monarchist, Nationalist, Sozialist, Kommunist,
Militarist, Kolonist, Kolumnist, Moralist, Christ, Pazifist,
Kosmopolit, Menschenfreund, Sprachschöpfer, Hohepriester,
Reichsgründer, Heilsverkünder, Fürstlicher, kaiserlicher Berater
sowie Berater des Reichskanzlers

Wien-Lobau, Innundationsgebiet, Bei der Stürzellacke Nr. 1

Nur eines war Peter Waller zeit seines Lebens nie, wenn man von seinem inneren Reichtum absieht: Kapitalist.

Waller hatte sich von allem, dem er einmal zugesprochen, wieder losgesagt, weil er nirgends das nach seinen Vorstellungen entsprechende Wahre gefunden hatte und sich daher genötigt sah, es durch eigene Kraft in die Welt zu setzen. So behauptete er während seines Münchner Gastspiels, es sei schwer, ein deutscher Führer zu sein, wenn man sich von Deutschland verraten sehe.

Bei Waller bewegte sich der Größenwahn auf Schmalspurbahn. Hitler und Waller träumten von einem Dritten Reich, der eine von einem der deutschen Nation, der andere von einem der Wasischen Nation, die im Grunde alle Nationen vereinte. Hitler versprach, Linz zur Hauptstadt der Ostmark zu machen, Peter Waller hingegen Maria Elend.

Der ehemalige Gefreite Hitler hatte es zum Oberbefehlshaber der deutschen Wehrmacht gebracht und wie er insgeheim von sich behauptete, zum Ersten Diener seines Volkes – der ehemalige Oberleutnant Waller zum Bürodiener. Waller und Hitler suchten jeder auf seine Art einen Ausweg aus dem Dilemma. Waller scheiterte frei von Schuld. Wäre ihm der Weg an die Macht geglückt, hätte er vielleicht vielen tatsächlich das Heil gebracht. So aber teilte er das Schicksal verkrachter Existenzen, die die Behauptung, das Gute setze sich letztlich immer durch, Lügen strafen. Waller zeichnete sich als politischer Dilettant allein schon deshalb aus, weil er als solcher an sich selbst gescheitert ist. Wäre er ein strategisches Genie mit der dazugehörenden Portion an Rücksichtslosigkeit gewesen, dann hätte er wahrscheinlich seine Anhänger, wie alle „Großen" der Geschichte, zu lichten Höhen geführt, um sie dann von dort in die tiefste Finsternis zu stürzen.

Als Waller nach seinem gescheiterten Äthiopien-Projekt von den Professoren im auditorium maximum den Studenten als Schau- und Versuchsobjekt vorgestellt wurde, fragte ihn einer der Psychiater, ob er denn nicht selbst diese Idee nun als Wahnsinn erkenne und erklärte in diesem Zusammenhang allgemein, daß sich das Genie vom Psychopathen durch den Erfolg beziehungsweise Mißerfolg seines Vorhabens unterscheidet. Worauf Waller entgegnete: „Glauben Sie nicht, Herr Doktor, daß nach Ihrer Logik Lenin ein Genie und Christus ein Psychopath war?" Waller nahm für sich selbst als Übermensch nicht die Vorstellungen Nietzsches in Anspruch, sondern empfand sich als „Narr in Christo".

Dennoch bediente er sich Praktiken politischer Größen. So wie Hitler eigens für Göring den Titel Reichsmarschall erfand, bedachte Waller seine engsten Mitstreiter mit Chargen wie „Wehrmachtsoberoffizial, „Sallascheur"-Major und so weiter. Waller war tatsächlich aus dem Holz der Diktatoren geschnitzt, nur diktierte ihm sein Herz allezeit Menschlichkeit. Er empfand sich als Führer zum wahren Menschentum und scheiterte am allzu Menschlichen seiner Innen- und Außenwelt. Die Ideen Wallers wurden von seinen Gegnern als Liebhaberei (zum Menschen) bewertet und er selbst als Laie auf allen Linien abgetan. Die Profis verhinderten eine Machtübernahme durch einen Idealisten und führten ihm darüber hinaus vor Augen, wie man eine Illusion anpackt und erfolgreich zum eigenen Vorteil in die Tat umsetzt.

Manche konnten verwirklichen, wovon Waller nur träumte. Dabei betonte Waller bei der Einbringung seiner Vorschläge immer wieder, daß er kein gewählter Nationalrat in Österreich sei. Jedoch Andreas Thaler, ein Gegner von Wallers Äthiopien-Projekt, ermöglichte nach einer Karriere bis zum Finanzminister Tiroler Bauern die Ausreise nach Brasilien und schuf dort die legendäre Kolonie „Dreizehnlinden".

Peter Waller sprach von Planwirtschaft und einer gefängnislosen Gesellschaft. Der Militarist Waller war mit einem Male Pazifist geworden und wünschte sich anstelle von Soldaten, Zuchthäusern und Kasernen fortan nur noch Ärzte, Sanitäter, Mönche, Spitäler und Klöster. Die Führungsschichte mit ihrem Oberhaupt müsse sich, wie Waller an sich selbst mehrmals erlebt hatte, ständigen Kontrollen durch einen Psychiater unterziehen.

Er empfahl ferner im Hinblick auf sein Hewo, statt Arbeitslosenfürsorge die Hauptstadt Ormajelo zu bauen, also unter einem ähnlichen Aspekt wie unter Dollfuß die Großglockner-Hochalpenstraße und noch später unter dem niederösterreichischen Landeshauptmann Siegfried Ludwig der Bau einer eigenen Landeshauptstadt angeregt wurde. Allein seine sozialen Lösungen im Hinblick auf eine gefängnislose Gesellschaft wiesen Peter Waller als Utopisten aus und rückten ihn in die Nähe des österreichischen Justizministers Dr. Christian Broda, auf dessen

Ehrengrabstein ebendasselbe Prädikat prangt. Waller träumte, in seiner Hauptstadt Simultan-Gotteshäuser einzurichten, worin jede Glaubensgemeinschaft über einen eigenen Altar zu ihrem Gott auch zum Menschen eines anderen Glaubensbekenntnisses finden sollte. Damit kam er einer gesamtheitlichen Religion sehr nahe, deren Gläubige über verschiedene Namen zu ein und derselben unbekannten Größe beten.

Peter Waller war ein Feuergeist, ein politischer Abenteurer und wurde aufgrund seines Scheiterns als Spinner bezeichnet. Es hatte ihm einfach an Glück gefehlt, seine Ideen zu verwirklichen, sonst wäre er vielleicht sogar einer der Großen der österreichischen Geschichte, wenn nicht Weltgeschichte geworden. Allein was er auf die Beine stellte, sind bewundernswerte Taten eines Einzelgängers, der die Massen mit sich zu bewegen versuchte, um sie aus der Lethargie und aus dem Chaos zu führen. Wem aber, der die politischen Voraussetzungen dafür hatte, ist dies auch tatsächlich gelungen?!

Mit der Frage, wo sich die Grenzen von groß und klein, hoch und niedrig, von Meister und Dilettanten überschneiden, scheiden sich auch die Geister, zumal selbst Genies an ihrer Maßlosigkeit und Vermessenheit zugrundegehen. Vielleicht hat sich Waller auch als Napoleon gefühlt und dessen Spuren in der Lobau gesucht, wohl wissend, daß der hier die Schlacht verloren hatte, aber danach doch wieder zu einem Siegeszug durch halb Europa angetreten ist. Peter Waller, der ebenfalls die Welt ins Auge faßte, konnte sie nur im Blickfeld seines Standpunkts sehen. Er war wie die Figur des Oberst Cornelius Melody in O'Neills Drama „Fast ein Poet", der sich auf der Höhe seines Rausches die Uniform im Hinblick auf den Höhepunkt seines Lebens anzog, und dabei zum Dichter einer nicht authentischen Autobiographie wurde.

Peter Waller hatte auch mit dem geheimnisumwitterten Schriftsteller B. Traven einiges gemein, den man für Ret Marut hielt. Während Waller vor dem Ständestaat nach Ekuador flüchtete, war Marut angeblich aus der deutschen Räterepublik kommend, in Mexiko untergetaucht und hatte dort unter dem Namen B. Traven seine neue Heimat als „Land des Frühlings" verherrlicht sowie etliche Romane, deren bekannteste wohl „Das Totenschiff", „Der Karren" und der von Hollywood verfilmte „Schatz der Sierra Madre" sind, geschrieben. Ein dieser sozialkritischen Romane Travens trägt den Titel „Ein General kommt aus dem Dschungel". Peter Waller war als Oberleutnant in den Dschungel und in einem gewissen Sinne den entgegengesetzten Weg gegangen.

Zur gleichen Zeit, in der Peter Waller den Marsch ins Reich des Negus plante, arbeitete Traven bereits an seinem „Marsch ins Reich der Caoba" und kündete in den Rodungen der Mahagoniwälder die brutale Ausbeutung der Urnatur einschließlich des Menschen und die daraus entstehenden Folgen an.

Wolfgang Kudrnofsky hat mit seiner Roman-Biographie „Der Messias von der Lobau" den Traum und das Leben des Peter Waller auf einen Nenner gebracht: Die Geschichte eines Mannes, der das Zeug zum Gewinner hatte und doch als Verlierer endete wie letztlich mancher von anfänglichen Siegen verwöhnte Held. Hier kann man wohl mit dem Nobelpreisträger Luigi Pirandello, dessen Werke von den Fragen bestimmt sind: Was ist normal? So ist es! – Ist es so? einer Meinung sein: Nur ein Schritt trennt das Erhabene vom Lächerlichen.

Waller war im kleinen ein Abenteurer vom Schlage Thomas Edward Lawrence, der als Lawrence von Arabien in die Geschichte eingegangen ist. Als Schmalspurpolitiker bewies Waller auch, daß man ein Ziel, bloß enger gesteckt, wie auf normalen Gleisen wohl oder übel erreichen kann.

Wie Abraham wollte er sein Volk in das Gelobte Land führen. Als dieser Versuch scheiterte und als er nach der Rückkehr zum zehntenmal in der psychiatrischen Klinik landete, empfingen ihn die Pfleger mit dem Ausruf: „Unser Märchenerzähler aus tausendundeiner Nacht ist wieder da."

Ein Ausflug mit einem alten Kameraden hatte Waller in Jahre 1969 an die ungarische Grenze gebracht. Hier stand er nun am Eisernen Vorhang, ohne die eigenen Grenzen zu erkennen. Er stand am Rande zweier Länder, die einst ein Reich gebildet hatten und wo nun die Welt geteilt war, die er seit jeher zu einer Einheit bringen wollte. Er mußte sich wie ein verhinderter Schauspieler gefühlt haben, der einer Aufführung in der Überzeugung beiwohnt, daß er die Hauptfigur besser dargestellt hätte, als Mann, der als Führerpersönlichkeit, in einer ausweglosen Situation den Weg in das Heil suchte und dieses nur noch in Verbindung mit seinem Namen fand.

Ein Mann, der am Beginn seines vermeintlichen Auftrages nicht wußte, ob er Hitler oder Stalin nacheifern solle. Genaugenommen wäre Peter Waller als Nationalkommunist zu bezeichnen gewesen. Nur unterschied sich sein Kommunismus grundsätzlich von dem praktizierenden Kommunisten durch die unterschiedliche Position zweier persönlicher Fürwörter. Statt „Was dir gehört, gehört auch mir" hieß es bei ihm: „Was mir gehört, gehört auch dir!"

Aber damit war Peter Waller nur ein politischer Traumwandler geblieben und hatte daher kein Unglück über die Menschen gebracht. Allein deshalb sollte man auch ihn als „Großen der Geschichte" in einem kleinen Rahmen bewahren. Peter Waller hätte sich nicht einmal als Parteibonze bereichert. Seine Sendung und das Ansehen seiner Person galt ihm mehr als aller Reichtum dieser Welt. Aber das wahrhaft Gute setzt sich trotz „Kopf hoch und Nase vorn" nur in der Stille und ungesehen von der Masse durch. Peter Waller blieb der Herrscher über eine Welt, die mit Brettern vernagelt war.

Kolonisten auf dem Steinsporn

DIE KOLONISTEN

„Kolonien in der Heimat", war ein Schlagwort, das 1926 durch die Wiener Presse ging und vornehmlich von dem linksorientierten Blatt „Der Abend" verbreitet wurde. Der Urheber war ein sozialdemokratischer Abgeordneter zum Niederösterreichischen Landtag und ehemaliges Mitglied des niederösterreichischen Landeskulturrats namens Josef Wagner, der nach der Trennung Wiens von Niederösterreich als Kassenbeamter der Gemeinde Wien arbeitete, sich aber nach wie vor gerne als „Landeskulturrat" bezeichnen ließ.

Wagner versuchte, ohne vorauszuahnen, daß er dem viele Jahre später benützten Werbespot „Nicht daheim und doch zu Hause" zuvorgekommen war und diesen gegenwartsbezogen als „Nicht zu Hause und doch daheim" zum besten gab, auch in die Praxis umzusetzen, indem er einer Schar von Arbeits- und Obdachlosen nahelegte, der Not nicht durch eine Auswanderung zu entfliehen, sondern im eigenen Land wirksam zu begegnen. Dies sollte unter der Devise erfolgen: „Warum in die Ferne schweifen? Sieh, das Gute ist so nah." Für all jene, die nicht einmal ein Dach über den Kopf hatten, muteten Bezeichnungen wie „Heimat" oder „eigenes Land" wie ein schlechter Scherz an.

Der Weg aus der Not, den die Gemeinde Wien knapp nach Ende des Weltkrieges mit dem Ökonomiegebäude der Land- und Forstwirtschaftlichen Betriebsgesellschaft in der Lobau zum Zwecke einer Selbstversorgung eingeschlagen hatte, wollten nun auch Privatpersonen beschreiten.

Mehrere Ansuchen um Bereitstellung von unbebauten Gründen zur Errichtung von Nutzgärten und Wohnstätten nach dem Vorbild des deutschen Arztes Daniel Gottlob Moritz Schreber wurde von der Gemeinde Wien, wenn überhaupt, dann abschlägig behandelt. Daraufhin nahmen einige Verzweifelte ein Stück Auland nahe bei Orth an der Donau in Beschlag.

Die Kunde von den „wilden Siedlern", wobei dieser Bezeichnung zweifache Bedeutung zukam, nämlich, daß sich die Betreffenden wild angesiedelt hatten beziehungsweise leicht in Rage zu bringen waren, wenn man sie auf ihre illegitime Vorgangsweise aufmerksam machte, erregte die Gemüter der zuständigen und nicht zuständigen Personen. Wurde doch den sogenannten Oberau-Besetzern genauso wie den Bretteldorfern dauernd angedroht, daß sie, falls sie ihre ungesetzmäßig angeeigneten Plätze nicht räumten, mit Gewalt davon entfernt würden.

Wieder schaltete sich die politische Regenbogenpresse ein, wobei diesmal, weil knapp vor einer Gemeinderatwahl stehend, alle Parteien um Stimmen warben. Es herrschte nun nahezu die einhellige Meinung, daß auch den völlig Mittellosen eine Lebensmöglichkeit eingeräumt werden müsse, zumal diese nicht nur auf bessere Zeiten zu warten, sondern solche zu schaffen bereit waren. Man müsse diesen Menschen einfach einen Grund geben, worauf sie ihr Leben aufbauen können.

Unter dem Druck der allgemeinen Meinung sah sich auch die im Wiener Rathaus bestimmende Sozialdemokratische Partei zu einem Wahlversprechen veranlaßt. Sie stellte bei einem überragenden Stimmenanteil den Siedlern Gründe auf dem Biberhaufen in Aussicht. – Eine Partei ein Wort: Am 26. Mai 1927 konnte den Kolonisten von der Gemeinde Wien eine Fläche von 104 Hektar auf dem Biberhaufen zugewiesen werden.

Angeführt von Landeskulturrat Wagner, dem nunmehrigen Präsidenten des von ihm ins Leben gerufenen Reichsverbandes „Kolonien in der Heimat", bewegte sich ein Zug von ungefähr 1000 Männern von Wiens Innenstadt in den Dschungel der Lobau, um dort auf dem Steinsporn mit den Rodungen zu beginnen. Fürs erste wurden nur feldmäßige Unterstände in den Boden gegraben, wie man sie während des Weltkrieges an der Front errichtet hatte und nun als Erdwohnungen nützte. Danach konnten diese

„Splittergräben" mit Schilf und Ästen überdeckt werden, bis allmählich auch hier Bretterhütten und Wellblechbaracken neben notdürftig zusammengeflickten Zelten entstanden. Von den 1000 Teilnehmern, die anfangs in die Wildnis gezogen waren, erwiesen sich letztlich nur 200 Personen den Strapazen gewachsen. Da konnte sich der hier schon seit Jahren angesiedelte Gastwirt Kirischitz auch noch so gastfreundlich erweisen und den Siedlern für den Anfang seine Hühnerställe als Schlafstellen und die Waschküche zum Kochen anbieten. Der Einbrennsuppe und vor allem den Erdäpfeln hafteten stets ein Beigeschmack von ausgekochter Wäsche an. Dabei mußten die Landnehmer froh sein, wenn es überhaupt etwas für ihre Mägen gab. Diese Menschen versuchten der Not wie einer engen Haut zu entrinnen. Sie sahen hier im Osten von Wien die Siedler des Wilden Westens als ihre Vorbilder auf der Landsuche in einer jeweils neuen Welt. Um 5 Uhr früh rief die Trompete zum Tagwerk. Alles weitere lief ebenfalls mit militärischer Disziplin ab, als gelte es ein Fort zu errichten. Tatsächlich standen nach ein paar Tagen drei Blockhäuser, eine Kanzlei und eine Küche beisammen. Jedes Quartier wurde mit bis zu 20 Personen belegt. Der Wohngemeinschaft stand ein Zimmerkommandant mit unumschränkter Befehlsgewalt vor.

Die Kolonisten des wilden Ostens gebärdeten sich tatsächlich bald wie seinerzeit die Siedler im Wilden

„Zum Hecht" – vormals Gasthaus Kirischitz

Der Biberhaufenweg zur Zeit der Kolonisation

Das Haus des Sheriff

Westen. Hatten die Lobauer Kolonisten anfangs einträchtig ihr Werk begonnen, so regte sich nach einiger Zeit da und dort Widerstand von einigen, die ihren Beitrag an den landwirtschaftlichen Bestrebungen in der Saat von Zwietracht sahen. Machtkämpfe standen auf der Tagesordnung. Josef Wagner sah sich einer Gruppe gegenüber, die in Franz Newerkla ihren Wortführer hatte. Newerkla wurde ein Nahverhältnis zur christlichsozialen Partei nachgesagt. Meistens ging der Streit um die Teilung von Fördermitteln und Zuwendungen, die aus verschiedenen politischen Lagern kamen. So stellte das Bundesministerium für Land- und Forstwirtschaft Saatgut, Baumaterial, Brunnen und Kleintiere zur Verfügung, während das Bundesministerium für soziale Verwaltung 1000 Schilling an Verpflegungskosten spendete, die die Gemeinde Wien mit 200 Schilling pro Kopf erhöhte. Dadurch kam das Arbeitslosengeld den jeweiligen Familienmitgliedern im fernen Hernals oder Ottakring zugute. Die Arbeitslosen Wiens waren damals Fremdarbeiter im eigenen Land. Sogenannte Ausgesteuerte, die aufgrund ihrer langen Arbeitslosigkeit keine Unterstützung mehr bekamen, hatten ein Vorrecht, in der Lobau Wurzeln zu schlagen. Wenn sich dennoch eine große Anzahl Chancenloser am Aufbau der Kolonien beteiligte, geschah dies aus Gründen der

Solidarität, als Zeichen der Arbeitswilligkeit und vor allem wegen der Verpflegung, die jedem Mitarbeiter zustanden. Die Verantwortung über die gerechte Verteilung hatte Robert Wagner übernommen. Er wurde aber von Newerkla und dessen Gruppe immer wieder in die Zwicke genommen, somit kamen Parteiinteressen auf Kosten der Unterprivilegierten bei deren Heimatsuche zur Austragung. Wagner und Newerkla agierten wie Papst und Gegenpapst in ihrem Lobauer Inselreich. Ihre Anbeter stellten eine Art Glaubensgemeinschaft von „Orthodoxen" und „Protestanten" dar, die im blinden Vertrauen ihren Leitbildern gefolgt waren und über die manchmal behauptet wurde, sie seien im Treck in den Dreck gezogen.

Bald sprach man im Hinblick auf Wagners Anhänger von „Wagnerianern". Tatsächlich lieferten diese ihren Widersachern Kämpfe, die denen im „Ring des Nibelungen" in nichts nachstanden. Newerkla und seine Männer erweckten mit dem Auszug in die Nähe des Biberhaufenweges den Anschein, sie würden Wagner aus dem Weg gehen. Den unter dem Motto: „Für jedes Haserl hat der liebe Gott ein Graserl" erfolgten Exodus unterstrich Newerkla mit dem Bau eines hölzernen Kirchleins. Auf diese Weise brachte er das Christliche vor dem Sozialen zum Ausdruck und hatte sich überdies zu Wagner einen Abstand

Das Kolonistenkirchlein von außen

Das Kolonistenkirchlein von innen

Im einstigen Slum von Wien

In einer Erdwohnung

geschaffen, um ihn besser aufs Korn zu nehmen. Der Kolonistenalltag setzte sich aber nicht nur in Gebeten und Parolen fort. Es gab Überfälle, Holz- und Viehdiebstähle, Brandschatzung und homosexuelle Attentate. Newerkla verbreitete über Wagner das Gerücht, daß dieser Vereinsgelder unterschlagen habe, während Wagner von Newerklas Leuten behauptete, das gestohlene Holz in Rum umgesetzt zu haben. Die beiden Sheriffs hatten alle Hände voll zu tun, um sie im Gesicht des Gegners landen zu lassen. In den engen Gassen zwischen windschiefen Hutten und Blockhäusern war bald kein Hund mehr vor den Menschen sicher.

Während Newerkla fest im Sattel inmitten seines Clans saß, konnte Wagner der Vorwurf gemacht werden, daß er nicht ständig in der Kolonie lebte, sondern nur auf Kontrollgängen „vorüberkam", um die Stimmung anzuheizen. Landeskulturrat Wagner legte seinen Gegnern nahe, ihr Glück in einer noch größeren Entfernung zu suchen, um einer Aussiedelung zuvorzukommen. Newerkla zog daraufhin tatsächlich eines Morgens widerstandslos mit seinen Leuten ab und kehrte am Nachmittag des selben Tages mit einer Verstärkung von 20 Männern zurück.

Aber auch Wagner ließ sich von seiner Position nicht verdrängen. Als er bei der außerordentlich einberufenen

Reichsdelegierten-Konferenz als Präsident abgewählt wurde, gründete er einfach den „Reichsbund der unabhängigen Kolonisten", der aber als Nachfolge der Vereinigung „Kolonien in der Heimat" offiziell nicht anerkannt wurde, und daher keine Chance hatte, das Erbe als Pachtinhaber anzutreten. Nun konnte sich Newerkla als unumschränkter Herr der Lobauer Kolonisten aufspielen. Wagner kam fortan die Rolle des Oppositionsführers zu, und er beschränkte sich darauf, seine Kontrahenten, gestützt auf die Tatsache, daß die sich ein paar Hühner mehr in ihren Gehegen hielten, als „Reiche", „Besitzende" und „Kapitalisten" zu bezeichnen.

Die internen Streitigkeiten wurden durch die Presse in die Öffentlichkeit hinausgetragen. Die liberale Zeitung „Tag" stellte sich hinter Newerkla, während Wagner im „Abend" Schützenhilfe fand, so daß die alte Lebensweisheit: „Man soll den Tag nicht vor dem Abend loben", eine völlig neue Bedeutung erlangte. Trotz all dieser Ausfälle war man 1928 endlich so weit, die Familienangehörigen nachkommen zu lassen. Aus den bisherigen Gemeinschaftssiedlungen wurden Familiensiedlungen. 61 Arbeitslosenfamilien hatten auf 14.000 Quadratmetern das Auslangen zu finden. Auf jede Familie kam durchschnittlich ein Lebensraum von ungefähr 220 Quadratmeter. Den

„Der Eismann kommt" – Eisstoß im Jahre 1930

Endstation Sehnsucht 1972

richtigen Aufschwung erreichten freilich erst im Jahre 1932 einzelne „Rancher", die es über Obst- und Gemüsebau sowie Kleintierzucht zu einem Besitz von 5600 Quadratmetern gebracht hatten. Die übrigen begnügten sich, im kleineren Rahmen, landwirtschaftliche Produkte hervorzubringen, um damit die Wiener Märkte zu versorgen und ihren eigenen Bedarf zu decken. Oft mit untauglichen Mitteln und geringen fachlichen Kenntnissen hatten es die als „Pflasterhirsche" bezeichneten Großstädter in der Lobau zu einem beachtlichen Erfolg auf dem Gebiet der Landwirtschaft gebracht. Dabei kamen die einzelnen Siedler aus den verschiedensten Berufen. Der als Original der Siedlung geschätzte Weiß-Bacsi war zum Beispiel Maurer gewesen und konnte während des Übergangs von Blockhütten zu Steinhäusern seine Fähigkeiten trotz hohen Alters unter Beweis stellen. Jahre später bezeichnete der ehemalige Kassenverwalter der Österreichischen Tabak-Regie, Franz Mach, sein unter den härtesten Bedingungen errichtetes Domizil am Südufer des Mühlwassers stolz als „Lobau-Alm".

Nach Überwindung der Weltwirtschaftskrise schlossen immer mehr Häuser an die bereits bestehenden Siedlungen an. Nur mußten die Gründe natürlich jetzt von den Bewerbern bei der Gemeinde Wien erworben werden.

1932 hatte eine zweite Welle von Kolonisten ihr Glück in unmittelbarer Nähe vom „Kirischitz" versucht, stieß aber auf harten Widerstand der Exekutive. Auch ihre Karriere begann wegen Landfriedensbruchs in einer Zelle des Landesgerichts.

1958 lagerten auf dem Biberhaufen noch einige Zigeuner im Freien. Viele von ihnen sind hier seßhaft geworden und haben dadurch den Alteingesessenen die Bezeichnung „Zigeunerland" für das Gebiet zu beiden Seiten des Biberhaufenweges in den Mund gelegt. Manchmal tagte noch in den siebziger Jahren vor der einen oder anderen Hütte der „Gemeinderat". Und in mancher unterirdischen Wohnung hing die Erde voller Geigen.

Die Not hatte mit dem Ersten Weltkrieg begonnen und nach dem Zweiten geendet. Ein von den Lobauer Kolonisten errichteter Gedenkstein Ecke Steinspornweg/Biberhaufenweg erinnert heute noch an die Opfer beider Kriege und an den hier ausgetragenen Lebenskampf einiger Außenseiter der Wohlstandsgesellschaft.

Die Geschichte dieser Abenteurer und somit der Schauplatz ihrer Handlung endet nicht wie im „Dschungelbuch", wo die Wildnis eine versunkene Stadt überwuchert. Hier, zwischen Donau und Aspern, zwischen Stadlau und Lobau ist der Dschungel von der Großstadt eingenommen worden. Von den zahllosen, heute die Siedlung durchziehenden Gassen ist kein einziger Pfad nach jenen beiden Männern benannt, die trotz Gegnerschaft ihren Anhängern den Weg zu einem gemeinsamen Ziel gewiesen und damit bewiesen haben, wie man die Not aus eigener Kraft überwindet und die Grundlagen zu einem menschenwürdigen Dasein schafft.

Das Kolonistendenkmal Ecke Steinspornweg/Biberhaufenweg

86

DIE NACKTEN UND DIE LEBENDEN

Es ist wohl ein Gerücht, daß die Freikörperkultur in der Lobau durch einen gewissen Onkel Herbert alias Herbert Wilhelm Gensbaur eingeführt worden sei, indem er an einem heißen Sommertag dem Bedürfnis, ein kühles Bad zu nehmen, nicht widerstehen konnte, sich seiner Kleider entledigte, diese hinter einem Busch versteckte und kopfüber in die Donau sprang, von der er einige Meter abgetrieben wurde, so daß er, hernach wieder an Land, seine Kleider nicht mehr finden konnte und als Nackedei auf dem Treppelweg herumgeisterte. Daraufhin sollen nach und nach immer mehr seinem Beispiel gefolgt sein.

Wahr ist vielmehr, daß sich schon vor dem Ersten Weltkrieg ein Gefühl des aufsteigenden Lebens verbreitete, das gegen Ende der Vökerschlacht seltsamerweise in einem Treuebund und Bund der Lichtfreunde gipfelte. Wie der Kleingartensiedlergedanke kam auch die Idee von Freikörpergymnastik und Sonnenanbetung aus den deutschen Landen. Man stellte der Nordseeinsel Sylt die Hirscheninsel entgegen. Was dort Gitarre und Schifferklavier bedeuteten, galten hier die „Klampfen" und der „Fotzhobel". Wenn sich dort die Reichen untereinander hüllenlos begegneten, so wehrten sich hier die Armen ihrer Haut. Denn nicht nur die Armut, Arbeitslosigkeit und Unterstandslosigkeit hatten sie hier herausgetrieben, um am Busen der Natur das Auslangen zu finden. Hier, wo jeder vom anderen wußte, was er von ihm halten konnte, wo man einander ungeschminkt und ungetarnt am Rande der Zivilisation begegnete, entwickelte sich in jeder Weise eine Opposition gegenüber den herrschenden Verhältnissen.

Im Jahre 1927 wurde diesem „Bund Freier Menschen", wie einigen Jahren zuvor den Kolonisten, von der Gemeinde Wien eine Fläche von ungefähr 3000 Quadratmetern auf dem Biberhaufen zur Verfügung gestellt. Voraussetzung war, daß dieses Grundstück eingezäunt und eine Hütte gebaut werde. Die Vereinsleitung hatte auch darauf zu achten, daß die Besucher nur paarweise eingelassen würden, um Anbahnungen beziehungsweise Kuppeleien hintanzuhalten. Jeder Mann hatte also gleich die Frau seiner Wahl und umgekehrt mitzubringen, andernfalls einige Meter außerhalb des Refugiums kennenzulernen, um den noralischen Grundsätzen zu entsprechen. Der „Bund Freier Menschen" verhielt sich in Widerspruch zu seinem Vereinsnamen zu den wilden Nacktbadern auf der Hirscheninsel wie die Ehe zur freien Liebe, denn im Rahmen ihrer Umzäunung war legal, was dort vom Staat beziehungsweise von der Stadtverwaltung keine Absegnung erfahren hatte.

Das von der Gemeinde Wien dem „Bund Freier Menschen" zugestandene Gebiet wurde von dessen Mitgliedern wie ein Sportplatz genützt. Hier wurde mannigfacher Sport bloß ohne die entsprechenden Dressen betrieben. Man wußte einander auch so zu unterscheiden. Ebenso blieben Alkohol und Nikotin verpönt. Vegetarisch zu leben galt im grünen Reich als naheliegend.

Die Freigeister hatten es satt, sich in öffentlichen Badeanstalten unter der Aufsicht von Bademeistern verschämt herumzutreiben, die ihre Aufgabe vor allem darin sahen, die Moral in ihren Häusern hochzuhalten und nicht etwaige Absinkende über Wasser.

Die Moralisten bekamen vor allem in der Ära Dollfuß Oberhand. Unter der christlich-sozialen Übermacht durfte außer Denkmälern nichts mehr enthüllt werden. So hatten sich auch die Sonnenmenschen vom Biberhaufen stets mit verdeckter Scham dem Lichte auszusetzen. Um dem dortigen Spuk ein rasches Ende zu setzen, wurde sogar berittene Polizei eingesetzt. Das hatte zugleich den Vorteil, daß die Polizisten über die Umzäunung leicht hinwegblicken konnten, ohne Verstöße gegen die Sittlichkeit zu übersehen. Zudem mußten sie ja selbst noch bei völlig korrekt adjustierten Badegästen politische Untriebe vermuten. Ungleich schwieriger war es für sie daher, wenn sich jemand von den Leuten in die Büsche schlug und die Ordnungshüter nicht eingreifen konnten, weil sie nicht

wußten, zu welchem Zweck die Betreffenden ihre Hosen herunterließen.

Wer behauptet, Kleidung verrät den Charakter, wird von Nudisten eines besseren belehrt. Kleidung mag über Uniformen bis zur Selbsttäuschung führen, vollkommene Nacktheit aber nie. Eine Binsenweisheit? Freilich, weil sie zwischen den Binsen zur Wahrheit gelangte. Nacktheit widersprach dem Sittlichkeitsempfinden der christlich-sozialen Regierung. Die Polizei erhielt den Auftrag, auf die Nackten Jagd zu machen, da man mit ihrer Festnahme zugleich auch einen „Sozi" in der Hand hatte. Handelte es sich doch nach Ansicht der Machthaber hiebei meist um Arbeitslose oder Arbeitsscheue.

Übereifrige Beamte gaben sich damit nicht zufrieden, wenn sie Verdächtige in vorschriftsmäßiger Badekleidung antrafen. Sie hießen diese einfach die Hose runterzuziehen. Und wenn sich die Opfer in nahtloser Bräune erwiesen, erhielten sie für ihre „Verschleierungstaktik" einige Stockhiebe verpaßt.

Unter den Polizisten gab es aber auch welche, die vormittags Jagd auf Nackte veranstalteten, und sich nachmittags unter ihnen als „wildbadende" Gäste mischten. Und da es unter den Insulanern üblich war, nicht nur das letzte Hemd, sondern auch die Badehose zu teilen, wurde jedermann Asyl gewährt, der hier auf irgendeine Weise Zuflucht oder Anschluß suchte. Es kam zuweilen vor, daß

Die Polizei ist bereit, notfalls einzugreifen

dann einer dieser nackten Polizisten die Sonnenkinder beim Herannahen der Polizei vor der drohenden Gefahr durch Pfiffe nach Art der Murmeltiere warnte.

Es gab aber auch welche, die sich als Spione einschlichen und im geeigneten Augenblick die nackte Gesellschaft auffliegen ließen, im Gegensatz zu jenen, die sich der Ideale bemächtigten und zur eigenen Sache machten, ähnlich wie seinerzeit Stalin, der als zaristischer Staatspolizist bei einer geheimen kommunistischen Versammlung erstmals mit den Dogmen des Kommunismus konfrontiert und danach zu deren Führer wurde. Es gab kaum etwas in dieser kleinen Welt der Nackten, das in der großen Welt der Uniformierten nicht ein Beispiel hatte.

Unter den Braungebrannten, die ihre Bräune durch einen ständigen Aufenthalt während des Sommers in der Lobau aus der Sonnenbestrahlung erhielten, stachen aber auch Braune heraus, die ihre nationalen Vorsätze den sozialen Grundsätzen voranstellten.

Natürlich gabe es auch „Rassenunruhen" in dem „Modellstaat und Weltreich" der Lobau, wo alle Kontinente mit ihren Ureinwohnern vertreten zu sein schienen. Aber es artete in diesem Rahmen nie in einen Bürgerkrieg geschweige einen Weltkrieg aus. Schließlich wurde doch jedem bewußt, daß sie allesamt „Neger" waren. Wer darüber hinaus tatsächlich als Mohr erscheinen wollte, hüpfte einfach in den Gatsch. Dieser lieferte auch das

Der Gatschmann

Material, mit dem sich manche als bildende Künstler versuchten.

Es läßt sich allerdings nicht nachweisen, ob die Geschichte von dem Kunststück, bei dem einem Nackerten die Geldbörse gezogen wird, von einem Lobauer Witzvogel in die Welt gesetzt worden ist.

Wettkämpfe waren hingegen nicht gefragt. Der Ruf nach Wettkampf kam aus der rechten Ecke und fand bei der linken kein Gehör. Deren Angehörigen wollten unabhängig sein und ihren Leib als ihr Eigen betrachten, frei von jeder Sklaverei. Niemand konnte behaupten, daß damit die Ichbezogenheit mehr gefördert würde. Handelt es sich doch hier um einen ähnlichen Fall wie bei der

Die einstigen „Umkleidekabinen" des FKK beim Neumüller-Hagl

89

dummen Behauptung, daß Einzelkinder eher zu Egoisten neigen als Sprößlinge aus einer kinderreichen Familie. Bei den ersteren mag oft die Sehnsucht nach Mitmenschen überwiegen und als Preis dafür eine gewisse Opferbereitschaft und Anpassungsfähigkeit zur Folge haben, während die letzteren, zwangsläufig zu einem Konkurrenzkampf erzogen, oft nur auf eine Chance warten, die anderen übervorteilen zu können.

Nach der Machtergreifung durch die Nationalsozialisten erlebten die Anhänger der Freikörperkultur eine Lockerung des Moralbegriffs, dafür eine Einschneidung in die Vereinsstatuten. Von den etlichen inzwischen in der Lobau angesiedelten einschlägigen Vereinen konnte lediglich der Sport- und Geselligkeitsverein überleben, da er noch rasch den Namen gewechselt hatte und keine Juden zu seinen Mitgliedern zählte. Als „Kampfring für völkische Freikörperkultur" konnte er neben einem „Bund für Leibeszucht" bestehen.

Man sollte tatsächlich annehmen, daß Kleidung mehr über einen Menschen verrät, als dessen Nacktheit, wenn man die Textilien an einem Menschen nicht unbedingt als dessen Tarnung sehen will. Nicht einmal geschah es, daß auf der Heimfahrt von der Hirscheninsel ein Mädchen in der Straßenbahn von einem Spießer zur Rede gestellt wurde, wie es denn nur mit einem „Beschnittenen" baden gehen könne.

Während des Krieges, als das NS-Regime gegen das Nacktbaden nichts einzuwenden hatte, verging den Volksgenossen ohnedies bald die Lust daran, mußten sie doch fast jeden Tag mit einem Luftangriff rechnen und konnten daher in der Lobau, wo über das Paradies die Hölle eingebrochen war, nicht rasch genug in den Bunkern und Splittergräben untertauchen, so daß es für sie überhaupt das beste gewesen wäre, nicht nur in einer Ritterrüstung, sondern zusätzlich noch mit einem Stahlhelm zu baden. Desgleichen nach dem Krieg während der sowjetischen Besatzung, wo die Frauen sich am liebsten nur mit einem Keuschheitsgürtel ins Freie gewagt hätten.

Als sich in den fünfziger Jahren wieder alles zu normalisieren und moralisieren begann, „Dr. Faust" und „Mephisto" als pornographische Zeitschriften abgetan und zeitweise verboten wurden, obzwar ihre Inhalte heute öffentlich für Unterwäsche werben könnten, erlebte die Nudistenbewegung wieder einige Einschränkungen wie 20 Jahre zuvor. Die einzelnen Vereinsmitglieder aber trugen auf ihre Weise am Wiederaufbau ihrer Ideale bei. Die mehr private Vereinigung von Freikörperkulturbewußten um das Gasthaus „Oase" mit Öffentlichkeitsrecht wurde bald, nachdem dort der Betrieb aufgenommen worden war, mit dem Spitznamen „Pfeifenverein" bedacht, während sich die traditionellen Klubs nach wie vor aus „Nichtrauchern" zusammensetzten. Den richtigen Auftrieb erlebte der „Pfeifenverein" erst, als er sich einen „Schutzverband der Freikörperkulturbewegung" als

Dachorganisation darüberstülpte, um gegenüber der Interessensgemeinschaft des österreichischen Körpersports bestehen zu können.

Der Gastronom Franz Vanecek hatte dabei das Vermächtnis der großen Naturapostel übernommen.

Dennoch konnte es geschehen, daß eine Frau, die mit ihrem minderjährigen Sohn eines Abends mit einem Dampfer auf der Donau von Hainburg nach Wien unterwegs war, gegenüber dem Praterspitz ein idyllisches Gasthaus am Auenrand entdeckte. Schon war dieses als Ziel für den nächsten Sonntagsausflug angepeilt. Sie übersetzte mit ihrem Söhnchen und einer Menge Leute, die einander zu kennen schienen, den Strom und näherte sich dem anderen Ufer. Da, plötzlich schritt mit der Würde eines malaysischen Häuptlingssohnes ein Nackter den Ufersaum entlang. „Jö, schau, de Sau", entfuhr es der bestürzten Frau Mama, und sie hielt ihrem Sohn die Hand vor die Augen. Das hatte genügt, um alle bösen Blicke auf sich zu ziehen, denn der Nackte war kein Einzelfall. Und alle im Boot, bis auf die beiden Ahnungslosen, waren ihrem Ziel, bald selbst nackt herumzulaufen, nähergekommen. Die besorgte Mutter aber hatte sich in den Augen der FKKler disqualifiziert, ohne daß sie zu einer Ausweisleistung für die Einreise in das Paradies hätte aufgefordert werden müssen. Ihr wurde an der Anlegestelle nahegelegt, die Überfuhr, mit der sie eben angekommen, zum Zwecke der Rückfahrt ja nicht zu versäumen.

In den verschiedenen FKK-Verbänden sehen sich nämlich seit eh und je die Generationen vereint, ohne daß sich die Eltern durch ihre Nacktheit ihren Kindern gegenüber eine Blöße geben. Unsere ganze Bewunderung sollte daher auch jenen Menschen gelten, die sich ihres Körpers nicht schämen und nicht zu schämen brauchen.

Wie immer auch: Nacktheit hin, Hülle her. – Und wenn man das Platzerl nur wüßt!

Die Lobau ist ein Paradies mit allem drum und dran, auch mit dem Sündenfall für den, der Liebe und Leidenschaft als Sünde sieht. Die Verfechter der Freikörperkultur verwahren sich gegen die Unterstellung, daß ihr bloßes Auftreten der Erotik Vorschub leiste. Spanner werden ihnen dies – zumindest im Hinblick auf die Männer – bezeugen können.

Hatten sich zu Beginn der Freikörperkulturbewegung bloß 200 Menschen dazu bekannt, so waren zuletzt an den schönen Wochenenden bis zu 2000 Sonnenanbeter im Bereich der Hirscheninsel anzutreffen.

Mit dem Bau des Entlastungsgerinnes wurden auch die Hirscheninsulaner aus ihrem Paradies vertrieben. Eine Welt ging zum Wohle einer anderen unter. Es war wie eine Schöpfungsgeschichte, bei der aus dem Meer Inseln geboren wurden, nur spielte sich hier am Fluß der Mensch als Gottheit auf. Das nackte Leben übersiedelte größtenteils zur Dechantlacke. Die Hirscheninsel war tot. Die Donauinsel begann zu leben!

SCHNEIBERG UND SEIN KREUZ

Im April 1945 wurde die Lobau zu einem Kriegsschauplatz, wie sie es zuletzt vor 136 Jahren gewesen war. Diesmal hatte die Rote Armee, unterstützt von einer starken Donauflotille, von Fischamend her den Donaustrom übersetzt, war mit einem Stoßtrupp vor Schönau aufgetaucht und mit einer bis Mühlleiten breiten Front ins Marchfeld vorgerückt, wo ihr heftiger Widerstand durch die starke Flakbatterie von Groß-Enzersdorf geleistet wurde. Die Soldaten der 3. Ukrainischen Armee benützten die Lobau, um unter deren Schutz bis Wien vorzudringen, während die alte Festung Groß-Enzersdorf noch in der Hand der Deutschen Wehrmacht geblieben war. Die Sowjets nahmen also die seinerzeit schon Napoleon trotzende Kleinstadt in die Zange, indem sie nicht nur vom Osten her auf sie eindrangen, sondern ihr auch von Westen her über die Lobau naherückten. Dabei kam es just auf jenem Gebiet zwischen dem ehemaligen Pulvermagazins Napoleons und jener großen Silberpappel, die der Franzosenkaiser zum Zwecke einer Erkundigung erklommen haben soll, zu einem wüsten Nahkampf. Die Zahl der Toten auf beiden Seiten wird nur mit „zahllos" angegeben. Oft nur notdürftig an der Stelle, wo sie gefallen, wurden sie von Kameraden verscharrt. Nach Kriegsende, hatte die „Besatzung" die Bestattung besorgt. Von den Einheimischen wagte sich kaum jemand in das Revier, wo nun die „Russen" mit Maschinengewehren jagten und mit Handgranaten fischten und der österreichische Thronfolger Erzherzog Franz Ferdinand vor 48 Jahren seinen 1000. Hirsch geschossen hatte.

Als sich die Verhältnisse wieder normalisierten, so daß Österreicher die Aufsicht über das Jagdgebiet übernehmen konnten, versah Oberförster Gustav Schneiberg in diesem Bereich den Dienst. Auf seinen Kontrollgängen begleitete ihn sein Hund. Der begann da und dort zu scharren und brachte die Opfer der letzten Kampfhandlungen zutage. Anhand der Uniformen konnte Schneiberg die jeweilige Nationalität feststellen, selten aber die Namen der Gefallenen. Sie blieben namenlos wie ihre Leiden. In Soldatengräbern fanden sie im Groß-Enzersdorfer Friedhof die letzte Ruhe.

Schneiberg selbst aber ließ es keine Ruhe. Er zimmerte zwei rohbehauene Stämme zu einem Kreuz, rammte dieses in den Boden und sicherte es mit schweren Steinen ab.

Den Opfern des Krieges

Damit sollte nicht nur der Opfer eines Krieges an jener Stelle, sondern den Opfern aller Kriege gedacht und die Menschen vor weiteren Kriegen gewarnt werden. Es war dies das Unterfangen eines einzelnen, gewiß. Und es erhebt sich die Frage: Was bewirkt ein Einzelner? Oder ist es dem Einzelnen überhaupt möglich, etwas gegenüber der Macht der Masse zu bewirken, im Guten wie im Bösen? Schneiberg konnte sich die Antwort geben. Er brauchte nur in sich zu gehen, seine Kindheit beschwörend, seines Vaters gedenkend, der Leibbüchsenspanner des österreichischen Thronfolgers Franz Ferdinand war und diesen nach Sarajevo begleitet hatte. Er saß neben dem Chauffeur, als der den Wagen über die Lateinerbrücke lenkte. Die Masse jubelte dem Repräsentanten des österreichischen Kaiserhauses und seiner Gattin zu. Da plötzlich sprang ein Einzelner aus der Menge, richtete seinen Revolver auf den Thronfolger und drückte ab. Es war dies die Tat eines einzelnen, eine Tat, die unabsehbare Folgen zeitigte. All dem wollte Schneiberg ein anderes Zeichen entgegensetzen: ein Kreuz, das man über einen Menschen und deren unverantwortlichen Handlungen macht.

Ein Forstmann, allenfalls ein Jäger versteht unter natürlicher Auslese etwas anderes, als es der Krieger sehen will. Das kranke Holz oder Wild wird zum Wohle des gesunden entfernt. Der Krieg nimmt keine Rücksicht auf das Edle und kennt keinen Unterschied zwischen Gut und Böse bei der Wahl seiner Opfer, weil die Menschheit unter dem Vorwand der Relativität nicht bereit ist, zu erkennen, was überhaupt gut und schlecht ist.

Es müssen daher Einzelne vor der Menge erscheinen, die, statt einen Krieg zu entfachen, einen solchen angesichts eines Kreuzes verhindern.

In einer Landschaft des Friedens soll Schneibergs Kreuz an den Wahnwitz des Krieges gemahnen, auch wenn manche Wunde wieder als geheilt erscheint und die Zahl der Erdenbürger wieder angewachsen ist. Gerade in einer solchen Zeit soll sein Kreuz bewußt machen, daß wir unsere vollen Schüsseln vor allem denen verdanken, die ins Gras beißen mußten.

Buschwerk und Bäume ranken sich um das tote Holz, das hier als Mahnmal steht, als wollten sie eine Schande verdecken. Dann wieder stellen sie bloß, was sie bislang verbargen, wie um ein Bekenntnis zu beschwören über all das, was hier und anderswo und zu allen Zeiten unter der Tarnkappe „Heiliger Krieg" verbrochen worden ist.

IM TIERPARADIES

„Die Stromau unterhalb Wiens kann man nur dann in ihrem Wert und in ihrer Bedeutung für die Gegenwart richtig beurteilen, wenn man sich klarmacht, daß sie den letzten Rest einer Landschaft von wilder Ursprünglichkeit darstellt, die einst das ganze Donautal beherrschte." Mit diesen Worten begann Felix Rosché 1946 sein Buch „Im Tierparadies der Stromau". Er hatte sich hiefür extra von Mannswörth in die Lobau übersetzen lassen und eine Nacht in einem hohlen Baumstrunk zugebracht, nur um sich zu überzeugen, daß Hirsche tatsächlich die Donau schwimmend überqueren. Die Wahrnehmung solcher und ähnlicher Ereignisse hatte den Amtsrat Rosché derart begeistert, daß er sich bemühte, jede freie Minute in der freien Natur zu verbringen, um sie in seinen Büchern zu verherrlichen. Felix Rosché wußte also um die große Bedeutung der Stromau unterhalb Wiens für seine Generation und für kommende Geschlechter. Sein Appell war zugleich ein Wink an die damalige Besatzungsmacht, die einen Großteil des Wildes aus einer ziemlich gelichteten Au geschossen hatte.

Bald konnte sich der Wald- und Wildbestand erholen. Die Lobau fand zum Teil wieder zu ihrer Ursprünglichkeit zurück, so daß sie nach dem Willen vieler Menschen zu einem Himmel auf Erden und somit zu einem Paradies werden konnte.

Als das eigentliche Tierparadies darf der Stritthaufen angesehen werden. Vom Eberschütt- und Lausgrundwasser umgeben, tritt er die meiste Zeit des Jahres als Eiland in Erscheinung. Die Brücken zu ihm sind vermorscht, Sanddorn und Hartriegel haben den einstens über ihn führenden Weg für sich eingenommen. Wenn ein Verwegener je auf dem Stritthaufen landet, dem schlägt aus dem Dickicht der Geruch und die Körperwärme des Hochwildes entgegen. An manchen Stellen haben die Paarhufer den Boden aufgeschürt, so daß Flächen von Sand zutage kamen, als hätte hier vor der Hütte eines Häuptlings der Rat der Alten getagt. Wer im weiteren verabsäumt, einige Markierungen anzubringen, findet aus dem verwirrenden Dickicht so leicht nicht mehr heraus. Überall, wo sich die Wildnis öffnet, stößt der Ratlose auf Wasser. Und er kann, wenn nicht ortskundig, weder die Richtung noch das Gewässer bestimmen. Der Stritthaufen ist auch den Jägern heilig, und er gilt nach einem ungeschriebenen Gesetz soviel wie ein Asyl der Tiere. Wer sich am Stritthaufen versündigt, der fällt selbst bald dem Tode anheim. Diese Sage hat sich bislang als Wahrsage erwiesen.

Kämpfende Brunfthirsche / Eine glückliche Familie

Buntspecht / Höckerschwan

Graureiherhorst / Seeadler

Eisvogel / Löfflerkolonie

Jagd-Fasan

Mein Name ist Hase / Sumpfschildkröte   Igel

„Wo sich Fuchs und Reh 'Guten Tag' sagen" / Mufflons

Bisamratte / Biber

Rehe an der Futterstelle / Das Werk des Bibers

Ringelnatter und Wasserfrosch – eine Tiertragödie in vier Bildern

Fallwild

Das zeitweise Verschwinden und Auftauchen von Säugetieren und Insekten ähnelt dem Ortswechsel der Zugvögel, jedoch über größere Zeiträume. Oft schon sind längst als ausgestorben gegoltene Exemplare wieder angetroffen worden.

Manchmal geschah dies mit Hilfe des Menschen wie etwa beim Biber. Aber auch sogenannte „Fremdkörper" wurden hier angesiedelt. Wer im Mufflon nur den Fremdling sehen will, sollte bedenken, daß auch der Fasan kein Einheimischer war. Bezirkshegeringleiter Ing. Josef Wimmer bemühte sich lange Zeit, den wegen seiner Zutraulichkeit leicht elegbaren Königsfasan sowie die Bronzeputer aufzuzüchten. Dem rühmenswerten Versuch war aber kein Erfolg beschieden, da das Schwarzwild die Gehege der Bodenbrüter zerstörte. Als der Kormoran im Bereiche der Lobau wieder Fuß faßte, kam man von einer Neuansiedlung des Fischotters wieder ab. Dies wäre denn für die Fischer eine zu große Zumutung gewesen.

Da und dort erinnern noch Zäune an das Reichsjagdgebiet. Und es ist nur verwunderlich, daß sich hierin noch kein Zwölfender mit dem Geweih verfangen hat, wie dies im Waldrebengeflecht schon mehrmals geschehen.

Die folgende Liste mag als Bestandsaufnahme der Überlebenskünstler im Tierreich der Lobau angesehen werden.

*) Bezeichnet die ständig anwesenden Vogelarten mit Brutstatus zum Unterschied von Durchzüglern, Wintergästen und gelegentlichen Erscheinungen.

VÖGEL

Aaskrähe*
Amsel*
Bachstelze*
Bartmeise
Baumfalke*
Baumpieper*
Bekassine
Bergente
Bergfink
Beutelmeise*
Bienenfresser
Birkenzeisig
Bläßgans
Bläßhuhn*
Blaumeise*
Bluthänfling*
Blutspecht
Brachvogel
Braunkehlchen
Buchfink*
Buntspecht*
Dohle*
Domgrasmücke
Dorngrasmücke*
Drossel
Drosselrohrsänger*
Eichelhäher*
Eiderente
Eisente
Eisvogel*
Elster*
Erlenzeisig
Feldlerche*
Feldschwirl*
Feldsperling*
Fischadler
Fitis*
Flußregenpfeifer
Flußseeschwalbe
Flußuferläufer*
Gänsesäger
Gartenbaumläufer*
Gartengrasmücke*
Gartenrotschwanz*
Gelbspötter*
Gimpel
Girlitz*
Goldammer*
Grauammer
Graugans
Graureiher*
Grauschnäpper*
Grauspecht

Grünfink*
Grünling*
Grünschenkel
Grünspecht*
Habicht*
Hänfling*
Halsbandschnäpper*
Haubenlerche*
Haubentaucher
Hausrotschwanz*
Haussperling*
Heckenbraunelle*
Höckerschwan*
Hohltaube*
Jagdfasan*
Kernbeißer
Kiebitz*
Klappergrasmücke*
Kleiber*
Kleinspecht*
Knäckente
Kohlmeise*
Kolbenente
Kormoran
Kornweihe
Kotschenkel
Krickente
Kuckuck*
Lachmöwe
Laubsänger
Löffelente
Löffler
Mäusebusard*
Mauersegler
Mehlschwalbe
Merlin
Misteldrossel*
Mittelsäger
Mittelspecht*
Mönchgrasmücke*
Nachtigall*
Nachtreiher*
Neuntöter*
Pfeifente
Pirol*
Prachttaucher
Raubwürger
Rauchschwalbe*
Rauhfußbussard
Rebhuhn*
Reiherente
Ringeltaube*
Rohrammer*
Rohrdommel

Rohrschwirl
Rohrweihe
Rotdrossel
Rotfußfalke
Rotkehlchen*
Rotmilan
Rotschenkel
Saatgans
Saatkrähe
Sakerfalke
Samtente
Schafstelze
Schelladler
Schellente
Schilfrohrsänger
Schlagschwirl*
Schleiereule*
Schnatterente
Schreiadler
Schwanzmeise*
Schwarzhalstaucher*
Schwarzkehlchen*
Schwarzmilan*
Schwarzspecht*
Schwarzstorch
Seeadler
Seidenreiher
Seidenschwanz
Silbermöwe
Silberreiher
Singdrossel*
Singschwan
Sommergoldhähnchen
Sperber
Sperbergrasmücke*
Spießente
Star*
Steinkauz*
Steinschmätzer*
Sterntaucher
Stieglitz*
Stockente*
Streifengans
Sturmmöwe
Sumpfmeise*
Sumpfohreule
Sumpfrohrsänger*
Tafelente
Teichhuhn*
Teichrohrsänger*
Trauerente
Trauerschnäpper
Trauerschwan
Trierl

Tümpelsumpfhuhn
Türkentaube*
Turmfalke*
Turteltaube*
Uferschnepfe*
Uferschwalbe*
Uhu
Wacholderdrossel
Wachtel*
Waldbaumläufer*
Waldkauz*
Waldlaubsänger*
Waldohreule*
Waldschnepfe*
Waldwasserläufer*
Wanderfalke
Wasserralle*
Weidenmeise
Weißkopfmöwe
Weißstorch*
Wendehals
Wespenbussard*
Wiedehopf*
Wiesenpieper
Wiesenweihe
Wintergoldhähnchen
Würgfalke*
Zaunkönig*
Zeisig
Zilpzalp*
Zwerggans
Zwergrohrdommel*
Zwergsäger
Zwerscharbe
Zwergschnäpper
Zwergstrandläufer
Zwergtaucher
Ziegenmelker

SÄUGETIERE
Biber
Bisamratte
Dachs
Damhirsch
Eichhörnchen
Feldmaus
Feldspitzmaus
Fuchs
Gelbmaus
Gemeine Fledermaus
Hamster
Hase
Hermelin
Igel

Iltis
Kaninchen
Kleine Hufeisennase
Marder
Maulwurf
Mufflon
Ohrfledermaus
Reh
Rötelmaus
Rothirsch
Schermaus
Waldmaus
Wasserspitzmaus
Wiesel
Wildschwein
Zwergfledermaus
Zwergmaus
Zwergspitzmaus
Ziesel

SCHLANGEN
Äskulapnatter
Ringelnatter
Schlingnatter

KRIECHTIERE / LURCHE
Blindschleiche
Erdkröte
Grasfrosch
Knoblauchkröte
Laubfrosch
Rotbauchunke
Springfrosch
Streifenmolch
Sumpfschildkröte
Teichfrosch
Wasserfrosch
Wassermolch
Wechselkröte
Zauneidechse

WEICHTIERE
Bernsteinschnecke
Buschschnecke
Egelschnecke
Flußmuschel
Gartenschnecke
Hainschnecke
Heideschnecke
Hungerschnecke
Kaumschnecke
Schlammschnecke
Schwimmschnecke
Sumpfschnecke

Teichmuschel
Tellerschnecke
Wandermuschel
Wegschnecke
Weinbergschnecke

KLEINTIERE
Einaugkrebs
Fadenwurm
Fischegel
Flohkrebs
Grünegel
Muschelkrebs
Nadelskorpion
Pferdeegel
Rückenschwimmer
Ruderwanze
Schwimmkäfer
Schwimmwanze
Strudelwurm
Taumelkäfer
Wasserassel
Wasserfloh
Wasserläufer
Wasserlaufspinne
Wasserskorpion

INSEKTEN
Abendpfau
Admiral
Bärenspinner
Bärenwanze
Blaugr. Mosaikjungfer
Baumspanner
Baumwanze
Blattkäfer
Blattwespe
Bläuling
Blumenfliege
Blutstirnzirpe
Brachkäfer
Bürstenspinner
Distelfalter
Eichenbock
Eintagsfliege
Feuerkäfer
Gabelschwanz
Gelse
Glühwürmchen
Gottesanbeterin
Grille
Großer Nachtpfau
Harlekin
Heidelibelle

Heuhüpfer
Heupferd
Hirschkäfer
Honigbiene
Hornisschwärmer
Hummel
Kaisermantel
Köcherfliege
Kohlweißling
Kupferglucke
Mondeule
Mondfleck
Nachtschwärmer
Ölkäfer
Osterluzeifalter
Pappelbock

Pappelschwärmer
Perlenauge
Pinselkäfer
Randwanze
Ringelspinner
Römerbär
Rosenkäfer
Rotes Ordensband
Sackträgermotte
Schachbrett
Schillerfalter
Schmalfleckbockkäfer
Schnarrschrecke
Schneekäfer
Schnellkäfer
Schwammspinner

Skorpionfliege
Steinböcklein
Steinfliege
Stolperkäfer
Tagpfauenauge
Taubenschwanz
Trauermantel
Trauerrosenkäfer
Uferfliege
Vielfleckbockkäfer
Weidenbohrer
Weidenspinner
Wickler
Widderchen
Wollafter
Zünsler

Wie man sieht, ergibt sich eine umfangreiche Einwohnerliste. Freilich findet zeitweise ein Wechsel der einen oder anderen Tierart statt, die mit dem allgemeinen Wildwechsel nichts gemein hat. Jedenfalls ist es erfreulich, wenn eine seit Jahrzehnten als ausgestorben geltende Spezies plötzlich wieder aufscheint. Von der bewußten Ansiedelung durch den Menschen abgesehen, bleibt die rein aus tierischen Instinkten erfolgte Heimatsuche selbst Zoologen ein Rätsel.

Dieses Mit- und Nebeneinander von verschieden gearteten Bewohnern der Au bringt natürlich nicht nur paradiesische Zustände mit sich. Oft gibt es den Kampf ums Überleben mit gleichgearteten oder fremden Wesen und da und dort zeichnen sich die Spuren solcher Tragödien ab. Wenn man aber umgekehrt die Fürsorge beachtet, mit der Heger und Jäger manchmal zu Werke gehen, dann könnte man wahrlich wieder von einem Garten Eden sprechen. Wo finden wir einen ähnlichen Dschungel oder Urwald, wo Kukuruz und Karotten zu Hauf liegen, und sich die Frischlinge unter der mütterlichen Aufsicht herumtummeln, bis ein Warnruf das Festmahl beendet?

Wo gibt es, wie auf dem Kreuzgrund, förmlich einen Kral aus Hoch- und Futterständen, die den Tieren vornehmlich im Winter das Dasein erleichtern?

Vielfältig sind die Erlebnisse im Reich der Tiere. Man muß einfach eine Herde Mufflons über die Äcker stieben gesehen oder einen Fuchs auf frischer Tat ertappt haben.

Auch kann es geschehen, daß man eine Stelle betrit, aus der völlig überraschend, weil selbst überrascht, ein Zwölfender mit einem Satz das Weite sucht.

Zur Brunftzeit freilich macht die Begierde die Hirsche blind für Gefahren. Sie liefern einander erbitterte Kämpfe und verraten mit ihren Schreien, mit dem Aufeinanderprallen der Geweihe und durch das von ihnen verursachte Brechen des Astwerks ihre Walstatt. Anders die Hasen und Kaninchen. Sie verursachen bei ihrer Liebeswerbung wenig Aufsehen. Ein kleines neckisches Tänzchen, und das Weitere wird rasch und ohne viel Aufhebens vollzogen. Lediglich die Vogelwelt muß sich zu jeder Jahres- und Tageszeit bemerkbar machen. Die Würde und Steifheit, mit der ein Fasanmännchen an das Weibchen herantritt, gibt manchem Hahnrei ein Beispiel.

Welche Lebensfreude verrät aber auch die Flucht, mag diese nun berechtigt oder unberechtigt erscheinen. Wie gottvoll, wenn zur Schonzeit eines der Tiere in einigem Abstand zum Menschen länger verweilt. „Und daß ich kein Jäger, das wußte das Reh"… kommt einem dabei in den Sinn. Aber wie oft haben schon Jäger etliche Jungtiere aus dem Hochwasser gerettet und aufgezogen, ehe sie diese wieder der freien Wildbahn überließen. Nicht jeder Kreatur kann geholfen werden. Viele Leiden versiegen unbemerkt in der Stille. So berührt es einen seltsam, mitansehen zu müssen, wie etwa die Flut ein aus etwas Erdreich, Zweigen und Laubwerk bestehendes Inselchen mit sich reißt, worauf eine Maus wie der Kapitän eines sinkenden Schiffes verzweifelt einen Ausweg sucht.

Unerquicklich ist gewiß auch die Entdeckung eines Knäuels Ringelnattern auf einem sonnenbeschienenen Steg. Die Reptilien lösen sich aus dem Knoten und plumpsen einzeln ins Wasser. Seltsam zu denken – das Unbehagen, das einen dabei überkäme, wenn man gerade jene Stelle schwimmend querte und auf diese Weise mit einem Medusenhaupt bedacht würde.

Aber auch eine solche Begegnung sollte uns an das Paradies gemahnen und dabei zu denken geben: Die Tiere sind frei von Sünde, sie wurden niemals aus dem Paradies vertrieben, höchstens durch die Sünden der Menschen. Die meisten haben sich aus freien Stücken ihren Lebensraum gewählt oder sind in dieses Reich hineingeboren worden und haben es erst mit dem Tod verlassen.

LOCKRUF DES GOLDES

Jack London folgte diesem Ruf von Oakland aus nach Alaska in die Rocky Mountains. Er quälte sich über Pässe, um aus dem Klondike River etwas von dem fragwürdigen Glück zu erhaschen.

Die Wiener hatten natürlich diesen Ruf schon lange zuvor vernommen, aber sich nicht solcher Strapazen unterzogen. Gewitzt, wie sie sind und ein wenig in Geologie und Geographie bewandert, haben sie schon seit eh und jeh von „Tauerngold" reden hören, und daß ein Großteil des Gewässers der Tauernflüsse letztlich über Salzach und Inn in die Donau gelangt. Ungestüm, vor allem nach der Schneeschmelze oder nach jedem Gewitter springen die Wasser der Bergflüsse über Stock und Stein und reißen dabei einiges als Treibgut mit sich, je nach spezifischem Gewicht an der Oberfläche oder in ihrer Tiefe treibend. Manche Gesteinstrümmer reiben sich bereits auf ihrer langen Reise auf und langen etwa bei Wien als Sand an. Wer die Donau schwimmend überquert, hört aus ihrem Grunde das Geschiebe der Steine, die hartnäckig genug waren und sich trotz gehöriger Abnützung noch immer als Brocken erhalten haben. Sie werden sich erst später, allenfalls in Ungarn oder zwischen Rumänien und Bulgarien in Sand verlieren.

Dieses Wissen genügte manchem „Austro-Australier" schon in alter Zeit zu der Schlußfolgerung, daß mit diesen Gesteinsmassen auch von dem Tauerngold etwas in die Donau kommen müsse. Und sie machten sich daran, die Donau auf ihren inneren Wert hin zu prüfen. Ausgerüstet mit vier kleinen Mölterl, einer Butte, einem Schaff und einem kleineren Schafferl sowie einem Büchserl für das zum Scheiden der Goldkörner vom Sand nötige Quecksilber, einem Leinentuch und drei Lodentüchern, einer Haue, einem Dreifuß, einer Waschbank und einem Durchwerfgatter, rückten sie dem Silberband der Donau zu Leibe und fanden, daß ihre Rückschlüsse goldrichtig waren. Sie hatten sich den weiten Weg in das Rauriser Tal oder in eines der anderen Tauerntäler erspart. Die Donau hatte ihnen das Gold herangeschafft. Von Melk bis Hainburg fanden sich Goldwäscher an den Donauufern ein. Wenngleich auch dieses Vorgehen vieler Geduld bedurfte und die Ausbeute in keinem Verhältnis zu jener der Schiffsmüller, der Mühlleute, ja nicht einmal der Fischer stand, folgten doch immer mehr Menschen dem Lockruf des Goldes. Und einige konnten am Ende ihrer „Goldgräberzeit" auf ein stattliches Ergebnis blicken. Als Beweis prangt heute noch, wohlverwahrt in der Schatzkammer von Klosterneuburg, ein Kelch aus Donaugold.

Bei Melk und Klosterneuburg wird die Au von den Anhöhen schmal gehalten. Erst nach dem Eintritt der Donau ins Wiener Becken weitet sich das Land und somit auch die Au. Für die Goldsucher stellte sie in diesem Ausmaß eine ideale Rückendeckung dar. Hier konnten sie, geschützt von Bäumen und Buschwerk, in Ruhe ihre Claims abstecken und das Donauwasser durch ihre Siebe fließen lassen, was aus der Ferne betrachtet, dem Treiben biederer Fischer glich.

Die Stromau in der Bannmeile Wiens hatte es so manchem Goldsucher angetan. Deren Verschwiegenheit und dem uneinsehbaren Dschungel ist es zuzuschreiben, daß das Wirken dieser Glücksritter und die Fundorte bis heute nahezu unbekannt geblieben sind und Wien nicht in den Ruf eines österreichischen Fairbanks gelangte. Dennoch ist uns aus dieser Zeit eine „Anleitung zur Goldgewinnung aus der Donau" erhalten geblieben.

Dabei war folgendermaßen vorzugehen:

„Den eisernen Dreifuß stellt man etwas in die Donau und noch weiter in der Donau schlägt man einen hölzernen Stecken ein. Auf den Dreifuß und den Stecken wird nun die Waschbank gelegt, und zwar so, daß sie vom Dreifuß zum Stecken hin etwas abschüssig liegt. Auf der Waschbank werden die drei Lodentücher ausgebreitet. Sie werden am Rande eingeschlagen und außerdem liegt das zweite Tuch etwas über dem ersten und das dritte ein wenig über dem zweiten. Über das dritte Tuch wird das Wurfgatter gelegt. Dieses soll vom Beginn der Waschbank bis zu den beiden Widerhalten reichen. Nun schüttet man ein Mölterl Sand auf das Wurfgatter und begießt den Sand mit Donauwasser. Der feine Sand rinnt mit dem Wasser auf die Lodentücher. Nun hebt man das Wurfgatter ab und wirft den darin verbliebenen groben Sand weg. Nachher

Der Donaugoldpokal

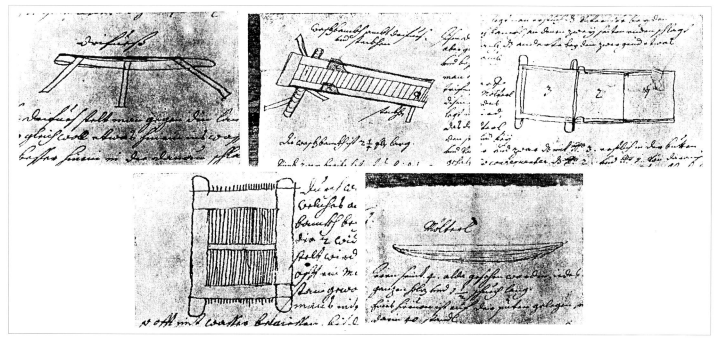

Das Rüstzeug der Goldwäscher (Anonyme Aufzeichnungen aus dem 17. Jahrhundert)

legt man das Gatter wieder auf die Waschbank und man verfährt wie anfangs. Das kann man so bis zu 40 Mal wiederholen. Danach nimmt man das Wurfgatter ab und stellt es weg. Hernach werden die Lodentücher, mit dem dritten beginnend, der Reihe nach in der mit Wasser gefüllten Butte ausgewaschen und vom daraufliegenden Sand gereinigt, aber nur eingetunkt, nicht gerippelt! Alsdann gießt man allgemach das Wasser aus der Butte bis auf den trüben schwarzen Sand. Hernach nimmt man ein sauberes Mölterl, stellt es so in die Donau, daß das Donauwasser etwas in das Mölterl fließt. Dann leert man den schwarzen trüben Sand aus der Butte in das Mölterl, spritzt noch mit der Hand Wasser in die Butte, damit sich auch der übrige Sand löse und in das Mölterl fließe. Hernach nimmt man das Gefäß mit dem Sand und hält es ganz sacht gegen die rinnende Donau und schwabt nach und nach allen groben Sand hinweg bis auf den ganz dünnen, schwarzen Sand. Sodann läßt man immerfort ein wenig Donauwasser in das Mölterl und beutelt den Sand von einem Ort des Mölterls der Länge nach an einen anderen, jedoch stößt man jedesmal mit der Hand an einen steten Ort, allwo sich die Goldkörndl nach und nach auflegen. Wenn nun im schwarzen Sand sich vom Gold nichts mehr zeigt, so wascht man denselben allgemach vom Gold hinweg bis auf den allersubtilsten Sand. Sodann läßt man gar ein wenig Wasser darauf und schwabt Gold und Gold zusammen. Hernach nimmt man etwas Quecksilber, laßt's in das Mölterl, zerreibt's mit den Fingern und vermischt's mit dem Gold und Sand so lange, bis das Quecksilber alles Gold an sich anzieht. Nun nimmt man das saubere Tüchl und läßt aus dem Mölterl das Wasser samt allem Quecksilber in das Tüchl laufen. Hernach umfängt man das Quecksilber und druckt dasselbe durch das Tüchl in ein frisches Wasser,

das in einem sauberen Mölterl ist, nach und nach alles aus, bis nichts mehr durchgeht. Was nun drinnen verblieben ist, ist gutes Gold, welches man hernach muß läutern. Das ausgedruckte Quecksilber muß man mit den Fingern zusammenführen und in das Büchserl bringen, auf daß es abermals, tunlichst mehrmals zu gebrauchen ist. Nun das ausgedruckte Gold zu einem Kügerl zusammengedruckt, legt man es in ein leinenes Fetzerl und bindet das Ganze zu einem Beutel zusammen, gleich wie man die Reliquien zu binden pflegt. Hernach nimmt man einen Marmelstein und legt ihn auf eine Glut und das in das Fetzerl gebundene Gold auf den Marmelstein. Dann legt man noch mehr glühende Kohlen unter den Stein und läßt so das Ganze einige „Vater unser" lang liegen, bis man meint, das Gold sei schon gänzlich purifiziert. Dann nimmt man das Binkerl heraus, tut das Fetzerl weg und poliert das Gold mit einem flachen Messer, wobei man das Gold in eine Runde zusammentreibt und etwas glänzend macht. Womit alles geschehen ist!"

In all der Zeit änderte sich kaum etwas an der Methode der heimlichen und auch in der Lobau heimischen Goldwäscher. Zu jeder Zeit hat noch jeder von ihnen sein Glück mit wechselndem Erfolg versucht.

Sogar im Jahre 1960 schloß noch ein Bergbauingenieur eine Schlemmanlage an einen Bagger an und gewann innerhalb eines Jahres an die zwei Kilogramm des edlen Metalls aus der Donau. Nur stand der Wert mit dem Aufwand in krassem Widerspruch. Es kam vielmehr auf das gleiche Ergebnis hinaus, als ob einem Goldgräber nach jahrelanger Mühsal die Ausbeute von einem Banditen abgenommen worden wäre und das Opfer dabei noch froh sein mußte, daß es überhaupt mit dem Leben davongekommen ist.

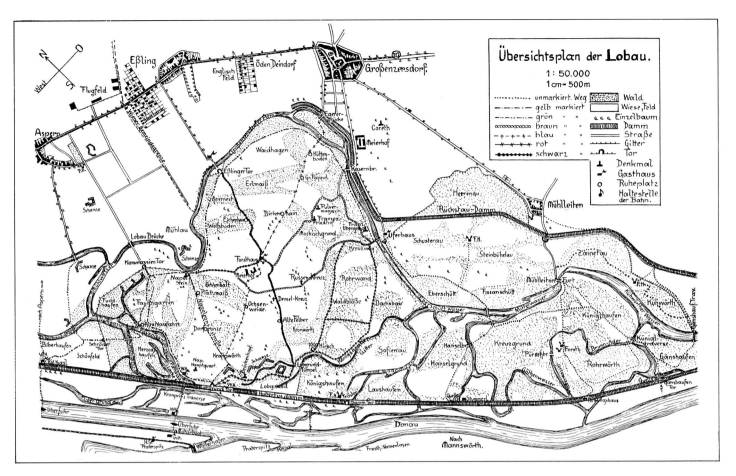

Andere Zeiten, andere Markierungen: 1927 oben, 1959 unten – und der an beiden geographischen Darstellungen ersichtbare Strukturwandel

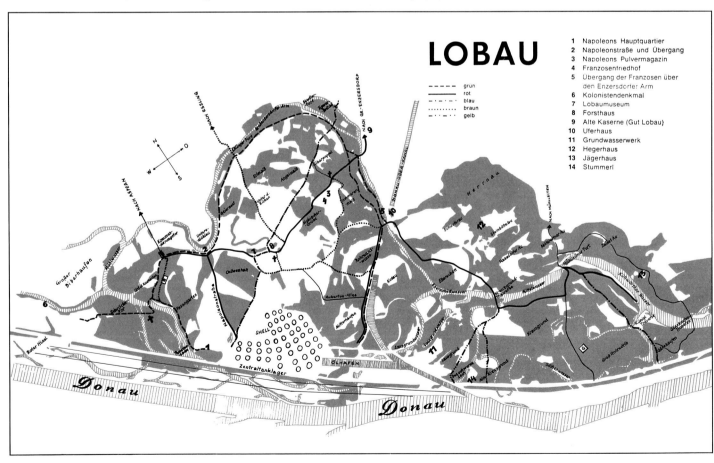

PFADFINDER, WILDTÖTER UND DER LETZTE MOHIKANER

Viele haben sich in die Lobau verirrt. Und viele haben sich in der Lobau verirrt. Die ersteren waren heilfroh, daß es sie dorthin verschlagen hatte, die andern, waren froh, daß sie von dort wieder heil herausgefunden haben. Oft war fremde oder verwandte Hilfe dazu notwendig, wie etwa im Falle einer Feuerwehrhauptmannstochter, die in der Nacht von einem Suchtrupp wieder auf den rechten Weg gebracht und aus der Au herausgeholt werden konnte. Die Feuerwehr ist ja immer für alle Fälle und nicht nur für Schilfbrände in der heißen Jahreszeit zuständig. Allein schon im Hinblick auf deren schnelles und wirkungsvolles Eingreifen hat sich die Redewendung „Der kommt wie die Feuerwehr" im Wiener Jargon erhalten. Um die Verirrungen in der Lobau halbwegs hintanzuhalten, hat sich im Jahre 1959 die Bezirksgruppe Kaisermühlen des Touristenvereins „Die Naturfreunde" eine Markierung der wichtigsten Wege zum Ziel gesetzt. Die Forstverwaltung hat daraufhin den Wegen Bänke zur Seite gestellt, um sie kürzer und weniger anstrengend erscheinen zu lassen. Neben diesen Haupt- und Radwegen, die die Lobau nach allen Himmelsrichtungen durchziehen, gibt es neben einem wunderbaren Naturlehrpfad auf dem Fuchshäufel auch noch verbotene Wege, von denen sich der Wanderer

nichts sehnlicher wünscht, als daß diese verboten werden. Denn in der Lobau ist alles verboten und alles erlaubt. Man wird immer wieder auf Erscheinungen treffen, die unter Vorweis einer Bewilligung genau das tun, was anderen nicht gestattet ist. Die Lobau ist nicht nur eine Schicksalslandschaft Österreichs, sondern auch ein Spiegelbild des gesellschaftlichen Lebens hierzulande schlechthin. Mancher Baum trägt seltsame Blüten, sprich Tafeln. Und man möchte angesichts dieser Tatsache von einem Schilderwald sprechen.

Als nach Ende des Ersten Weltkrieges die ehemaligen kaiserlichen Jagdgebiete Lobau und Lainzer Tiergarten von der Gemeinde Wien übernommen wurden, äußerte der damalige Naturschutzreferent Prof. Dr. Schlesinger in seiner Schrift „Über die Krongüter und ihre Zukunft" gegenüber der Lobau als Ausflugsgebiet einige Bedenken: „War es beim Tiergarten die Obsorge für die Bildung der Massen, welche den Grundton für die Maßnahmen angab und gebieterisch die Erfüllung der Forderung nach einem Freilichtmuseum verlangt, so kommt bei der Lobau das Moment des Massenbesuches – auch in dem selbstverständlich beschränkten Maße – weniger in Betracht. Die Auen werden sich infolge der Gelsen und der Malaria-

Beobachtungsstand des Naturlehrpfades am Fuchshäufel

gefahr, ferner infolge der ursprünglichen Wildnis und der Unmöglichkeit, sich ohne Führer zurechtzufinden, nie in der Weise verwenden lassen, wie es für den Tiergarten möglich ist."

Diese Prognose traf nicht ein. Manche Wildnis wurde zum Kummer der Romantiker gelichtet. Die Gelsen blieben uns zwar in Massen erhalten, aber in einem ähnlichen Maße fand zuweilen auch ein Zustrom von Besuchern statt.

Lobauwanderung 1975

Mit der Öffnung der Lobau wurde aber auch manche Freiheit eingeengt. In den Jahren 1974 bis 1978 veranstaltete der Niederösterreichische Naturschutzbund auf Anregung von Maria Wolf jährlich einmal eine Lobauwanderung, zu denen Hunderte Menschen aus aller Herren Länder in die Lobau gepilgert kamen. Unter Hinweis darauf, daß ein solcher Massentourismus das Wild beunruhigen könne, wurde diese Veranstaltung für die Zukunft untersagt. Man versuchte, den Besucherstrom über das ganze Jahr hin aufzuteilen oder auf die Zeit der Schneeglöckchenblüte zu beschränken. Immerhin demonstriert die jährliche Besucherzahl am besten, wieviel der Bevölkerung die Au am Rande ihrer Stadt bedeutet.

Ehe noch Joggen zur sportlichen Modeerscheinung wurde, haben schon die Lobau-Flitzer die Gegend „unsicher" gemacht. Wie aus ihrem Namen hervorgeht, handelte es sich bei diesen aufgrund ihres vorgelegten Tempos mehr um Sprinter als um Langzeitläufer.

Die Schulausflüge sind ein weiterer Beweis, wie sehr von Kindheit an die Lobau einen wesentlichen Bestandteil in der Wertschätzung und Erinnerung eines Menschen einnimmt. Wolf blieb keine Einzelerscheinung. Manche werden selbst angesichts der Tatsache, daß zwischen dem Mückischen Grund und dem Angelmaiß ein freies Feld als Wolfsboden bezeichnet wird, ungläubig den Kopf schütteln, andere wird das blanke Entsetzen erfassen, wenn sie hören, daß es immer noch Lobauwölfe gibt, die rudelweise das Gebiet zwischen Biberhaufen und Gänsehaufen durchstreifen. Wer den Lobauwölfen aber jemals begegnet ist, wird dieses Erlebnis niemals vergessen. Kein Knurren oder Zähnefletschen, kein arglistiges Herumschleichen um ein Opfer, bis dessen Schwächen erkennbar werden. Nein, im Gegenteil: Sie verfolgen zielstrebig eine Spur, lagern dort, wo es gerade am romantischsten ist und stimmen bei Sonnenuntergang statt eines Geheuls ein Lied an:

> „... Von Bergen über grüne Auen
> lohnt es sich zu schauen in die weite Welt ..."

Und ihr Gesang gipfelt in dem Bekenntnis: „Wir sind das Abenteuer."

Die Rede ist hier von der XVII. Wiener Kolonne der weltweiten Pfadfinderbewegung, die sich fürs erste einmal als Lobauwölfe bezeichnen, sich dann aber als harmlose Lobaupfadi erweisen. Die Mitglieder der XVII. Wiener Kolonne haben sich die Lobau auf ihre Fahne und auf ihre Leibchen geschrieben.

In dieser Gruppe von „Pfaderern" sammelt sich die ganze im Umkreis der Lobau angesiedelte Jugend zwischen 6 und 16 Jahren sowie Menschen, die sich über dieses Alter hinaus ihren jugendlichen Sinn bewahrt haben, und getreu den Grundsätzen des englischen Generals Baden-Powell entsprechend, Gemeinschaftssinn und Verantwortungsgefühl entwickeln sowie Toleranz gegenüber dem Mitmenschen auf dem gesamten Erdball pflegen. Vor allem, mit der Natur im Einklang zu leben, um zu überleben, ist eines der Ziele, die hier von Jugend an den einzelnen Mitgliedern anerzogen, vielmehr in ihnen gefördert werden. Denn wäre der einzelne Lobauwolf nicht von Anfang an von diesen Zielen beseelt, würde er erst einmal gar nicht in das Rudel aufgenommen werden. So aber versuchen alle Mitglieder gemeinsam, jeden Tag eine gute Tat zu setzen, auch wenn diese darin besteht, einem verletzten Tier wieder auf die Beine zu helfen. Geht doch Tierliebe eines Pfadfinders so weit, daß sie nicht nur jeden Schmerz eines Lebewesens mitempfinden, sondern sich mit Hirsch, Fuchs, Adler, Eisvogel, Biber, Fischotter und Schmetterling soweit identifizieren und ihren Gruppen deren Namen geben. Wie die „Pfadis" jeden Laut in der Natur zu deuten wissen, wissen sie auch um die Heiligkeit des Lebens eines jeden Individuums. Es gehört schon zur Tradition, daß alles in der Lobau seine eigene Sprache spricht und daß hier auch manches, was die Welt bewegen sollte, oder umgekehrt die Welt in der Seele des einzelnen bewegte, in der Lobau seine Wurzeln fand oder von hier aus seinen Ausgang genommen hat. Wie alles, was sich in der Lobau herumtreibt, haben auch die Lobaupfadis eine eigene Möglichkeit zur Verständigung. Ihr Sprachrohr ist „Kibbo Kift". Ein alter englischer Ausdruck, der unter Waldläufern soviel wie „Probe großer Kraft" bedeutet. Und dieser Kräfte bedarf es eben, um gewissen Strömungen zu trotzen oder Versuchungen übler

Edmund E. Hofmannsrichter im Kreise seiner Lobaupfadis

Zivilisationserscheinungen zu widerstehen. Die Lobaupfadis haben dies schon einigemale bewiesen, etwa bei Vergleichswettkämpfen, in deren Rahmen sie gute Plätze erreichten, einmal sogar den 2. Rang. Da gibt es dann für besonders verdienstvolle „Stammesmitglieder" den „Goldenen", „Silbernen" oder „Bronzenen Pfeil". Solche Auszeichnungen ermöglichen einen Aufstieg zu höheren Rängen innerhalb der Organisation vom Kolonnenführer bis zum Feldmeister. Zu den Festtagen wie Ostern und Pfingsten oder zu allen heiligen Zeiten, wie etwa am Geburtstag des Weltbrüderschafts-Gründers Baden-Powell, gibt es Zusammenkünfte am großen Lagerfeuer mit anderen Kolonnen. Manchmal sind die Lobauwölfe bei ihren Wolfstotemwanderungen hinter Wildtieren her, verfolgen deren Fährten, versuchen sie ausfindig zu machen, aber nicht, um sie zu töten, sondern um die Lebensgewohnheiten der einzelnen Tierarten zu erkunden. Auf diese Weise waren die Lobaupfadis bereits Bibern und Fischottern auf der Spur. Nicht immer war derartigen Expeditionen ein voller Erfolg beschieden. Von einem solchen Tag berichtete der Lobauwolf Sven Ram: „Danach haben wir Biberspuren gesucht, aber wir haben bis auf zwei oder drei Biberspuren nur Wildschweinspuren gefunden. Leider haben wir keine Gipsspuren machen können, weil die Spuren im Gatsch waren."
In anderen Fällen verliefen die Spuren im Trockenen, wenngleich auch nicht im Sand, aber jedenfalls auf festem Boden, der die Grundlage zu einer neuen Erlebniswelt darstellte und zu einer innigen Naturverbundenheit und Liebe zu allen Lebewesen führte. Über die Lobaupfadis unter der Führung ihres Feldmeisters Edmund Hofmannsrichter läßt sich daher mit gutem Gewissen behaupten, daß sie auf dem richtigen Weg zum wahren Menschen sind.

Die Lobaupfadis erfreuen sich an den verschiedensten Lebenserscheinungen, ob sie nun Bibern oder Füchsen auf der Fährte sind oder den einen oder anderen Vogelruf in die Sprache ihres Herzens übersetzen oder die Blumen als Kinder des Waldes beim Namen nennen. Sie verlassen beruhigt die Au, im Bewußtsein, kein Leben daraus gerissen zu haben, zum Unterschied von Wildtötern, gleichgültig ob es sich hier nun um Wilderer oder um Jäger aus Leidenschaft handelt.
In der Lobau finden wir den Typus vieler Landschaften wie auch die verschiedensten Menschentypen. Wir entdecken Dschungel, Prärie, Steppe und Savanne und begegnen dort Pfadfindern, Jägern, Fischern und Schatzgräbern. In der Lobau hat sich der an sich unromantische Wilde Westen romantisiert. Alles, was jemals über die Kolonialzeit der Neuen Welt geschrieben worden ist, hat hier inmitten der Alten Welt eine Neuauflage gefunden. Hier geht der „Lederstrumpf" mit dem Pfadfinder und dem Wildtöter Hand in Hand durch ein mit etwas Phantasie verzaubertes Land.
„Der letzte Mohikaner", frei nach James Fenimore Cooper, ist im Wiener Sprachgebrauch zum geflügelten Wort geworden und bedeutet soviel wie ein Nachzügler von allem und jedem. Als solcher ist auch Ludwig Weinberger anzusehen, der unter dem Namen Waluliso im Weichbild Wiens als Friedensapostel auftrat und zu einem Original aufrückte, wie es seit dem Lieben Augustin in dieser Stadt nicht mehr gegeben hat. In Wirklichkeit hat er die Nachfolgeschaft Peter Wallers angetreten und wie dieser seinerzeit in der Sprache der Bogos ein Leben mit Licht, Luft und Wasser nunmehr in umgekehrter Reihenfolge proklamiert und die Sonne als Quelle allen Lichtes hinzugefügt. So gesehen war Ludwig Weinberger der letzte Wardanieri und zugleich ein Letzter Mohikaner.

Ludwig Weinberger alias Waluliso

DER STREITBARE FRIEDENSAPOSTEL

Ludwig Weinberger wurde nach seinem Tod als das letzte Wiener Original bezeichnet. Man ist immer der Letzte von irgendetwas, wenn man zu Lebzeiten der Erste war. Dies prophezeit uns schon ein altes Bibelwort. Ludwig war zwar das zweite von zehn Kindern, aber als der Vater die Mutter verlassen hatte, war er der letzte, der einer mütterlichen Betreuung bedurfte und daher der erste, der in eine Anstalt gesteckt wurde, wenn sich nicht gerade die Großmutter für ihn Zeit nahm. Schon als Kind hatte er einen Hang zur Exhibition und Selbstdarstellung, so daß er mit 13 Jahren bereits auf der Hirscheninsel zu finden war. Die Schule war ihm ohnedies ein Greuel, weniger, was den Lehrstoff betraf als die für ihren Besuch unerläßlichen Textilien. Außerdem mißfielen ihm die ritterlichen Austragungen in den Pausen, wo plötzlich der eine über den anderen ohne ersichtliche Gründe herfiel, um seine Kraft an ihm zu erproben. Wickerl stand dem verständnislos gegenüber, er war ein Kind, dem Friedfertigkeit angeboren war. Er liebte alles, was die Natur hervorgebracht hatte und die Erde bevölkerte. Mit der Achtung vor dem Leben, wie sie vielleicht nur dem Hinduismus zugrundeliegt, ging er durch eine Welt, die ihm oft in seiner engsten Heimat fremd gegenüberstand. Um sich als Bub etwas

Taschengeld zu erwerben, verkaufte er in Ottakring – wo zu gleicher Zeit Peter Waller seine „Asische Milizzeitung" redigierte – Fliegenwedel, aber keine „Fliegenpracker", denn die lästigen Tiere sollten ja nur verscheucht und nicht getötet werden. Dies war für den späteren Vegetarier bezeichnend, der zunächst einmal bei einem Wirt zum Brotschani avancierte. Dort hielt es ihn immerhin länger als später bei einem Bauern, wo er sich zwei Wochen lang als Jungknecht verdingte, ohne von der Landwirtschaft etwas zu verstehen. Wie die Arbeitsstätten wechselt er auch die Pflegeeltern. Seine Schneiderlehre macht aus ihm bestenfalls einen „Schneider höllischer Hosen" und bei der Goldschmiederei findet er auch nicht gerade die wahren Werte des Lebens. Diese findet er erstmals als Buchbinderlehrling. Bücher sind es, die sein Leben bestimmen. Und er hätte liebend gerne in dieser Branche als Geselle weitergewirkt, wäre er nicht wie viele Tausend seiner Zeitgenossen, von der Wirtschaftskrise betroffen, arbeitslos geworden. Die Lobau war zu dieser Zeit die Außenstelle des Wiener Arbeitsamtes. Hier versuchten die Ausgesteuerten scheinbar zu beweisen, wie man von der Luft leben könne. Viele Jahre später nachdem „Wickerl" die Handelsschule mit Erfolg besucht, den Gewerbeschein für Handelsreisende erworben hatte und als selbständiger Vertreter in Reklamesachen wirkte, begann er sich selbst zu vermarkten. Nachdem er als Soldat der Deutschen Wehrmacht eingezogen, als Deserteur wieder ausgezogen und in die Wälder geflüchtet war und den Krieg als Eremit überstanden hatte, tauchte er wieder in der Lobau auf, um zu verkünden, daß man für das Leben neben der Luft auch Wasser, Licht und Sonne brauche. Aus Wickerl Weinberger war Waluliso erstanden. Dies war, laut seinen Angaben, in einem Alter geschehen, mit dem Christus gestorben war. Ludwig Weinberger-Waluliso war aber nicht „der Mann, der nach Jesus kam", sondern ein Mann, der nach dem Wardanieri-Führer Großwodosch Peter Waller gekommen war. Wie dieser wurde er aufgrund seines Verhaltens, Auftretens und seiner Aktivitäten ein Fall für die Psychiater. Mit seiner Erscheinung erregte er nicht nur Aufmerksamkeit, sondern auch die Gemüter und zuweilen sogar öffentliches Ärgernis. Es dauerte lange, bis er mit seiner Toga und in Sandalen, einem Lorbeerkranz auf dem Haupt, eine Laterne vor sich tragend, als wäre Diogenes unmittelbar aus dem Faß gestiegen, von den Polizeiorganen wie ein Staatsbesuch respektiert wurde. Später, als er die Laterne mit einem Apfel des Paradieses tauschte und mit einem glöckchenbehangenen Friedensstab durch die Gassen Wiens schritt, kündete stets ein zartes Geklingel sein Kommen an, das dann allenfalls von der Pummerin übernommen wurde.

Gleichgültig zu welcher Zeit jemand durch Wiens Innenstadt schlenderte: Waluliso begegnete ihm mindestens einmal wie ein Gewissen der Zeit.

Mit seinem Geläute zog er Menschen an, um eine Predigt gegen die Atomkraft, Umweltzerstörung, Aufrüstung, Kriegshetze, Maßlosigkeit und Unersättlichkeit loszulassen und einem gesunden Leben in Demut das Wort zu reden.

Ohne jemals die Wirtschaftsuniversität absolviert zu haben, allein mit seinem Gewerbeschein als Handelsvertreter, hatte er längst schon begriffen, daß es einer grundlegenden Umstrukturierung von Wirtschaft und Moral bedürfe, um die Menschheit vor neuen Kriegen und dem endgültigen Chaos zu bewahren. Er bezeichnete die Präsidenten der Weltmächte als Kriegsverbrecher und teilte moralische Ohrfeigen nach allen Seiten aus.

Er kreuzte bei Maiaufmärschen genauso wie bei Friedensdemonstrationen auf. Wo er nicht der erste war, dort war er eben der letzte.

Vergeblich versuchte er bei einer Bundespräsidentenwahl zu kandidieren oder zumindest im Fernsehen eine viertelstündige, in regelmäßigen Abständen erfolgende Sendung zu erreichen. Während die einen meinten, die Welt bedürfe mehr solcher Menschen vom Schlage Walulisos, meinten andere, einer wäre schon zuviel. Um den einen aber der Welt im Gedächtnis zu erhalten, hat ihn ein Schweizer Bildhauer verewigt.

Wo immer sich auch die Schickeria zusammenfand, dort fand sich auch Waluliso ein. Sogar eine Schallplatte besprach er gemeinsam mit Persönlichkeiten aus dem öffentlichen Leben. Manche Gesellschaft erfuhr durch Walulisos Erscheinung erst einen besonderen Glanz. Er hatte lange darum gekämpft, nun galt er als Steinchen im österreichischen Mosaik und als Rädchen im Uhrwerk des herrschenden Zeitgeistes wie jeder, der durch irgendetwas, und sei es durch die Bloßlegung eines Körperteiles, in das Bewußtsein der breiten Masse gedrungen und somit zu einem österreichischen Güte- und Qualitätszeichen geworden war.

Der Prediger von Liebe und Frieden geriet dabei sehr häufig mit seinen Zuhörern derart in Streit, so daß seine Ausführungen manchmal in ein verwirrendes Kauderwelsch endeten. Viele Gäste aus dem Ausland haben die Kunde in die Welt hinausgetragen, daß Wien neben dem Stephansdom auch noch eine andere Sehenswürdigkeit besitze. Es gehörte wahrlich auch einiger Mut dazu, für seine Selbstdarstellung einesteils nackt, andernteils als Waluliso verkleidet zu erscheinen. Die Freizeit, also jene Zeit, in der Weinberger als Pensionist seiner Mission nachging, verbrachte er nach wie vor während des Sommers in der Lobau. Tobte auch draußen in der Welt noch immer der Krieg und erreichte mit den Spitzen seines Lärms das glückliche Österreich, so sah Waluliso seine Aufgabe darin, nicht nur dagegen aufzutreten, sondern auch innerhalb der Insel der Seligen für die Hirscheninsel und später zwangsläufig für die Donauinsel als Erholungsraum einzutreten. Daß er dabei immer wieder in ein Gezänk geriet, ist das besonders Tragische im Dasein eines Friedensstifters. Wie oft hatte man dem „Geltungssüchtigen", dem „Gschaftlhuber", dem „Eindruckschinder" böse Worte und Flaschen nachgeworfen oder angetragen, ihm andere indes Respekt erwiesen. Einiges Verständnis fand er auch bei den Stadtvätern, die der Meinung waren, daß zum Image Wiens eine gute Schnapsidee und ein paar Narren gehören. Waluliso erwirkte tatsächlich mit einer von ihm gestarteten Unterschriftenaktion, daß eine Brücke vom Festland auf die Donauinsel gebaut werde, freilich an einer anderen Stelle, als er gewünscht hatte. Darüber war nicht nur er enttäuscht, sondern offenbar auch die Reichsbrücke vor Ärger eingestürzt. Waluliso hatte die Welt bewegt, sich zumindest in deren Kielwasser begeben, die tatsächlich die Welt bewegten. Bei der Premiere des „Gandhi-Filmes" mischte er sich ungeladen unter die geladenen Gäste. Waluliso machte zeitlebens viel Wasser um sich, dabei waren ihm die Mitmenschen nicht Luft, und er holte gerne sein Licht unter dem Scheffel hervor, um sich in dem der anderen zu sonnen, gleichwohl ob sein Auftreten erwünscht oder unerwünscht war. Er ging wie ein Fakir über ein Nadelbrett. Seine Haut war dick und fest geworden. Er konnte den Wünschen nach Photos und Autogrammen gar nicht mehr nachkommen. Auf dem

Messegelände liefen ihm die Aussteller nach, um sich ihre Produkte von Waluliso absegnen zu lassen. Man sagte Waluliso sogar einen Sekretär nach, der ihn über die wichtigsten Veranstaltungen in der Stadt am laufenden hielt. Um Auftritte auch auf dem Lande zu ermöglichen, legte er sich einen Landrover zu. Ludwig Weinberger war als Waluliso ein Erfolg beschieden, um den ihn manche Dichter, bildende oder darstellende Künstler und Politiker beneideten. Er war in und vor Parlament, Rathaus, Staatsoper und Burgtheater als selbsternannter Star zu finden. Und was das wichtigste war, er verkündete den Frieden und erteilte den Menschen, die an ihn glaubten, mit seinem paradiesischen Apfel den Segen. Zwiespältig wie jeder Mensch konnte er selbst nicht als Nachbar im Frieden leben. So strengte er gegen die in seinem Wohnhaus seßhaften Wirtsleute einen Prozeß an, weil diese dem eingefleischten Vegetarier die Rauchschwaden aus dem Grillofen mit dem Beigeschmack von Koteletts und Stelzen in seine Wohnung lieferten. Der Asket fühlte sich auf diese Weise vom Teufel herausgefordert, denn auch in Ludwig Weinbergers selbstgeschaffener Religion hatte der Teufel seinen Stammplatz, nur Gott war in der Gestalt der allmächtigen Natur zu sehen – und Waluliso deren Prophet. Der Mensch und Privatmann Ludwig Weinberger sprach daher auch von Waluliso nur mit höchstem Respekt in der dritten Person.

Nichts Menschliches war daher dem Waluliso fremd. Auf der Höhe seiner Popularität wurde er einmal vor dem Rathaus von einem Journalisten angesprochen, wann er sich denn wieder einmal in der Lobau zeige und ob er sich für eine Aufnahme zur Verfügung stelle. Die Antwort hörte sich wie bei der Vereinbarung eines Rendezvous mit einer Dame zweifelhaften Rufes an: „Geben Sie mir Ihre Adresse. Ich schicke Ihnen einen Erlagschein. Sie zahlen nach Ihrem Gutdünken etwas ein. Und ich gebe Ihnen dann den Termin und Treffpunkt bekannt."

Waluliso, das letzte Wiener Original!? Undenkbar, daß Wiens erstes Original, der liebe Augustin, gesagt hätte: „Erst waunst ma an Doppler zahlst, laß i mi in de Pestgruam falln."

Die Helden der Lobau – und Waluliso wurde einmal, zumindestens von den Naturisten, als „Der König der Lobau" bezeichnet, sie alle, die vor ihm gekommen waren oder nach ihm kamen, sind aus dem selben Holz geschnitzt. Die Lobau war immer schon die Brutstätte der sonderbarsten Käuze.

Waluliso war in gewisser Hinsicht die Fortsetzung des Gedankens, mit dem Gustav Schneiberg sein Kreuz gesetzt hatte.

Mit Waluliso opferte sich ein Mensch, indem er den Tod der Lächerlichkeit auf sich nahm, um im Bewußtsein mancher Menschen als Vorkämpfer des Friedens weiterzuleben.

Waluliso vor seinem Lobauer Domizil

DIE ÖLPRINZEN

Nachdem im Jahre 1930 in der „Prärie" des Weinviertels Öl entdeckt worden war, bemächtigte sich eine Gruppe Schweizer und Wiener Unternehmer unter dem Namen Erdölproduktions-GmbH (EPG) und in der Folge die Rohölgewinnungs-Aktiengesellschaft (RAG) der Quellen des Schwarzen Goldes zur weiteren Verarbeitung und Verbreitung.

Das Jahr 1938 brachte Österreich und somit auch der hiesigen erdölverarbeitenden Industrie neue Herren. Die Wirtschaftliche Forschungsgesellschaft (WIFO) Berlin erkannte bald am Schnittpunkt der historischen Handelswege von Bernsteinstraße und Limes den idealen Umschlagplatz für ihre Produkte, die für den im Jahre 1939 ausgebrochenen Krieg besondere Bedeutung zukamen. Der Dschungel nahe der Großstadt gegenüber der nur durch die Donau getrennten Raffinerie Schwechat bot sich förmlich als idealer Standort dafür an. Was das Abweichen von der Marchmündung betraf, versuchten die neuen Herren, den Wasserweg durch den Bau eines Donau-Oder-Kanals und Ölhafens wettzumachen. Wurde anfangs das Rohöl auf dem Wasser- und Schienenweg herbeigebracht, kam es nun mittels Rohrleitungen in die Au, ohne Rücksicht auf die urwüchsige Landschaft.

Genausowenig wie die eigenen Volksgenossen befragt wurden, ob sie gegen dieses Projekt in ihrem beliebten Ausflugsgebiet etwas einzuwenden hatten, wurden schon gar nicht die Kriegsgefangenen und Deportierten aus den besetzten Gebieten wie Polen, Jugoslawien und Rußland gefragt, ob sie gewillt seien, hier zu arbeiten. In dem rasch errichteten Zwangsarbeitslager herrschte bald Hochbetrieb. 40 Stahlbehälter mit einem Fassungsvolumen von jeweils 4000 Tonnen Rohöl mußten ins Erdreich versenkt und mit einem Beton- und Erdmantel umgeben und mit Bäumen bepflanzt werden. Vom Bahnhof Stadlau wurde ein Schienenstrang in die Lobau verlegt und ein Rangierbahnhof errichtet. Darüber hinaus fraß sich ein Bagger von der Donau quer durch die Au bis in das Marchfeld hinein, und versuchte, die Verbindung mit der Oder herzustellen. Wer an die Verwirklichung dieses Projektes glaubte, wurde genauso enttäuscht, wie jene, die hofften, daß die dermaßen getarnten Ölbunker von den alliierten Bomberpiloten nicht ausgenommen würden und Großdeutschland der Endsieg beschieden wäre. In dem Zeitraum von 1942 bis 1945 schlugen über 300 Bomben in das Areal des Zentraltanklagers ein. Als die Sowjets das Ende des Krieges zu ihren und deren Mitstreiter Gunsten

Auf dem Lobgrund heutzutage

125

entschieden, fühlten sie sich in dem von ihnen eingenommenen Gebieten als die Besitzer des einstigen deutschen Eigentums. Nun durften die Österreicher statt der Zwangsarbeiter auf dem Areal des Tanklagers und der Raffinerie Lobau arbeiten, nachdem sie die Rohrleitungen und Kabel notdürftig „zusammengeflickt" und die Bombentrichter zugeschüttet hatten. Es gab keinerlei sanitäre Anlagen. In desolaten Baracken, ausrangierten Eisenbahnwaggons und unterirdischen Gewölben mußten zunächst einmal die „neuen" Betriebs- und Werksgebäude errichtet werden.

Nach dem Krieg hatten sich nur wenige an ihrer alten Arbeitsstätte in der Lobau eingefunden. Und neue Mitarbeiter konnten nur mit einer Schwerarbeiterlebensmittelkarte und einer zusätzlichen monatlichen Lebensmittelhilfe in die Wildnis gelockt werden. 3,8 kg Zucker, 10 kg Mehl, 1/2 Liter Speiseöl, 1 kg Erbsen und ebensoviele Bohnen wogen alle Beschwernisse auf. Improvisation war in den Jahren der größten Not das Zauberwort und Viktualien die beliebteste Währung. So gelang es dem damaligen „Manager", einige Fässer Benzin und Dieselöl gegen fünf Kühe, einen Ochsen und ein Pferd einzutauschen. Die Tiere wurden gleich an Ort und Stelle geschlachtet. Das Fleisch kam unter der Belegschaft zur Aufteilung. Gekocht wurde in einer Höhle des Hubertusdammes, der bei Überschwemmungen die einzige

Zufluchtsstätte war. Anders wären die „unter Tag" in den Stollen Beschäftigten wohl Opfer jenes Elements geworden, mit dem sie andernfalls das von ihnen so gefürchtete Feuer bekämpften.

Wenn immer wieder über die Russen von Bären gesprochen wurde, so darf ruhig, was die damaligen Österreichischen Regierungsmitglieder betraf, von Füchsen geredet werden. Sie erklärten nämlich, nachdem der sowjetische Oberbefehlshaber die Ölvorkommen in der vormaligen Ostmark als sowjetischen Besitz deklarierte, den begehrten Bodenschatz einfach zum österreichischen Staatseigentum, so daß sich die Sieger nach und nach bequemten, mit den „unterworfenen Eingeborenen" eine Partnerschaft einzugehen, was mit einem sowjetischen und einem österreichischen Verwaltungsbeamten zum Ausdruck kam.

SMV galt nun als Kurzbezeichnung für Sowjetische Mineralölverwaltung und für eine Firma, bei der Österreich Besitzer und die Sowjetunion Verwalter war. In dieser Zeit wurde zwangsläufig auch viel Mist gebaut, etwa als beim Verschub eines Tankzuges ein hölzerner Stöpsel nach Art von Waschtrogstoppeln aus dem Ablaßhahn eines Waggons sprang und die ganze Füllung freigab. Was hier ungewollt vor sich gegangen war, wurde in der Folge mit der Aktion „Masut" bewußt herbeigeführt. Dieses gestockte Restprodukt mußte zum Zweck

Beim Ölhafen

„Wo die Oder in die Donau mündet"
So wie diese Behauptung nicht den Tatsachen entspricht,
konnte auch der Jahrhunderte alte Wunschtraum von einem Donau-Oder-Kanal
bislang nicht verwirklicht werden.

der Umfüllung auf 40 Grad Celsius erwärmt werden. Da hiefür nur eine alte Dampflok zur Verfügung stand, der Druck seitens der Pumpen aber vehement einsetzte, zerriß es zuweilen Dichtungen, und die breiige Masse verwandelte das vormalige Gebiet des Lobgrundtümpels in einen wahren Sumpf. Es geschah nicht einmal, daß den daran unmittelbar Beteiligten die vor kurzem noch frisch gefaßten Stiefel im Morast stecken blieben und die davon Betroffenen gezwungenermaßen für den weiteren Weg in Socken auf die dergestalte Seife stiegen. Dadurch verlor auch das in Aussicht gestellte Dopplergeld seinen Reiz.

Es war dies ein langer Leidensweg und mutet heutzutage, da die meisten Wunden verheilt, wie ein Computerspiel an, bis aus EPG und RAG über WIFO und SMV nach dem Abzug der sowjetischen Besatzungsmacht endlich die ÖMV, also die Österreichische Mineralölverwaltung wurde.

Gleichzeitig läßt sich darüber hinaus nicht nur die verschlüsselte Botschaft eines Betriebes, sondern auch das Schicksal einer für ein ganzes Land spezifischen Landschaft lesen, in der dieser Betrieb seinerseits ein Schicksalsschlag bedeutete. Die Sowjets waren in den Jahren 1947 bis 1956 mehr oder weniger die Herren, ob es sich dabei um Führungskräfte oder Unterläufer handelte. Manche versuchten auch unter der Flagge der Gleichheit ihre Geschäfte zu machen. So geschah es eines Tages, daß einige Besatzer ein Faß Benzin abfüllen wollten, und um lästige Zeugen aus dem Weg zu schaffen, die österreichischen Arbeiter in eine Baracke trieben, während sie selbst in einem dunklen Gewölbe eine „Linke machten". Ein offenbar zerstreuter Professor versuchte zu erkunden, ob denn das Faß nicht bald voll sei und leuchtete mit einem brennenden Zündholz in das Zapfloch. Dabei entzündeten sich die Dämpfe, und die ganze Gesellschaft mit beschränkter Haftung flog in die Luft. Zum Glück kam jeder wie durch ein Wunder mit dem Leben davon.

Die Arbeiter des Tanklagers saßen zu jeder Zeit auf ihren Bezinfässern gleichsam auf Pulverfässern, egal, wer nun die Herren dieser Energiequelle waren. Auch später, als die ganze erdölverarbeitende Industrie hierzulande in österreichischen Händen war, geschah ein ähnlicher Unfall, als einem Beschäftigten bei Verladearbeiten das Feuerzeug aus der Brusttasche fiel. Daß es zu keinen größeren Katstrophen kam, ist dem stets raschen Eingreifen der Betriebsfeuerwehr zu danken. Einmal mußte freilich die Wiener Zentralfeuerwehr angefordert werden, als am 2. Jänner 1979 nach einer Explosion eines Tankwagens beinahe die ganze Füllstation abgebrannt wäre. Aber mit vereinten Kräften bekamen die tüchtigen Floriani-Jünger auch diesen Ausbruch unter Kontrolle. Eineinhalb Jahre später, als der Umweltschutzgedanke mehr und mehr in das Bewußtsein der Bevölkerung drang, traten aus der lecken Pipeline beim Großen Schilloch 200.000 Liter Heizöl aus. Obwohl man seitens der Verantwortlichen von einem Glück sprach, daß es sich bei der ausgetretenen Flüssigkeit um schweres Heizöl handelte, das schneller verdickt und daher langsamer versiege als leichtes Heizöl, konnten die Anrainer aufgrund der Qualität ihres Trinkwassers diese Glücksgefühl nicht teilen. Der „Wiener Kurier" berichtete über den Einsatz, mit dem man dieser Umweltkatastrophe schließlich Herr wurde: „Das Bindemittel, mit dem sie das Öl zu neutralisieren beabsichtigten … Sägespäne … hatte der Chef einer Sargtischlerei geliefert …"

Die siebziger Jahre hatten ja wahrlich nicht ermutigend für die Umweltschützer und Lobaufreunde begonnen. Die Shell-Austria wurde auf ihrer Suche nach einem geeigneten Standort für ihre bisherige Niederlassung in Floridsdorf von der zuständigen Magistratsabteilung in die Lobau eingewiesen. Und die ÖMV selbst sah sich zu einer Vergrößerung ihres Areals veranlaßt.

Neben ausgeronnenen Tankwaggons, die, wie es in Zeitungsberichten hieß, „aus den Schienen gesprungen" waren, und Tankwagenunfällen sorgten auch private „Ölprinzen" unter der Gunst von „Stadtkaisern" jahrelang für einen saftigen Boden, indem sie ihre Altöle und Batterien einfach in Bombentrichtern entsorgten und auf diese Weise eine Umweltbombe auf Zeit beschworen.

Böse Folgen zeitigten die Arbeiten in den unterirdischen Objekten, wo die sogenannten „Maulwürfe" den üblen Dämpfen ausgesetzt waren und die Luftzufuhr künstlich erfolgte. Diese Arbeitsräume unter Tag mußten bald, nachdem das Arbeitsinspektorat bei einigen Arbeitern Veränderungen im Blutbild entdeckt hatte, aufgelassen werden.

Trotz außerordentlicher Erfolge auf dem Gebiete der Petrochemie: Die Luft, die vom Fluß und aus dem ihm zur Seite stehenden Wald kommt, vermögen selbst die geschicktesten Physiker und Chemiker bis heute noch nicht aus der Retorte zu zaubern und somit zu ersetzen.

DIE WASSERMÄNNER

Wassermänner sind normalerweise Gestalten aus dem Sagenreich, also „unnatürliche" Erscheinungen in der Natur, ähnlich den Donaunixen. Man könnte ihr Schicksal dermaßen darstellen: Einige Wassermänner suchten einmal eine Ortsveränderung und gingen bei Hochwasser an Land. Weil sie dort soviel Neues für sich entdeckten, bemerkten sie nicht, daß sich inzwischen die Donau in ihr Bett zurückgezogen hatte. Da bcficl sic Angst und Panik, daß sie nicht mehr in ihr Element zurückkehren könnten und verirrten sich nur noch mehr im Gestrüpp der Au. Seither sind sie auf der Suche nach dem Wasser, das sich immer mehr von ihnen zurückzieht und in den Boden versinkt, wie aus Scham, daß es den Männern nicht genug Geborgenheit hatte bieten können und gleichsam als Strafe für deren Untreue.

Die Wahrheit hört sich anders an und ist bei Gott nicht weniger sagenhaft. Die Untere Lobau wurde bekanntlich im Jahre 1946 zum Teilnaturschutzgebiet erklärt. Damit war die Untere Lobau mehr unter Schutz gestellt als die Obere, die nur als Landschaftsschutzgebiet galt, und mehr der menschlichen Willkür ausgeliefert war. Bei einem Teilnaturschutzgebiet, sind die Gesetze weniger dehnbar und schränken daher Zugriffe durch die öffentliche Hand etwas ein. Dennoch wird etwaigen Umwidmungen ein Freiraum gewährt. Der Umstand, daß die Untere Lobau ein Naturschutzgebiet war, trug zu einer besseren Qualität des Grundwassers bei. Und gerade das war es, was die natürlichen Wassermänner in einer Zeit, da der Wasserhaushalt der Großstadt die Kapazität der bereits bestehenden Hochquellenwasserleitungen zu übersteigen drohte, zwangsläufig auf die Idee brachte, die Lobau anzuzapfen und hier ein Grundwasserwerk mit all den dazugehörenden Sateliten zu errichten, zumal Verhandlungen mit der Niederösterreichischen Landesregierung zwecks eines Grundwasserwerkes im Steinfeld ergebnislos verlaufen waren. Dabei wurden bereits im Jahre 1937 Teile der Unteren Lobau vom Bund der Gemeinde Wien mit der Auflage eines Naturschutzgebietes überantwortet. Ungeachtet dessen zog man die Lobau nach mehreren wasserbiologischen Untersuchungen als Quellgebiet für Wiens Wasserversorgung in Betracht. Ausgehend von einem Grundwasserwerk Lobau, sollte zu den bereits bestehenden Hochquellenwasserleitungen eine Niederwasserleitung geschaffen werden. So gesehen sollte die Lobau die Stadt mit den „Grundnahrungsmitteln" in Form von Brot und Wasser versorgen. Dem Landwirtschaft-

Beim Lausgrundwasser

lichen Gut Lobau wurde einfach angewiesen, ihre Äcker und Felder fortan nicht mehr mit Pestizidien und Kunstdünger zu bearbeiten, sondern auf biologischen Ackerbau umzusteigen. Von den Verantwortlichen des Zentraltanklagers konnte man freilich nicht erwarten, daß sie die dort gelagerten Ölreserven zu Speiseöl verfeinerten. Denn das hätte das Salz auf dem Brot und somit die Würze dieser Geschichte bedeutet.

In einem Bulletin der Wiener Wasserwerke heißt es: „Der Naturschutz hat diese rund 1200 Hektar große, mit Wald, Wiese und Buschwerk bedeckte Fläche vor allen zerstörenden Einflüssen der Zivilisation bewahrt." Das war

einst noch der Fischotter herumgetrieben hatte und nun der Segen der Zivilisation nicht mehr zu verleugnen war. Ein leichter Schauder mag den romantischen Naturliebhaber überkommen, wenn er erfährt, daß neben den durch die Au geschlagenen Schneisen 15 Kilometer Hochspannungsleitungen sowie 25 Kilometer Fernmeldekabel zu den hiefür nötigen Masten versponnen worden sind. Über die in die Erde verlegten Rohrleitungen war freilich bald Gras gewachsen, und neue Fahrwege führten zu Grundwasserspiegel-Meßstellen. Nach und nach versuchte der Auwald auch wieder von seinen angestammten Gründen Besitz zu ergreifen. Die Wunden heilten hier um

Das Grundwasserwerk

Pumpstation Abgerissener Gänsehaufen

neben der drückenden Wassernot der Grund, hier ein Grundwasserwerk zu errichten. Das Prädikat „Naturschutzgebiet" wurde einfach in „Wasserschutzgebiet" umgewandelt, und es gab eine Gebots- beziehungsweise Verbotstafel mehr. Im Jahre 1964 trat das vertraute Bild von Baggern und Baufahrzeugen in der Lobau wieder einmal mehr in Erscheinung. Zu Wasser, zu Lande und in der Luft kam es zu technischen Maßnahmen. Rohr- und Stromleitungen wurden verlegt und sorgfältig isoliert, damit es zu keinem Kurzschluß komme. Lediglich die Donau selbst hielt sich nicht an die Bauvorschriften und demonstrierte 1965 ihre wahre Stärke, so daß es nicht bei dem Grundwasser blieb und der geplanten Trinkwasserzufuhr von manchen Pessimisten eine Zukunft als Hochwasserquellenleitung vorausgesagt wurde. Dennoch konnte ein Jahr später das Hebewerk sowie der Wasserbehälter mit einem Fassungsraum von 30.000 Kubikmeter in der Nähe des Lausgrundwassers durch Bundespräsident Franz Jonas und Wiens damaligen Bürgermeister Bruno Marek eröffnet werden. Der „Durchschnittswiener" hatte aber damit eine neuerliche Bestätigung erhalten, daß man, wenn man viel Wasser trinke, Läuse im Magen bekomme. Gleichzeitig waren auf dem Kreuzgrund, auf dem Großen Rohrwörth und auf dem Gänsehaufen weitere Brunnen entstanden. Im Zuge dieser Bauarbeiten wurde auch die einst so romantische Künigltraverse verpflastert, wo sich

die Kahlschläge von Pumpstationen tatsächlich wie in Rudyard Kiplings „Dschungelbuch" über eine versunkene Stadt – oder wie Baumrinde über eine Verbotstafel. In Wahrheit aber gelang der Natur bloß die Tarnung einer technischen Einrichtung. 1978 konnte die Untere Lobau alsdann mit gutem Gewissen endlich zum Vollnaturschutzgebiet erklärt werden.

Das Grundwasserwerk war für Wien zweifellos zu einer Notwendigkeit geworden und förderte daher nichts Überflüssiges zutage. Ob dabei ausgerechnet die Lobau mit einer neuen Betriebsansiedlung hatte beglückt werden müssen, ist aus bundesweiter Sicht eine andere Frage. Die Feststellung, daß sich das Wasser der Lobau mit jenem des Schneebergs und des Hochschwabs durchaus messen konnte, ist ein Qualitätssiegel, über das man besser schweigen als streiten kann. Es ist nur sonderbar, daß das knapp vor Niederösterreichs Grenzen aufgefangene Wasser auf einer Rohrlänge von 12 Kilometern dreieinviertel Stunden benötigt, um in das Wiener Hauptverteilungsnetz zurückzugelangen. Damit ist den Wassermännern erstmals eine teilweise Rückkehr des Flusses gelungen, wenn man in Betracht zieht, daß es sich hier ja im Grunde um gefiltertes Donauwasser handelt. Zumindestens auf der Strecke in der Höhe Wien – Groß-Enzersdorf ist die Donau unbestreitbar ein Fluß mit Wiederkehr.

VIVA BONITO

Benito gilt als italienischer beziehungsweise spanischer männlicher Vorname. Bei Bonito handelt es sich in unserem Fall um einen weiblichen Nachnamen. Der vollständige Name der Heldin dieses nicht unwesentlichen Kapitels in der Geschichte der Lobau lautet Erika Bonito. Sie ist Österreicherin, die in der Wildnis der Großstadt Problemlösungen nach mexikanischer Art erlebte, ohne daß sie selbst einen Anlaß zu Vivat Rufen fand.

Der im Wonnemonat Mai im weniger von Wonne erfüllten Kriegsjahr 1940 in Aspern geborene Gastwirtstochter, war eine besondere Gabe in die Wiege gelegt worden, nämlich Gastfreundschaft, die sich vor allem in einer Aufgeschlossenheit und Vertrauensseligkeit gegenüber Menschen äußert. Schon als Kind, wenn sie hinter Vaters Schank hervorkroch, zog es sie immer in die nahe Lobau, als ahnte sie damals schon, daß man hier eigentlich seine Zelte aufschlagen müsse. Diesen Wunsch konnte sie sich erst zu Weihnachten 1965 erfüllen. Damals war der Kaufvertrag mit dem Daschovsky, dem letzten Besitzer der Waldschenke Navorzy, dem einstigen Wohnhäuschen des oberstjägeramtlichen Plättenführes abgeschlossen worden, und Erika Bonito konnte sich den Schlüssel zum „Wirtshaus im Spessart" unter dem Christbaum hervorholen. Von der Saltenstraße, wo sie mit ihrer Familie wohnte und die nach dem Dichter des „Bambi" benannt ist, war es ja nur ein Katzensprung bis zum Kommassierungstor. Und dort stand bereits, „Unter den Kastanien" das Gasthaus „Zum schönen Platzl". Es war dies bei Gott ein herrliches Platzerl, das von den Ausflüglern, Fischern, Jägern, Forstleuten und Landarbeitern und Schulklassen in der Zeit zwischen den ersten Schneeglöckchen bis zum ersten Schneefall gerne aufgesucht wurde. Die Bonito bereute es bisher keineswegs, daß sie jahrelang gespart, ihren Verdienst als Verkäuferin sorgsam zusammengelegt hatte, um sich diesen Wunsch zu erfüllen, um endlich als Wirtin Wundermild am Brunnen vor dem Tore, direkt zum Eingang in die Lobau leben zu können. Alles, was in der Lobau Rang und Namen hatte: Jagdgehilfe, Förster, Oberförster, Forstrat; Franz Antonicek, Anton Klein, Rosemarie Isopp und so weiter, gaben sich „Zum schönen Platzl" ein Stelldichein. Es war leider zu schön, das schöne Platzl, so daß zu viele ein Auge darauf warfen und es für sich begehrten. Bonito

Erika Bonito

hätte dieses Platzerl wohl auch mit ihrem Leben verteidigt. Nicht umsonst hieß sie Bonito. Ihr Name hatte eine Vorbedeutung; diese verhieß aber Schall und Rauch mit ungewöhnlicher Bedeutung. Es blieb für viele unverständlich, warum sie ihren Sohn nicht auf Benito hatte taufen lassen. „Benito Bonito", was hätte das für einen Klang ergeben mit nur einem Namen, der doppelt gehalten hätte, was er versprach! Man hätte allein schon beim Anhören dieses Namen die Carretas durch die staubige Sierra Madre an mannshohen Kakteen vorbeiziehen gesehen, die Stufen zur Kirche von Sapaluta mit den feilschenden Händlern, das bunte Treiben auf dem Marktplatz, die geduckt ihre Lasten tragenden Indianerfrauen, die stolzen Caballeros unter ihren breitkrempigen Sombreros – und wie plötzlich ein Mestize den Colt zieht und einer von den Banditos zu Boden fällt; wie ein anderer eine Brandfackel durch das Fenster wirft und bald darauf einige Damen kreischend aus dem Saloon stürzen. Dazu ungerührt die dahinplätschernde Musik einer Kapelle, die zur Fiesta aufspielt. All das, was uns B. Traven in seinen Büchern geschildert hat, wird allein mit Vor- und Nachnamen beschworen. All das, was unglaublich weit weg liegt, auf einem fernen Erdteil, und sich in einem anderen Kulturkreis bewegt.

Wir wollen vergessen, daß dort, wo der Prophet nicht zum Berg geht, der Berg zum Propheten kommt. In der Lobau gibt es keine Berge, die man versetzen könnte. Das hat sich spätestens herausgestellt, als das Wasser vom Schneeberg und Hochschwab kommend, für den Bedarf der stetig wachsenden Großstadt nicht mehr ausreichte. Also ging man der Sache auf den Grund und kam auf das Grundwasserwerk. Im Gegensatz zum Tanklager wurde das stille Örtchen vom schönen Platzl als überaus gefährlich für die Trinkwasserqualität befunden. Man trat an Bonito mit dem Ansinnen heran, das schöne Platzerl zu räumen. Bonito, hinter der Theke stehend, fühlte sich wie von einer Kugel getroffen. Ein Märchen aufgeben, einen Treffpunkt von Jägern und Wilderern veräußern: Das war zuviel, was man da von ihr verlangte. Bonito – geneigte Leser, vergeßt, daß sie Erika heißt, denkt lieber an Kapitän Kaiman, an jene tolle Frau, die in Hosen steckte und ihren Mann stellte! – Bonito suchte Verbündete in Naturschützer- und Naturfreundkreisen.

Als der erste Schnee auf das Dach des „Schönen Platzl" fiel, zogen die Bonitos wie jedes Jahr in ihr Winterquartier in die Saltengasse, nicht ohne „So leb denn wohl, du stilles Haus" zu singen und setzten ihre Hoffnung in das neue Jahr. Sie kehrten immer erst mit den längeren Tagen in ihr „Land des Frühlings" zurück.

Das Jahr 1974 begann wie alles Neue. Aber am 9. Februar, als Erika und Karl Bonito ihrer Hochzeitsnacht gedachten, schrillte das Telephon. Der Jagdgehilfe sprach am anderen Ende: „Eure Hütte brennt!"

Erika Bonito sah alsbald ihr Lebenswerk in Flammen. Sie stand vor dessen Trümmern. Sie griff mit bloßen Händen in die Glut, um endlich aus dem bösen Traum zu erwachen. Aber es blieb bei der brutalen Wirklichkeit. Und diese setzte sich in der Folge ebenso brutal fort. Bonito bekam von der zuständigen Magistratsabteilung den Bescheid, die Brandstätte unverzüglich zu säubern und die noch in fester Form erhaltenen Gegenstände wegzuschaffen. Bei Nichteinhaltung der Frist sei eine Strafe zu erwarten. Gezeichnet war der Akt von irgendeinem seine Pflicht erfüllenden Beamten.

„Findet den Brandstifter", rief man eine Zeitlang in Anlehnung an den bekannten Hilferuf „Haltet den Dieb". Der Brandstifter wurde nie gefunden. Auch der Verdacht, Bonito hätte fahrlässig gehandelt, konnte entkräftet werden. Im Gegenteil: Vor Lokalsperre wurde jeder Abfallkorb auf Zigarettenstummel hin untersucht. Außerdem war das ganze Anwesen samt Inventar unter seinem Wert versichert, so daß niemand auf den Gedanken kommen konnte, man hätte hier ein Haus „warm" abtragen wollen. Zu dem kam noch, daß die Bonitos ihre Wirtschaft schon vor Monaten verlassen hatten. Also blieb die Sache ungeklärt, mysteriös, fast so unwahrscheinlich, als ob ein Berg ins Tal gestiegen wäre.

Das „Schöne Platzl", das im Gebirge „Zur schönen Aussicht" geheißen hätte, war zum Quellgebiet geworden. Bonito betrieb später von einer Art Wohnwagen aus bei der Panozzalacke eine Imbißstätte. Sie war wie mit einem Karren dorthin verzogen. Anstelle von Kakteen hatten ihren Weg Disteln und Brennesseln gesäumt.

Bonito. Welch ein zauberhaftes Wort, das auch von dieser Hütte ausstrahlte, wie von Gitarren, Geigen und Trompeten hervorgerufen. Ein fernes Land wird einem nähergebracht. Dabei darf uns Mexiko gar nicht so weit hergeholt erscheinen, um mit der Lobau einen Vergleich anzustellen. Man braucht nur vom Mexikoplatz aus zu gehen und man ist dem Ganzen ein Stück näher. Ja, man braucht eigentlich nur von der Oberen in die Untere Lobau zu wandern, und man ist mitten drin. Beim Kühwörther Wasser, wohin Kronprinz Rudolf gerne baden ging und unweit davon sein Pirschhaus gestanden war: Sein Onkel, Kaiser Maximilian von Mexiko, wurde unter Präsident Benito Juarez erschossen. Das besagt aber nicht, daß Mord und Brand ein mexikanisches Patent seien. Unter gewissen Umständen wird es auch anderswo in Lizenz vertreten …

Über dem Rückstaudamm dringen von Mühlleiten her mexikanische Klänge bis ins Kühwörth. Einmal im Jahr wird im Gasthaus Abraham eine Fiesta als Original-Hazienda gefeiert. Es hört sich an wie ein Echo auf ein längst und auf ein jüngst vergangenes Kapitel der Geschichte.

In memoriam „Zum schönen Platzl"

Anton Klein und sein Schützling

GROSSER KLEIN

Tankwagenunfälle, Kesselwaggonentgleisungen mit all den damit verbundenen Folgen für das Grundwasserwerk und die privaten Brunnen, der Bau eines Kalorischen Kraftwerkes auf der letzten Orchideenwiese in der Bannmeile der Bundeshauptstadt, ein Autobahnprojekt und die Ankündigung weiterer Betriebsansiedlungen beziehungsweise Vergrößerungen bereits vorhandener Areale in der Lobau brachten einen Mann auf den Plan, der von seiner Jugend an gewohnt war, die grüne Wildnis am großen Strom zu dem Zwecke von Naturbeobachtungen aufzusuchen. Wenn in den siebziger Jahren des 20. Jahrhunderts eine öffentlich Exkursion dorthin ausgeschrieben wurde, dann galt die Führung entweder einem der Treibstofflager oder dem Grundwasserwerk. Die meisten Menschen, schlechthin die Wiener als „Anrainer", sahen all dem mehr oder weniger gelassen zu. Noch wurde ihnen nicht bewußt, daß hier ein einmaliges Naturjuwel wie es keine andere Stadt der Welt aufzuweisen hat, zugrundegerichtet werden sollte, obgleich der Vorsatz, Wien zur Weltstadt machen zu wollen, stets als Parole herhalten mußte. Grünland als Lebensraum oder ein solcher aus Kunststoff und Beton bestimmen eben die wesentlichen Unterschiede dieser Art von Weltanschauung. Man sollte meinen, was

in der Ferne geschieht, berührt den Menschen weniger, als das, was in der Nähe passiert. Diese Lebensweisheit mag da und dort seine Gültigkeit haben und gilt in dem volkstümlichen Gebet: „Heiliger Florian, verschon mein Haus, zünds andere an." Was den Umweltschutz betraf, herrschte da eine andere Tendenz. Man protestierte hierzulande gegen das Abholzen tropischer Regenwälder und Abbrennen der gerodeten oder noch ungerodeten Stellen, wodurch ganze Waldkämme in Aschenhalden verwandelt wurden. Ja, dank des verdienstvollen Einsatzes des großen Naturforschers Prof. Dr. Bernhard Grzimek stimmten auch die Europäer in den Chor „Die Serengeti darf nicht sterben" ein. Aber sie ließen mehr oder weniger geschehen, was vor ihrer Haustür wider die Natur begangen wurde.

Einer jener Menschen, die einen wachen Sinn für die Zeichen der Zeit und deren Auswirkung bis in die Zukunft besitzen, ist ein 1,90 Meter großer Mann namens Anton Klein. Durch seinen Beruf als Polizei-Inspektor wurde er gezwungenermaßen mit mancher kriminellen Tat konfrontiert. Was aber vor seinen Augen durch rücksichtsloses, rein wirtschaftliches Denken an der Natur verbrochen wurde, zwang ihn zum Einschreiten. Als seine von ihm

132

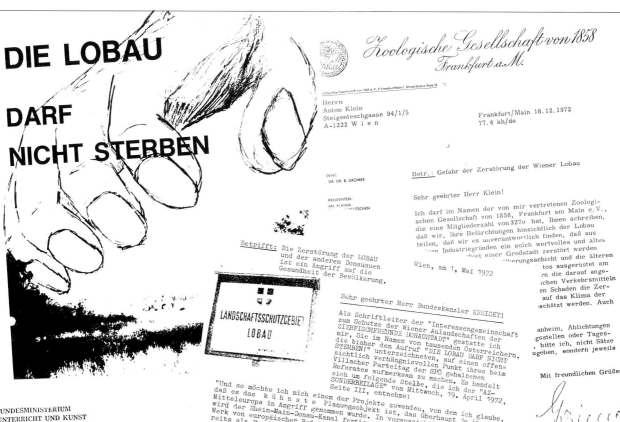

DIE LOBAU

DARF

NICHT STERBEN

Zoologische Gesellschaft von 1858
Frankfurt a. M.

Zoologische Gesellschaft von 1858 e.V., 6 Frankfurt/Main 1, Alfred-Brehm-Platz 16

Herrn
Anton Klein
Steigenteschgasse 94/1/5
A-1222 W i e n

Frankfurt/Main 18.12.1972
77.4 kh/de

DENT:
DR. DR. B. GRZIMEK

Betr.: Gefahr der Zerstörung der Wiener Lobau

RÄSIDENTEN:
CARL KLASEN · DEUTSCHEN

Sehr geehrter Herr Klein!

Ich darf im Namen der von mir vertretenen Zoologi-
schen Gesellschaft von 1858, Frankfurt am Main e.V.,
die eine Mitgliederzahl von 327o hat, Ihnen schreiben,
daß wir, Ihre Befürchtungen hinsichtlich der Lobau
teilen, daß wir es unverantwortlich finden, daß aus
...en Industriegründen ein solch wertvolles und altes
...biet einer Großstadt zerstört werden
...übergungsschicht und die älteren
...tos ausgerüstet am
...n die darauf ange-
...chen Verkehrsmitteln
...en Schaden die Zer-
...auf das Klima der
...schätzt werden. Auch

...anheim, Ablichtungen
...gsstellen oder Tages-
...bitte ich, nicht Sätze
...ugeben, sondern jeweils

Mit freundlichen Grüßen

(Unterschrift)

(Prof. DDr. Grzimek)

Betrifft: Die Zerstörung der LOBAU
und der anderen Donauauen
ist ein Angriff auf die
Gesundheit der Bevölkerung.

LANDSCHAFTSSCHUTZGEBIET
LOBAU

Wien, am 1. Mai 1972

Sehr geehrter Herr Bundeskanzler KREISKY!

Als Schriftleiter der "Interessengemeinschaft
zum Schutze der Wiener Aulandschaften der
ZIERFISCHFREUNDE DONAUSTADT" gestatte ich
mir, Sie im Namen von tausenden Österreichern,
die bisher den Aufruf "DIE LOBAU DARF NICHT
STERBEN!" unterzeichneten, auf einen offen-
sichtlich verhängnisvollen Punkt Ihres beim
Villacher Parteitag der SPÖ gehaltenen
Referates aufmerksam zu machen. Es handelt
sich um folgende Stelle, die ich der "AZ-
SONDERBEILAGE" vom Mittwoch, 19. April 1972,
Seite III, entnehme:

"Und so möchte ich mich einem der Projekte zuwenden, von dem ich glaube,
daß es das k ü h n s t e Planungsobjekt ist, das überhaupt je in
Mitteleuropa in Angriff genommen wurde. In voraussichtlich sechs Jahren
wird der Rhein-Main-Donau-Kanal fertiggestellt werden, wodurch ein
Werk von europäischer Bedeutung der Rhein-Main-Donau-Kanal wird bereits als Europakanal bezeichnet - nach 60jährigem Bemühen und Überwindung der politischen und wirtschaftlichen Schwierigkeiten verwirklicht wird...

Ich würde gern, wenn ich könnte, diese f a s z i n i e r e n d e
Planungsaufgabe so schildern, wie sie meine Mitarbeiter und ich
empfinden. Wir stellen uns vor, daß entlang der Donau, in
einer Breite von ungefähr 50 Kilometern nach beiden Seiten hin -
in einem Gebiet, in dem über 2,5 Millionen Österreicher leben -,
neue infrastrukturelle Voraussetzungen geschaffen werden, die
n e u e I n d u s t r i e n attrahieren sollen, nicht nur weil sie
nahe der Transportwege und der Energiequellen sein wollen,
sondern weil es dort etwas gibt, was sich heute in immer stärkerem
Maße als Mangelware erweist, nämlich das W a s s e r ..."

Aus dem letzten hier angeführten Absatz Ihrer Rede geht eindeutig
hervor, daß entlang der Donau neue Industriegebiete erschlossen
werden sollen, damit die Industrie noch besser als bisher an die
"MANGELWARE" Wasser herankommen kann, um diese "Ware" restlos aus-
nützen zu können. Wasser aber ist nicht nur eine "Ware" für die
Industrie, mit der diese verdienen kann, sondern vor allem ein un-
schätzbares und unveräußerliches Gut für a l l e Menschen. Gerade
durch die hemmungslose Ausweitung der Industrien und ihre verhängnisvollen Auswirkungen wird das für uns unentbehrliche Trinkwasser

wasserversorgung Wiens unersetzliche
ignorierte man den "BRUNNENSCHUTZ",

neben reiner, atembarer Luft zum
kostbarsten Gut der Menschheit. Daß es
uns an dem Guten in immer zunehmenderem
Maße mangelt, das liegt daran, weil man
über der schrankenlosen Ausweitung der
Industrie den wirkungsvollen Schutz der
Gesundheit des Menschen - den Umweltschutz - gröblichst vernachlässigt. Was
sich seit 1970, dem "EUROPÄISCHEN
NATURSCHUTZJAHR", in der Lobau abspielt,
ist ein mehr als eindeutiger und nicht
zu widerlegender Beweis für meine
Behauptung. Obwohl man nach dem Ende des
ZWEITEN WELTKRIEGES das für die Trink-
"BRUNNENGEBIET LOBAU" entdeckte,
indem man der Erdölindustrie

BRUNNENSCHUTZGEBIET
JEDE VERUNREINIGUNG IST STRENGSTENS UNTERSAGT

BUNDESMINISTERIUM FÜR UNTERRICHT UND KUNST

Zl. 33.276/2 - 140/73

An den
Landesschulrat für
Niederösterreich

Betr.: Lobaumuseum; Empfehlung v. Schüler-
besuchen zu Unterrichtszwecken.

Ein neu gegründeter Verband ...
und Gesundheitssport in Wien hat inmitten
der Lobau in einem Gebäude des Gutes der
"Lobaumuseum" eingerichtet. In den Schau...
Reichhaltigkeit der Tier- und Pflanzenw...
in Aquarien, Terrarien und vor allem in
...gen Präparaten dargestellt. Außerdem we...
...lichen Ereignisse des Franzosenkrieges
und Bildern in Erinnerung gerufen. Es ...
...dem Gebäude einen Lehrgarten zu errich...
bibliothek den Besuchern Nachschlagwe...
stellen.

Das Bundesministerium ...
Kunst begrüßt diese Initiative, weil dadurch dem natur-
schutzwürdigen Augebiet auch ein kultureller Mittelpunkt
gegeben werden kann.

Der Landesschulrat wird eingeladen, die
Schulen in seinem Bereich auf die Errichtung dieses kleinen
Museums hinzuweisen und den Besuch anläßlich von Wander-
tagen bzw. Lehrausgängen in die Lobau zu empfehlen. Es würde
dies zweifellos eine Bereicherung für den natur- und heimat-
kundlichen Unterricht bedeuten.

Freitag, 11. Jänner 1974 **LOKALES**

Teile der Lobau als Nationalpark

Soll die Lobau nun doch nicht sterben? Die Aktion zur Rettung
der Lobau brachte im Wiener Rathaus bei den Stadträten Hof-
mann und Schieder einen Antrag ein, wonach Wiens wichtigstes
Naherholungsgebiet in einen Nationalpark umgewandelt werden
soll. Der Plan, dem wegen der Energiekrise besondere Bedeutung
zukommt, wurde von den Stadträten sehr positiv aufgenommen.

Von Peter Strasser

Der Leiter der Aktion, Lobauschützer Anton Klein, erklärte alle
Voraussetzungen für die Umwandlung in einen Nationalpark, also einer
vom Staat geschützten abgeschlos-
senen Landschaft. Sie würde der
Wissenschaft und dem Erholungs-
bedürfnis der Bevölkerung dienen.

Nur müßten die geforderten Schutz-
maßnahmen unverzüglich ergriffen
werden, da die Tier- und Pflanzenwelt in der Lobau bereits außerordentlich gefährdet ist. Als Beweis
dafür gilt unter anderem die letzt...
Graureiherbrutkolonie...

...nach Ansicht der Lobauschützer
bemüht sich Wien unter gewaltigem
Kostenaufwand - UNO-City, Donauinsel und WIG 1974 - die inter-
nationale Aufmerksamkeit auf sich zu
lenken. Durch die Umwandlung der
Lobau zu einem Nationalpark könnte
dieses Ziel mit wesentlich geringeren
Mitteln erreicht werden.

Besonders attraktiv wird das Vorhaben der Aktion, sollten die autor-
lose Tag oder gar eine Benzinratio-
nierung zur feststehenden Einrichtung werden. Der Nationalpark Lobau
würde zum lebensnotwendigen, weil
leicht erreichbaren Naherholungs-
und Freizeitgebiet für die Großstadt
Wien.

Umweltschutzstadtrat Peter Schieder und Planungsstadtrat Fritz Hof-
mann haben das Projekt positiv aufgenommen. Peter Schieder zur "Kro-
nen-Zeitung": "Der Nationalpark
Lobau soll Wirklichkeit werden, frag-
lich ist nur noch die Durchführung
und Ausgestaltung. Nach unseren
Vorstellungen müßte das Augebiet
der Unteren Lobau in seiner Urtüm-
lichkeit belassen und die Tier- und
Pflanzenwelt besonders geschützt
werden. Die Obere Lobau hingegen
könnte zu einem Erholungs- und Frei-
zeitzentrum mit Reit- und Wander-
wegen wie auch Naturlehrpfaden
ausgebaut werden."

Hatte die Idee: Anton Klein

Margarete Grohmann mit ihrem „Strolchi"

vorgebrachten Proteste und Vorschläge bei den zuständigen Stellen keine Wirkung zeitigten, als wären alles in den Wald gesprochen worden, ohne daß sie dem Wald einen Vorteil brachten, entschloß er sich zu einer Unterschriftenaktion mit der Forderung „Die Lobau darf nicht sterben." 100.000 unmittelbar betroffene Menschen stimmten dem mit ihrem Autogramm bei. Nun hatte Klein ein Argument in der Hand, womit er den höchsten Gremien beweisen konnte, daß er nicht allein mit dieser Meinung dastand. Die Aktion „Die Lobau darf nicht sterben" gab den Verantwortlichen einen bis zum Umdenkungsprozeß führenden Denkanstoß. Ein Baustopp einerseits und der Start zu einer neuen Naturschutzregelung der ohnedies labilen Begriffe von Landschaftsschutz, Naturschutz- und Vollnaturschutzgebiet andererseits waren die positiven Folgeerscheinungen dieser Bürgerinitiative.

Wie alle seine großen Vorgänger, die Lobau-Originale von Berndl bis Waller, hatte auch Klein seine Vorhaben und Beweggründe einem Verein unterstellt, der sich „Verband für Umweltschutz und Gesundheitssport", kurz VUG nannte. Seine engsten Mitarbeiter fand Klein neben seiner Gattin Elfriede zunächst im Freundeskreis. Ing. Walter Orth und Herbert Nowotny waren die Männer der ersten Stunde. Deren Familien konnten sich genauso für die Idee der reinen Vernunft begeistern wie Margarete Grohmann, die bis zuletzt ihr Leben diesen Idealen widmete. Der Meister-

photograf Norbert Sendor fand sich als weiteres Gründungsmitglied ein. Als Vertreterin der jungen Generation griff die Lehrerin Christa Reitermayer den rettenden Lobaugedanken auf, denn Anton Klein hatte den Tod der Lobau jedermann drastisch vor Augen geführt, indem er seinen Aufruf mit den Worten schloß: „Wenn die Lobau stirbt, dann geht es auch den Wienern an den Kragen." Er stellte, wo immer er nur konnte, die Lobau als das große Sauerstoffreservoir Wiens dar und wirkte auf Kinder und Erwachsene im gleichen Maße ein: „Von der Luft kann niemand leben, aber ohne sie kann auch niemand leben." Er gründete ein eigenes Informationsblatt mit dem Titel „Steckenpferd", worin er zum Ausdruck brachte, daß einst den Kindern ein Stecken genügte, um diesen dank ihrer Phantasie als Pferd, ja als Pegasus zu empfinden. Eine Gefühlsarmut und ein zu geringes Vorstellungsvermögen hätte eine überzüchtete Wohlstandsgesellschaft geschaffen, die nur nach Nüchternheit und Luxus ausgerichtet ist und den Sinn für die einfachen, aber wesentlichen Dinge des Lebens verloren habe, so daß niemand mehr im Baum den Wald sehen kann, den man bedenkenlos einem vermeintlichen Fortschritt opfert, einem Fortschritt, der bei genauer Betrachtung in den Untergang führt. Besorgt um eine sinnvolle Freizeitgestaltung der nunmehr freien Menschen, wie sie schon Josef Luitpold Stern zum Ausdruck gebracht hatte, erwies sich Anton Klein auch mit diesem großen Geist solidarisch. Mit dem „Steckenpferd" sollte vielen die Anleitung zu einem Lebenssinn gegeben werden. Das Pferd konnte dabei mit seinem Reiter ohneweiters durchgehen und ihn in ferne Höhen entführen, der Stecken blieb einem dabei immer noch in der Hand, um eine allfällige Langeweile oder einen aufkommenden Stumpfsinn zu vertreiben. Der Gesundheitssport war demnach vor allem auf geistige Gesundheit ausgerichtet. Aber dieser sollte in einem gesunden Körper wohnen, daher stand auch das körperliche Training auf der Tagesordnung. Tauchen, schwimmen, wandern und eins sein mit allen Regungen in Feld und Au und in den Gewässern waren die vordringlichen Anliegen.

Im „Steckenpferd", dem Sprachrohr des Vereins, sind wissenschaftliche Abhandlungen über Flora und Fauna zu finden. Auch Kleins Überzeugung wird darin kundgetan: „Der Aufenthalt, aber auch die Bewegung in der freien Natur, zählt zu den wesentlichen, auf die Dauer nicht zu entbehrenden Inhalte des menschlichen Lebens. Sicher bietet auch die große Stadt mit ihren Bauwerken aus den verschiedenen Zeiten, mit ihrer städtebaulichen Gesamtwirkung, mit ihren großen Gemeinschaftseinrichtungen Eindrücke, die den Menschen bilden und prägen. Aber ich glaube, das unmittelbare Erlebnis der Natur vermögen sie nicht zu ersetzen. Wer nie die Schönheit seiner Heimat vom Gipfel eines Berges wahrgenommen, wer nie seine körperliche Leistungsfähigkeit in langer Wanderung erprobt und wer sich nie bescheiden und fast demütig vor der Größe der Natur verneigt hat – der ist einfach um ein Stück ärmer und um einen Teil dessen betrogen, was unser Leben lebenswert macht. Ja, ich behaupte, ihm fehlt etwas, was in der Regel zur vollen Entfaltung seiner Persönlichkeit unerläßlich ist."

Einen Höhepunkt empfand die Vereinsführung, als sie in einem Kellerlokal in der Wagramer Straße das Lobaumuseum eröffnen konnte, wo neben der ständigen Sammlung auch Sonderausstellungen gezeigt und Versammlungen abgehalten wurden. Das Vereinsleben im Lobaumuseum gab starke Zeichen von sich, die auf die Lobau selbst

übertragen wurden. Die Bewegung um Anton Klein war daher eine Organisation, die der Lobau als „Infusion" zugute kam. Experten wurden zu Diskussionen und Vorträgen eingeladen. Politische Mandatare und Funktionäre mußten sich dabei einiges anhören.

Im Jahre 1975 erhielt Anton Klein von der Magistratsabteilung 45 einige Räume im Ökonomiegebäude inmitten der Oberen Lobau für sein Museum zugewiesen. Nun befand sich das Museum dort, wo es hingehörte. Es unterscheidet sich von anderen Naturmuseen, daß es etwas beinhaltet, was es in seinem Umfeld noch gibt. Ein Museum in der Lobau – die Lobau im Museum – ist eine Art Wechselbeziehung, wobei in seinem Inneren etwas bewahrt wird, was es außerhalb davon zu bewahren gilt. Der Übergang erfolgt nahtlos. Schwalben legen über Bilderrahmen ihre Nester an. Und wenn durch plötzlich auftauchende Besucher die Mäuse verschreckt unter die Vitrinen flüchten, entschuldigt sich der Kustos mit den Worten: „Nau, heut haben sie's wieder gnädig."

Einfache graphische Darstellungen mit handschriftlichen Erklärungen mögen manche Besucher, die von Neonlampen und Scheinwerfern ausgeleuchtete Räume und vortrefflich beschriftete Schilder gewohnt sind, befremden. Man kann es nicht oft genug sagen: „Das Lobaumuseum ist ein Dschungelmuseum!" Und sein Gründer und Kustos stürzt sich wie ein Eingeborener auf jeden Eindringling in sein Reich, nicht um ihm dieses zu verwehren, sondern um es ihm zu gewähren, nämlich den Einblick in das Mysterium des Lebens mit den dafür die Voraussetzung schaffenden Elementen Luft, Licht, Wasser, Erde und Sonne, also all die alltäglichen Dinge, die für so viele eine Selbstverständlichkeit sind, daß sie die wahren Schätze dieser Welt für zweifelhafte Werte jederzeit bedenkenlos veräußern würden.

Wie ein Dogmatiker, wie ein Revolutionär, wie ein Heilsverkünder empfängt Anton Klein seine Besucher und spricht auf sie ein, so daß jeder mit dem Bewußtsein geht, einen Teil der Verantwortung gegenüber einem Stück Natur übernommen zu haben. Dem ehemaligen Polizisten

Im Lobaumuseum

hatte der Umgang mit Ganoven zur Gewohnheit werden lassen, daß er auch noch als Naturschützer, wenn sich ihm jemand im Gespräch nähert, einen Schritt rückwärts tut, wie um damit den Weg „Zurück zur Natur" zu bedeuten. Wenn manche von Fidel Castro behaupten, daß dieser stundenlang Reden halten könne, dann haben jene noch nicht Anton Klein reden gehört, wenn sich der über etwas ereifert. Klein verstand es seit eh und je, seine Sache zur Sache der anderen zu machen, weil Naturschutz schließlich eine Angelegenheit der ganzen Menschheit ist und in einem gewissen Maße bleiben wird. Mit diesem Auftrag wuchs der Umweltschützer aus Passion über sich hinaus. Klein wurde ganz groß! Ohne die grundsätzlichen Dinge, ohne die natürlichsten Voraussetzungen gibt es kein Leben. So einfach diese Formel auch anmutet, war sie für manche eine Zumutung.

„Die Lobau darf nicht sterben." Indem Anton Klein diese Parole ins Leben rief, machte er sich selbst unsterblich. Das Lobaumuseum gab ihm den Auftrag dazu. Um die darin veranschaulichte Idee durchzusetzen, bat er Künstler und Wissenschaftler zu sich. Lesungen, Konzerte und Vorträge gingen zur Unterstützung des naturschützerischen Gedankens über die Bühne. Unvergeßliche Adventfeiern bei Wort, Musik, Brot und Wein und Kerzenschein versinnbildlichten zugleich seine eigene Herbergsuche, der er sich ständig mit seinem Museum ausgesetzt fühlte,

selbst als ihm bereits hohe Politiker wie Bundeskanzler Dr. Bruno Kreisky ihr Wohlwollen zugesichert hatten und Prof. Dr. Bernhard Grzimek Anerkennung zollte.

Diskutieren statt Distanzieren lautet Kleins Parole, um mit möglichst vielen Menschen auf einen grünen Zweig zu kommen. Er hebt sich lediglich als Reindemokrat von Scheindemokraten ab. Er veranstaltete Autorenlesungen, in deren Rahmen Friedrich Sacher, Konrad Windisch, Bertrand Alfred Egger, Helena Gwozdz und Felix Kerl zu Wort kamen.

Ungezählt, aber nicht unerwähnt sei Eigenkapital und Freizeit, die Klein für die Instandhaltung seines Museums opferte. Denn abgesehen von persönlichen Spenden, konnte sich das Lobaumuseum bisher keiner finanziellen Zuwendung aus der öffentlichen Hand erfreuen. Und doch drang sein Ruf weit über die Grenzen der Lobau hinaus. Vor allem Schulklassen und Wandergruppen aus allen Himmelsrichtungen statten dem Dschungelmuseum Besuche ab. Selbstverständlich bedarf ein jeder Ruf eines geneigten Ohrs. Ein einzelner vermag manches zu bewirken. Aber in den meisten Fällen bedarf es auch des Willens anderer, damit es geschehe. Anton Klein fand da und dort Erhörung: Von manchen belächelt wegen seines Feuereifers und Ereiferns, zuweilen als Don Quixotte betrachtet, dort, wo er gegen Windmühlen kämpft, dann aber doch wieder als „kleiner" Held gefeiert, wo man seine wahre Größe erkennt.

Andrang ins Lobau-Museum

WIE DER FLUSS, ABER MIT H

Im „Kleinen Blatt", das um 10 Groschen in Östereich, um 50 Heller in der Tschechoslowakei, um 10 Filler in Ungarn, um 150 Dinar in Jugoslawien und um 40 Centesimi in Italien zu erhalten war, erschien am 28. Februar 1938 eine Großreportage über die in Schwechat vor der Vollendung stehende Ölraffinerie. Als Autor zeichnete ein gewisser Adelbert Muhr. Er sprach in diesem recht launig gehaltenen Artikel von einem Tanklager und einer Ölverwertungsindustrie in der Nähe des Friedhofs der Namenlosen. Dieser Friedhof hatte es dem damals wohl schon als Journalist werkenden, aber als Schriftsteller noch völlig unbekannten Adelbert Muhr angetan. Er hatte damals, wie man so schön in Autorenkreisen sagt, noch keinen Namen, war jedoch ein noch unter den Lebenden Weilender, obzwar es für einen Lebenden oft ungleich schlimmer ist, namenlos zu sein, als für einen Toten. Immerhin hatte Hermann Bahr allen Erfolglosen zum Trost gesagt: „Erst wenn man bei uns gestorben ist, lassen sie einen hoch Leben." Einige Jahre nach der Eröffnung der Schwechater Ölraffinerie begann Adelbert Muhr an seinem Roman „Der Sohn des Stromes" zu schreiben, der ihn berühmt machen sollte. Er ließ seinen Helden Frajo (nach Franz Joseph) bei eben diesem Friedhof der Namenlosen seinen Weg nach

Adelbert Muhr

Mannswörth in die Au nehmen, von wo er später die Donau mit einer Überfuhr zum Orther Uferhaus, dem sogenannten Örtl übersetzte, um später auf dem Schleppschiff „Lobau" seinen Lebensweg flußauf und flußab bis zur letzten Fahrt zu begehen. „Der Sohn des Stromes" schlug tatsächlich hohe Wellen. Muhr war ein bekannter Mann geworden. Und er hielt nicht nur im Sinne Heraklits allem Fließenden die Treue. Bald waren die Flüsse zu seinem Lieblingsthema aufgerückt. Denn schon folgte der ersten größeren Betrachtung eines Bergrückens unter dem Titel „Der geheimnisvolle Ostrong" ein Bericht, in dem es „Mit Faltboot, Floß und Dampfer" bis zur Donaumündung ging. „Zwischen Moldau und Elbe" war ein Zwischenspiel zur großen „Theiß-Rhapsodie", bis sich der, nun mit dem Prädikat „Dichter der Ströme" geadelte Reiseschriftsteller dank seines Buches „In der Zaubersonne der Rhône" auch im Lichte seines Erfolges sonnen konnte und somit den Sprung über das große Wasser wagen durfte, um uns „Die Botschaft am Ohio" zu übermitteln. Ab diesem Zeitpunkt erwartete Adelbert Muhr, daß ihn jeder

kannte. Wo dies nicht der Fall war, stellte er sich mit den Worten vor: „Muhr wie der Fluß, aber mit 'h'. Und Adelbert wie der Stifter, aber mit 'e'." Er legte Wert darauf, ein Bert von Adel zu sein. Er verbreitete mit seiner Erscheinung und seinem Gehabe tatsächlich einen Hauch altösterreichischer Noblesse.

In seinen späteren Jahren ließ Muhr seinem „Sohn des Stromes", „Sie haben uns alle verlassen" und schließlich „Die letzte Fahrt" folgen. Eine Epoche österreichischer Geschichte floß damit gleichbedeutend die Donau hinunter. Die 1979 als „Lied der Donau" erschienene Romantrilogie harrt heute noch der Entdeckung als „die" österreichische Odysse. Immerhin hatte der P.E.N. in seinem Bulletin zu der Erkenntnis gefunden: „Was Gorki für die Wolga, Whitman für den Mississippi war, ist Muhr für die Donau."

Nach und nach wurde Muhr zur „Landratte". Es war nicht nur ein Hang zur Internationalität. Muhr war einfach ein Mann von Welt. Er verbreitete die Vornehmheit eines englischen Lords, wenn er T. S. Eliot zitierte. Und er war soweit Franzose, daß er wie sein Kollege Jules Verne eine „Reise um Wien in 18 Tagen" unternahm, freilich nicht mit dem Ballon, sondern teils zu Fuß und teils mit den üblichen Verkehrsmitteln,

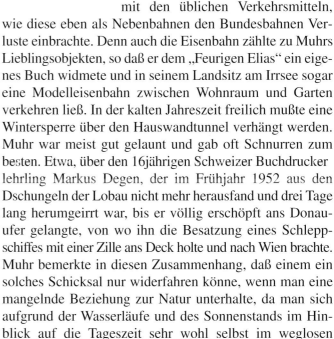

wie diese eben als Nebenbahnen den Bundesbahnen Verluste einbrachten. Denn auch die Eisenbahn zählte zu Muhrs Lieblingsobjekten, so daß er dem „Feurigen Elias" ein eigenes Buch widmete und in seinem Landsitz am Irrsee sogar eine Modelleisenbahn zwischen Wohnraum und Garten verkehren ließ. In der kalten Jahreszeit freilich mußte eine Wintersperre über den Hauswandtunnel verhängt werden. Muhr war meist gut gelaunt und gab oft Schnurren zum besten. Etwa, über den 16jährigen Schweizer Buchdruckerlehrling Markus Degen, der im Frühjahr 1952 aus den Dschungeln der Lobau nicht mehr herausfand und drei Tage lang herumgeirrt war, bis er völlig erschöpft ans Donauufer gelangte, von wo ihn die Besatzung eines Schleppschiffes mit einer Zille ans Deck holte und nach Wien brachte. Muhr bemerkte in diesen Zusammenhang, daß einem ein solches Schicksal nur widerfahren könne, wenn man eine mangelnde Beziehung zur Natur unterhalte, da man sich aufgrund der Wasserläufe und des Sonnenstands im Hinblick auf die Tageszeit sehr wohl selbst im weglosen Gelände zu orientieren vermag.

Das änderte aber nichts an der Tatsache, daß er sich eines Tages selbst vom überraschend aufgetretenen Hochwasser eingeschlossen sah. Er konnte sich noch auf den Hubertusdamm retten, fand aber keinen Ausweg mehr. Zu seinem Glück, wie er meinte, schleppte sich ein russisches Schiff mühsam die Donau hinauf. Auf dem Deck tummelte sich die Besatzung. Muhr begann wie weiland Markus Degen zu schreien und mit den Armen herumzufuchteln, hoffend, daß jene vom Volke, die Österreich befreit hatten, auch den Österreicher Muhr aus seiner unerquicklichen Lage befreien würden. Die Russen bemerkten den gestikulierenden Mann, deuteten dies als einen Freundschaftsbeweis und winkten ihrerseits zurück.

Muhr selbst aber blieb der lange Weg bis Wien auf dem zum Teil durch angeschwemmtes Strauch- und Astwerk schier zu einem Parcours gewordenen Schutzdamm nicht erspart.

Ein schlechter Schauspieler, der sich mit der Figur, die er zu verkörpern hat, nicht identifiziert. Ein schlechter Autor, der zumindest das Schicksal eines seiner „Helden" nicht nachvollzieht oder schon vor der Niederschrift vollzogen hat. Adelbert Muhr war ein brillanter Erzähler. Er griff dieses Erlebnis später in dem Kapitel „In den Dschungeln von Wien" auf. Und es hinderte ihn nicht, förmlich begeistert auszurufen: „Man nenne mir eine Großstadt der Welt, die ein solches Naturparadies vor der Nase, ja zum Teil noch auf eigenem Gemeindegebiet hat!" Als erfolgreicher Schriftsteller, dessen Werke bereits von

den diversen Buchgemeinschaften aufgenommen wurden, bemerkte Muhr einmal hintergründig: „Wie bezeichnend, daß seit jeher fast alle österreichischen Autoren, die es zu internationaler Bedeutung gebracht haben, in deutschen Verlagen herauskamen" und ließ durchblicken, daß es nach 1945 gerade jene österreichischen Autoren waren, die sich nicht genug von Deutschland distanzieren konnten.

Auch was die Arbeit von Übertragungen aus anderen Sprachräumen betraf und worin er sich selbst in der Nachdichtung französischer, kroatischer und ungarischer Lyrik bewährte, behauptete Muhr, daß man, was das Ungarische anlangt, nicht viel mehr als „egy", „kettö", „harom" und „szeretlek" zu verstehen brauche, um ein Übersetzer ungarischer Lyrik zu sein.

Der Germanist Prof. Heinz Kindermann hatte bereits im Jahre 1953 über Muhr geschrieben: „Charakteristisch für ihn ist die panische Verbundenheit mit der Natur. Gestalter einer Romantik, die im Realen wurzelt, aber magische Akzente trägt. Die Landschaft ist das Wesenselement seiner Menschengestaltung. Verkörperung des Carossa-Wortes: 'Alle Wunder geschehen an den Ufern'". So lag es nahe, daß Adelbert Muhrs Rede anläßlich der Eröffnung der Wiener Festwochen 1970 in dem Band „Die Donau im Farbbild" als „Festrede über die Donau" aufgenommen wurde.

Der Muhr war das menschliche und zugleich männliche Pendant zur Mur, obwohl er der geistige Vater vom „Sohn des Stromes", sprich: „der Donau" war.

Donaustrand am Großstadtrand

DICHTERLESUNG IM BUSCH

Zuvor noch einige Worte an den geneigten Leser: Man möge dem Autor dieses Buches verzeihen, daß er nun selbst als handelnde Person in Erscheinung tritt. Nehmen Sie, bitte, das folgende als authentischen Bericht über eine Tatsache entgegen und nicht etwa als Gelegenheit für den Verfasser, sich als Held einer Geschichte in den Vordergrund zu drängen. Held oder Antiheld – das sei dahingestellt. Lediglich die Rahmenhandlung um eine Person, die im geschilderten Geschehen miteinbezogen war, ist ausschlaggebend. Dem Berichterstatter geht es nur darum, eine hautnah erlebte Begebenheit wiederzugeben.

Adelbert Muhr wies mehrere Facetten auf: Er war Charmeur, Bohemien, ein Gentleman par excellence – und bei allem Respekt ein seltsamer Kauz. Seinen hintergründigen Humor, mit dem er gerne einen Ahnungslosen aufs Eis führte, bewies er allein schon mit der Titelgebung eines seiner Bücher, das er „Vom alten Jelinek-Pollak-Streinz zu mir selbst" benannte. Wer also Muhrs „Alt-Wien heute" kannte, schloß scharfsinnig, daß es sich hier um eine Fortsetzung des Alten Wiens mit seinen Kleinbürgern und Typen handelt, etwa beim alten Jelinek um einen Schuster in der Paniglgasse, beim Pollak um einen Würstelstandbesitzer auf der Laimgrube und beim Streinz allenfalls um einen Bootsvermieter am Heustadlwasser. Erst wenn man den Deckel des Bändchens aus der Reihe „Österreichische Dichtung der Gegenwart" aufgeschlagen hatte und durch den Untertitel in Erfahrung bringen konnte, daß es sich bei dem vorliegenden Werk um literarische Essays handelt, erfuhr der geneigte Leser bald darauf, daß es sich bei den namentlich Genannten nicht um „Moldau-Germanen", sondern um waschechte Germanisten handelte, die gemeinsam im Jahre 1912 „Das deutsche Lesebuch für österreichische Realschulen" im kaiserlich-königlichen Schulbücher-Verlag als Standardwerk herausgebracht hatten, das den 14jährigen Gymnasiasten Adelbert Muhr derart beeindruckte und in ihm den Wunsch reifen ließ, selbst Schriftsteller zu werden.

Nach einer Phase als Journalist und Redakteur beim „Wiener Tagblatt" mußte sich Muhr um einen anderen Broterwerb umsehen und fristete eine zeitlang als Beamter sein Leben. „Im Labyrinth der Ämter" war seine einzige literarische Ausbeute während der Freizeit, in der er sich über die Arbeitszeit „Luft" machte. Stefan Zweig, dem Muhr die 1000 Seiten Seelenpein zur Begutachtung vorlegte, empfand für den verhinderten Dichter derartiges Mitleid, daß er sich für ihn bei der Donaudampfschiffahrtsgesellschaft einsetzte und einen ihm bekannten Direktor bat, wenn es Muhr überkäme, ihn auch in der Arbeitszeit schreiben zu lassen.

Im Wissen um die Gunst Joseph Roths, seinem zweiten Förderer, wäre es wohl zuviel verlangt gewesen, sich dafür einzusetzen, daß Muhr – wie der Verfasser des „Radetzkymarsches" und der „Kapuzinergruft" – gleichfalls seine Gedanken in einem Bett hätte zu Papier bringen dürfen.

Daß Muhr von vielen später sogar als ehemaliger Donaudampfschiffahrtsgesellschaftkapitän ausgegeben wurde, hat ihn weiters nicht gestört und ließ ihn dies gerne selber glauben. Hat er doch in Gedanken mehr auf einem Schiff denn in einer Amtsstube zugebracht, ehe ihm noch der Lektor des Zsolnay-Verlages geraten hatte: „Schaun S, Muhr, schreiben S doch einen Donauroman." Den weiteren Anstoß hat ihm das Theaterstück „Zum goldenen Anker" von Marcel Pagnol gegeben, worin der Sohn eines Hafenkneipenbesitzers in Konflikt zwischen Fernweh und festem Wohnsitz gerät, ähnlich wie Muhr seine Romanfigur Frajo als Sohn des Stromes beim Orther Uferhaus ansiedelte und er selbst die Gegensätze eines Beamten- und Dichterdaseins mit sich austragen mußte. Was bei Pagnol Mittelmeer und Marseille hieß, lautet bei Muhr im erweiterten Sinne Donau und Lobau.

Adelbert Muhr hat bei jeder Gelegenheit die Lobau als den Dschungel von Wien bezeichnet. Seine Werke schätzte ich lange bevor ich den mehrfach ausgezeichneten Schriftsteller persönlich kennenlernen durfte. Autoren zeichnen sich auch dadurch aus, daß sie einander nicht kennen, es sei denn, es handelt sich um einen berühmten, nicht mehr zu verleugnenden Dichter. Also kannte ich Muhr dem Namen nach und aufgrund seiner Werke, ohne daß er von mir die geringste Ahnung hatte. Nach zwei Telephongesprächen stand ich Professor Adelbert Muhr persönlich gegenüber. Der Kustos und Gründer des Lobaumuseums, Anton Klein, hatte eine Dichterlesung in seinem Museum anberaumt und zum Zwecke der ersten Kontaktaufnahme ein Treffen im Groß-Enzersdorfer Uferhaus vorgeschlagen. Muhr erwartete dort im Trachtenanzug das Eintreffen weiterer Kollegen und hoffte offenbar, sich bald als der König unter den Blinden herauszuschälen. Anton Klein, der die Anwesenheit der Presse erwartet hatte, wetterte über den Reporter einer Wiener Tageszeitung, nachdem er von der Redaktion erfahren hatte, daß der dafür vorgesehene Berichterstatter in Tirol weilte, um von dort über ein Lawinenunglück statt über eine Dichterlesung in der Lobau zu berichten.

Schließlich traf auch Walter Bäck ein, der sich's mit allen Kulturfunktionären Österreichs ob seiner Verbitterung und vehementen Angriffe gegen die Kulturmacher verscherzt hatte und demnach vergeblich wartete, daß sein von ihm verfaßter Text auf Wien für eine etwaige Landeshymne verwendet würde. Mit ihm war auch sein Porträtist, der damals noch gar nicht so bekannte Maler Gottfried „Laf" Wurm erschienen. Ich versuchte, Bäck mit Muhr bekanntzumachen, was mir mißlang, da Muhr nach einiger Zeit noch immer daran festhielt, Bäck als Maler und Wurm als Dichter zu bezeichnen. Also fanden wir uns mit den Gegebenheiten ab und begaben uns ohne Begleitung eines Repräsentanten der Print-Medien in das Herz der Lobau, mit der Gewißheit, daß einen wochentags zur Nachmittagszeit kaum ein Publikum erwarten würde. Unsere Erwartungen bekräftigte auch ein Ausflüglerpaar kurz vor unserem Ziel, als es, statt das Lobaumuseum zu betreten, schnurstracks weiterwanderte. Dennoch hatten sich überraschenderweise in Kleins Missionsstation etliche Radfahrer, Jogger und Pensionisten zu einer Zuhörerschaft zusammengesetzt. Die Dichter nahmen schleunigst am Lesetisch Platz. Zu sehr fürchteten sie, daß jemand aus Ungeduld den Raum verlassen würde. Adelbert Muhrs Buch „Reise um Wien in 18 Tagen" war erst kurz zuvor herausgekommen, ein köstliches Werk, das allein schon aufgrund der Tatsache, daß zu dieser Zeit niemand mehr eine Reise um Wien zu Fuß durch dieses Niemandsland der Gastronomie unternahm, wie Muhr sich auszudrücken pflegte, schildert, und wie sie nur ein Individualist vom Schlage des Verfassers dieses Buches unternommen und beschrieben hatte.

Die Autoren verharrten wie Sprinter in den Startlöchern. Anton Klein als Hausherr stellte einen sogenannten Doppler mit drei Gläsern auf den Tisch, ehe er das Startzeichen für die Lesung gab, nicht ohne auf den Umstand hinzuweisen, daß keine Blume dem Botaniker zuliebe blühe. „Die Germanisten sind es, die sich berufen fühlen, die Dichter zu katalogisieren", setzte er fort. „Daher komme erst die Henne und dann das Ei." Muhr wollte schon mit einem Gegacker beginnen, aber er besann sich, daß die Reihenfolge zuvor schon ausgehandelt worden war und er in falscher Bescheidenheit, aber mit der Erfahrung eines alten literarischen Hasen darauf bestanden hatte, als letzter zu lesen, um den wirkungsvollen Schlußakkord zu setzen und den gesamten Beifall einzuheimsen. Er benützte eine Atempause Kleins, um sich Gewißheit zu verschaffen, ob die Flasche Rotwein oder Himbeersaft zum Inhalt habe. Bäck und ich wurden als Banderillero eingesetzt und sollten den Stier, sprich das Publikum, gelinde gesagt, scharf machen. Danach war ein gewisser Herr Weidinger, pensionierter Polizeibeamter und Exkollege Kleins als Hobbydichter vorgesehen, ehe Muhr das Publikum endgültig fertigmachen sollte.

Bäck begann also mit seiner Lesung und ließ alle Register seiner Nachempfindungskunst zur Geltung kommen. Zuweilen glaubte man, Josef Weinheber oder Theodor Kramer persönlich säßen am Vortragstisch und ließen ihre Worte aus dem Munde eines unbekannten Meisters strömen. Muhr sah auf die Zeitungsausschnitte, die Bäck vorlagen, und mußte zu seinem Erstaunen erkennen, daß es sich hier um mit „Walter Bäck" gezeichnete Texte in Ausgaben der „Frankfurter Allgemeinen" und anderen

präpotenten Literaturbeilagen deutscher Tageszeitungen handelte. Bäck gab in Mundart und Hochsprache zum besten, was er von sich aus für sein bestes hielt. Das Publikum teilte seine Meinung. Und Anton Klein konnte sich in aller Öffentlichkeit nicht genug wundern, daß es heutzutage noch Autoren gibt, die solches von sich zu geben imstande seien. Diese Meinung konnte Muhr nur mit einem gewissen Lächeln bestätigen. Muhr hatte zu diesem Zeitpunkt bereits sein zweites Glas gelehrt und wohnte der Diskussion zwischen dem Maler Wurm und dem Publikum wie aus einer fernen Wolke bei.

Nun kam ich an die Reihe. Ich las aus meinem Lobau-Führer, in dem ich vor allem die Wege beschrieben hatte und und daher keine besondere literarische Konkurrenz für die anderen Autoren darstellte. Die Einleitung hiezu hatte ich aus dem Stegreif gesprochen, und Muhr hatte sich dazu wie ein Politiker im Parlament einige Notizen gemacht. Ich gab zu verstehen, daß ich darin nicht die Dichtung, sondern die Wahrheit zu Wort kommen lassen möchte, was mir von beiden Dichtern böse Blicke eintrug, da sie auch ihre Feststellungen nicht als aus der Luft gegriffen verstanden wissen wollten. Erst als sich meine Texte nach und nach auf Sachlichkeit beschränkten, sah ich aus den Gesichtern meiner Konkurrenten die Gunst wohlwollender Kollegen leuchten. Bäck litt mich wieder in seiner Nähe. Muhr sah mehrmals ohne Anlaß auf seine Uhr, was mich zu einer schnelleren Gangart des Lesens veranlaßte. Als ich nach längerer Passage meine trockene Kehle befeuchten wollte, fand ich auf unerklärliche Weise ein leeres Glas vor. Noch rasch der letzte flammende Appell für eine schützenswerte Landschaft. – Ende. – Höflicher Applaus, dem sich Muhr und Bäck neidlos anschlossen. In diesem Augenblick war Klein aus einem Nebenraum mit einer vollen Flasche zurückgekehrt. Muhr und Bäck billigten, daß Klein meine schmale Broschüre als bleibendes Werk empfahl, da sie selbst darin mit Gedichten vertreten waren.

Nun wurde Weidinger von seinem ehemaligen Kollegen ersucht, seine Seele zu öffnen. Dieser begann zum Unbehagen Muhrs von Eichen und dem Böhmerwald, dem Ort, wo seine Wiege stand, zu singen und zu sagen. Muhr hielt sich zuerst die Hand vor das Gesicht und holte verzweifelt das letzte aus seinem Glas, was Klein zum Nachschenken veranlaßte. Weidinger ließ sich nicht beirren. Der Beifall der Hörerschaft stärkte seine Entschlossenheit. Und als Muhr aufzuatmen begann und sich seine Manuskripte zurechtrückte, fühlte sich Weidinger dem Publikum gegenüber um eine Draufgabe verpflichtet. Muhr sah sich seinerseits zu einem weiteren Glas genötigt. Endlich war er selbst an der Reihe. Er begann mit den Worten: „Sie haben heute schon so viele Dichter gehört, daß ich Ihnen kaum noch mich zuzumuten kann." Dann besann er sich seiner Notizen und wandte sich mir zu: „Kollege Heller hat gesagt …" Das weitere habe ich über die Freude, daß mich der von mir so verehrte und geschätzte Dichter der Ströme, Adelbert Muhr, als Kollege angesprochen hatte, nicht mehr vernommen. Ich kam erst wieder zur Besinnung, als Muhr, in der Reihe der Lesenden als letzter seinen Trumpf gleichsam wie einen Talon ausspielte. Bäck rückte unangenehm berührt wie nach einem Insektenbiß auf seinem Stuhl herum, als Muhr mit seinen launigen Ausführungen begann, daß man etwa das Wort Kultur früher mit C geschrieben habe, daß der Wald zuerst als Feind des Menschen gegolten hat und nach und nach erst zu dessen Freund und jeder Baum zu dessen Bruder geworden ist. Er kam auf sein neuestes Buch mit der Schilderung der seltsamen Fußwanderung um Wien zu sprechen. Er beschwor in diesem Zusammenhang die Orte Tribsdrüll, Zwerndorf, Gaunersdorf, Grammatneusiedl und Stinkenbrunn. Und er begann die Eintragungen aus dem Fremdenbuch eines Leopoldsdorfer Gastbetriebes zu lesen, demnach ein Affentheaterdirektor in Begleitung zweier Affen hier logierte. Ferner die Bestätigung für die Nächtigung eines ungarischen Handelsvertreters in Gesellschaft eines Freudenmädchens, – wobei Muhr bemerkte, daß sich nicht nachweisen lasse, ob die Dame vom Beruf oder vom Charakter her als Freudenmädchen zu bezeichnen war. Er begann immer wieder von neuem die Eintragungen des Fremdenbuches einmal von hinten nach vorne und umgekehrt zu lesen und mit Kommentaren zu ergänzen. Mindestens fünfmal unterbrach er sich, um zu bedeuten, daß sich das alles in Leopoldsdorf im Marchfeld, in Tribsdrüll und in Grammatneusiedl zugetragen habe. Immer wenn er mit einem Kapitel am Ende war, glaubte er, dieses vom Anfang an erklären zu müssen. Dabei sah er zwischendurch auf die Uhr, um das Limit einzuhalten, nur hatte er den Zeitpunkt, mit dem er seinen Vortrag begonnen hatte, vergessen. Und da er zum Schluß alles durcheinandergebracht hatte, las er das letzte Kapitel sogar mehrmals vor, was Bäck und Wurm zu einem hämischen Grinsen veranlaßte, das seitens des Publikums breit übernommen wurde, Muhr aber nicht im geringsten störte. Nach etlichen Reprisen schlug Muhr plötzlich das Buch zu und begann, aus seinem Leben zu erzählen, daß er den längsten Berufstitel, nämlich „Kaiser und Königlicher Donaudampfschiffahrtsgesellschaftkapitän" getragen hätte, obwohl bekannt war, daß er eine zeitlang bei der DDSG als Beamter diente. Eine Tatsache, die Muhr dahingehend erklärte, daß auch ein Kapitän ein Beamter der Schiffahrtsgesellschaft sei. Und er kam immer wieder auf die Donau zu sprechen, mit dem Hinweis, daß die Donau als einziger Fluß Europas den Kontinent quer durchziehe, während die anderen Flüsse nord-südwärts verliefen. Er verriet auch, daß die Donau früher einmal ins Kaspische Meer gemündet sei, ehe der Einbruch des Schwarzen Meers erfolgte.

Plötzlich unterbrach er seinen Vortrag und verließ den Raum in hohem Seegang in Richtung WC. Geläutert wie der Jedermann nach dem Zwiegespräch mit seinen guten Werken erschien er wieder, fragenden Blicks, worauf man denn noch warte.

Klein brachte den großen Dichter wieder dorthin, von wo er ihn hergeholt hatte. Anderntags erkundigte er sich telefonisch bei dessen Gattin, einer ehemaligen Balletttänzerin an der Budapester Oper, von der Muhr noch im hohen Alter nach langjähriger Ehe wie von einer Geliebten schwärmte, wie es denn dem Meister gehe. „Wie soll es ihm gehen?" lautete die Gegenfrage. „Es geht ihm wie immer, gut."

Das ermutigte den Kustos des Lobaumuseums, Muhr zu einer neuerlichen Lesung einzuladen. Diesmal sollte es zu Allerseelen sein und dabei der 3000 Seelen gedacht werden, die auf dem Gebiet des sogenannten Franzosenfriedhofes im Jahre 1809 aus den Körpern der Gefallenen gewichen waren. Von diesem feierlichen Akt der Völkerversöhnung und -verständigung wurde auch die französische Botschaft in Kenntnis gesetzt, die prompt einen ihrer Diplomaten mit Gemahlin in die Lobau entsandte. Zunächst wohnten sie der öffentlich ausgeschriebenen Lesung des inzwischen zum Ehrenpräsidenten des Lobaumuseums aufgestiegenen Hauspoeten bei. Neben Rotwein wurden den Gästen einige Betrachtungen über die Schlacht um Aspern aus der Sicht des Literaten aufgetischt. Nachdem Muhr mit seinen Ausführungen zu Ende gekommen war, setzte sich der Zug, bestehend aus dem Gastgeber, dem Vortragenden und einer gehörigen Anzahl von Hörerschaft, in Richtung Gedenkstein in Bewegung. Die Führung hatte Anton Klein übernommen, dicht gefolgt von einem Ehepaar, dem der Habitus der typischen Wiener Wald- und Wiesenwanderer allein schon an ihrer Hubertusgewandung von weitem anzusehen war. Aus der Hosentasche des Mannes, wo andere ihre Brieftasche zu verbergen pflegten, spitzte ein Flaschenhals heraus. Nach alter Touristengepflogenheit reichte der Wanderer die Flasche an seine Gefährten weiter. So kamen Klein und ich mehrmals in den Genuß eines köstlichen Tropfens. Als Muhr, der in einigem Abstand mit der französischen Abordnung folgte, das mehrmals ausgeführte Ritual wahrgenommen hatte, entschuldigte er sich höflich bei seiner Begleitung, tat einige schnelle und große Schritte, war bald darauf den Spitzenreitern auf den Fersen und fragte, ob es sich bei dem Inhalt der Flasche um einen Barack oder Sliwowitz handle. Nachdem ihm dieser als ganz gewöhnlicher Obstler österreichischer Provenienz gereicht wurde, gab er sich auch damit zufrieden und unterstrich sein Kompliment mit einem derartigen Interesse, als gelte es herauszufinden, ob die Mixtur aus einer Mehrzahl von Äpfeln oder Birnen gebrannt worden sei. Als alle noch offenen Fragen geklärt waren, war auch der Gedenkstein erreicht. Und nach einem letzten kräftigen Schluck, der das endgültige Urteil besiegeln sollte, war auch die französische Gesandschaft mit der österreichischen Gefolgschaft bei der Gedenkstätte eingetroffen.

Muhr sollte nun seinen großen Auftritt haben und über die hier vor 170 Jahren erfolgten tragischen Ereignisse sprechen. Er geriet dabei ins Wanken und konnte sich nur noch mit Mühe am Obelisk aufrecht halten. Er erweckte den Eindruck eines Kriegers, der von einer verirrten Kugel getroffen worden war und nun als letztes Opfer dieser Schlacht seinen Vorgängern in das Jenseits folgte. Die wenigen, die um die Ursache von Muhrs Gleichgewichtsstörungen wußten, waren peinlich berührt. Die anderen konnten sich seine Unpäßlichkeit nicht erklären und wußten nicht, was in ihn gefahren war. Klein atmete richtig auf, als er bemerkte, daß die Herrschaften von der französischen Botschaft Muhrs Verhalten zwar befremdet gegenüberstanden, aber keine Provokation darin erblickten und ihrerseits gespannt der weiteren Entwicklung harrten. Muhr konnte sich im wahrsten Sinne des Wortes noch „erfangen". Der Fluß seiner Rede zog bald klar und ruhig dahin und teilte sich, was die geistige Konzeption betraf, in mehrere Nebenarme, die aber allesamt das Thema berührten und das Wesentliche miteinbezogen.

Die Veranstaltung war also im letzten Augenblick noch gerettet worden und mithin auch das Ansehen des Veranstalters, um so mehr als sich Muhr auf dem Rückweg ins Museum gegenüber den französischen Gästen als des Französischen kundig und als Übersetzer einiger französischer Lyriker erweisen konnte und darüber hinaus auch mit seinem Wissen um die Gepflogenheiten der Bonapartisten brillierte. Besondere Anerkennung fand Muhr bei den Franzosen, als er ihnen gestand, daß er der Comedie francaise einen Essay gewidmet hatte und von Marcel Pagnol zu seinem „Sohn des Stromes" inspiriert worden sei.

Im Museum, wo man dann wieder bei dem als Burgunder gepriesenen Rotwein gelandet war, gab Muhr noch weitere Proben von seiner Übersetzungsgabe und Rezitationskunst zum besten. Alles in allem war diese Veranstaltung auf höchster diplomatischer Ebene erfolgt, unbestritten, was die französische Seite betraf, nicht minder von österreichischer Seite, die sich wieder einmal mehr nicht hat anmerken lassen, auf welch wackeligen Beinen zuweilen ihre von Haus aus redlichen Vorsätze stehen. Eine Dichterlesung der besonderen Art hatte damit ein würdiges Ende gefunden. Nach einem beachtlichen Applaus schlugen sich Dichter und Publikum in die Büsche …

Was war denn nun das Besondere an diesen Dichterlesungen im Busch? – Es wäre völlig falsch, Muhr aufgrund dieser Vorkommnisse als Alkoholiker zu bezeichnen. Im Gegenteil. Er war als echter Wiener und Mann von Welt einem guten Tropfen nicht abgeneigt, aber die darauf folgende Wirkung bewies, daß er nichts Alkoholisches gewohnt war. Muhr war vielmehr gewohnt, in literarischen Zirkeln zu lesen. Dort kam er allenfalls über Goethe auf sich selbst zu sprechen. Hier aber, in der Lobau, dem Handlungsplatz seines bedeutendsten Romanes, einiger Betrachtungen und Gedichte, hier stand der Dichter an der Quelle seiner Worte, die zum Fluß der Erzählung fanden, hier sang er, wie der Vogel singt, der in den Zweigen wohnt, hier war er Mensch, hier durft er's sein.

Muhr in Aktion

142

EINE WILDERERKOMÖDIE

Im Schönauer Gasthaus „Zu Urfahr" trafen zu später Stunde noch zwei Gäste ein. Sie hielten sich zunächst in einigem Abstand von den zwei dort bereits schnapsenden Gästen und bestellten zwei Krügel Bier. Nach einiger Zeit fragten die Fremden die Alteingesessenen, ob sie zu einem „Vierer" bereit wären. Das war man, also ergab sich ein Turnier „Einheimische gegen Zugereiste", und es ging darum, wer die nächste Runde Getränke zu bezahlen habe. Während des Kartenmischens stellten die Einheimischen an ihre Gegner die Frage, woher sie denn kämen und was sie im Sinne hätten. „Ach, einmal ausspannen, einfach aus dem Streß herauskommen, den einem die Großstadt als Etablissementbesitzer auferlegt. Untertauchen auf dem Land für kurze Zeit, um danach wieder erfrischt in der Stadt aufzutauchen. Und man kann dann mit gutem Gewissen sagen: Man ist wo gewesen."

Die Einheimischen ließen sich das gefallen und hörten gerne, daß kein anderer Ort in der Fremde schöner sein könnte als eben Schönau.

„Aber werden Sie auch davon noch etwas sehen, wenn die Sonne untergegangen ist?" fragte der Bürgermeister des gepriesenen Ortes. Und der Ortsgendarm wartete ebenfalls gespannt auf die Antwort.

Ja, tatsächlich, die Sonne war zum Schrecken der beiden Ausflügler hinter dem Waldkamm verschwunden. Nur ein Schimmer lag über den Wipfeln. Die Nacht stand bevor. Also dieses Bummerl noch zu Ende gespielt, dann gezahlt, ein Loblied auf Land und Leute und ein herzliches Aufwiedersehen.

Die Einheimischen haben es ja nicht weit. Und die Fremden wollen den Einbruch der Nacht noch eine Weile am Busen der Natur genießen, ehe es zurück in die Steinwüste der Großstadt geht.

Der Bürgermeister lag bereits im Bett, als er einen Schuß vernahm. Er, der Revierleiter, mußte zur Kenntnis nehmen, daß ohne sein Wissen jemand in seinem Revier jagte. Wer wohl diese Wilde Jagd mitten in der Nacht vom Zaun brach, dies zu erforschen war dringendstes Gebot. Es wird sich doch um Gottes Willen niemand erschossen haben. Nach kurzer Zeit ein zweiter Schuß. Mord und Selbstmord oder Doppelmord, das war hier die Frage. Aber mitten in der Au? – Immerhin hatten sich schon einige an den Bäumen erhängt.

Der Bürgermeister ruft den Gendarm an. Der Jagdkamerad ist noch wach und, obgleich außer Dienst, sofort zum Einsatz bereit.

So machen sich die beiden auf, um nach dem Rechten zu sehen. Wohlweislich fahren sie mit dem Wagen des Bürgermeisters ohne Licht über den Rückstaudamm in die Au. Gespenstisch, als wollten sie eine Untat oder ein Geheimnis verbergen, breiten Weiden und Pappeln ihre Äste über das Gefährt, das sich vorsichtig in die Nacht schiebt. Der Schuß war aus der Richtung des Großen Rohrwörth gekommen. „Es führt kein anderer Weg nach Küßnacht!"

Mit gleichmäßigen Touren zieht das Auto dahin. Von einem Jagdfieber der besonderen Art bleiben seine Insassen befallen. Je weiter sie in die nächtliche Au dringen, desto größer wird die Erwartung.

Mitten in die größte Spannung hinein geschieht dann das Unerwartete: ein Zusammenstoß zweier unbeleuchteter Fahrzeuge auf einem unbeleuchteten Fahrweg.

Die Wilderer waren wie die rechtschaffenen Jäger auf dem selben Weg gewesen, nur jeder in die entgegengesetzte Richtung gefahren. Das hatte zu dem Zusammenstoß geführt. Die Jagdpächter wollten nicht ihre Annäherung ankünden und die Wilderer nicht nochmals auf sich aufmerksam machen, jetzt, wo sie die Beute bereits im Kofferraum hatten. Die Ortsobrigkeit war nicht bereit, alte Bekannte, in flagranti ertappt, laufen zu lassen. Schon gar nicht waren Gendarm und Bürgermeister bereit, um die beiden Rehe im Kofferraum zu schnapsen. Diesmal hatten sie das Atout in der Hand. Und daraufhin wurde zugedreht. Selten hat es wo so schnell eine Revanche gegeben, ohne daß die Karten gemischt worden sind und ein „Gangl" angesagt wurde. Selten hat auch eine flüchtige Bekanntschaft zu einem derart guten Kennenlernen und ein Abschied zu einem so baldigen Wiedersehen geführt. Da außer Kühlflüssigkeit und Treibstoff auch etwas Wilderer- und Jägerblut geflossen war, hatten sich die Gerichte mit dem Vorfall zu befassen. Die Wilderer waren nicht bereit, die ganze Schuld auf sich zu nehmen, während die Jäger jede Schuld von sich wiesen. So wurde das anhängige Verfahren nach einigen Berufungen gegen das Urteil bis zum Höchstgericht vorgetragen. Der zum Wildern genötigte Etablissementbesitzer konnte sich nun sogar einen Staranwalt leisten. Dies bewahrte ihn und seinen Komplicen aber nicht vor einer Verurteilung wegen Wilddiebstahls und Gefährdung der Sicherheit des Lebens. Wegen letzteren Delikts wurde auch der Bürgermeister belangt. Dies erfüllte die snobistische Wildererseele mit einiger Genugtuung, überzeugt, daß hier einer alten Tradition mit modernen Mitteln entsprochen worden war.

Früher haben sich Taglöhner, Kleinhäusler und Hungerleider in die Au geschlichen, um ihren Armeleutetisch mit einem Stück Wild aufzubessern. Später haben sich wohlhabende Leute einfach einen Spaß, Sport und Spiel mit Nervenkitzel daraus gemacht.

Deshalb sind die Jagdpächter in den sogenannten guten Zeiten mehr auf der Hut als in den schlechten. So lange es einen Förster im Silber(pappel)wald gibt, wird es auch wilde Wildversilberer geben.

DER REIT(T)ER

Er war in seinen besten Jahren fest im Sattel eines Trak-
tors gesessen und hatte später einen „Drahtesel" bis an
sein Lebensende geritten. Er huldigte auch seinem
Steckenpferd, einer Sammelleidenschaft, die scheinbar
Nutzloses zu nützen schien. Manches achtlos Weggelegte
wurde von ihm aufgelesen oder kam auf dem Tauschweg
in seinen Besitz. Auch als er sich für seinen angestammten Namen ein zweites „t" aneignete, hätte er am liebsten
ein „e" dafür gegeben, um sich als Ritter auszuweisen,
denn um einen gewöhnlichen Reiter
abzugeben, dafür hielt er sich zu gut.
Ein „h" wäre ihm zu weich erschienen, auch wenn er sich dabei wie der
seinerzeitige Landeshauptmann von
Niederösterreich geschrieben hätte.
Reitter mit zwei „tt" empfand er
gerade recht und hart genug für
einen, der ohne mit der Wimper zu
zucken über Stock und Stein ritt.
Und mit Hindernissen, die er bra-
vourös, zuweilen auch halsbreche-
risch überwand, war wohl sein
Lebensweg gepflastert. Auf diese
Weise hatte sich Reiter selbst zum
Reitter geschlagen.

Das Areal des sogenannten Reit(t)er-
Gutes war übersät von alten Acker-
und Hausgeräten. Hier standen die
Dinge der Vergangenheit unter
Denkmalschutz. Ihr Besitzer war die
Neuauflage des ewigen Einsiedlers
am Ufer eines Flusses mit Wiederkehr. Am Rande des
Wolfswörther Feldes, das an eine von der Donau ver-
wüstete Ortschaft erinnert, befand sich Reit(t)ers wüstes
Lager, als wären hier die einzelnen Dinge durch Jahrhunderte von der Donau angeschwemmt worden. Reit(t)er
lebte gleichsam am Rande der menschlichen Gesellschaft
und suchte diese nur gelegentlich auf, um deren veräußer-
te Güter als Beute heimzuführen. Bei ihm kam alles, von
der Wiege bis zum Grabkreuz, noch einmal zu Ehren.
Sein Lagerplatz wurde zum Dokumentationszentrum der
Wohlstands- und Wegwerfgesellschaft. Liebhaberei und
Leidenschaft bestimmten Reit(t)ers Handeln und Wan-
deln. Er war manches Verhältnis eingegangen, hielt aber
nichts von einer festen Bindung, nicht einmal von einem
fixen Arbeitsverhältnis. Sein Lebenslauf bestand aus Lieb
und Lust. Er glich einem entfernten Verwandten Aktäons,
der Diana beim Bade beobachtet hatte, und seither auf der
Flucht vor den Hunden war. Die Freiheit galt ihm als das
Erstrebenswerteste. So wurde er zu seinem eigenen
Gefangenen wie jeder Einsame auch. Nur war er im

Josef Reit(t)er

Gegensatz zum Stummerl beredt. Er teilte bürgerliche
Ansichten, obwohl er den bürgerlichen Lebensformen
nichts abgewinnen konnte. Er war alles andere denn Kommunist; er fühlte sich vielmehr als Kapitalist, weil ihm
seiner Meinung nach die Welt gehörte. Dieser Freiherr
von Wolfswörth, vertrat die Meinung, daß die Arbeiter
über ihre Verhältnisse lebten. Wovon er selbst lebte, blieb
vielen ein Rätsel. Obwohl ein Absolvent der Matura, hatte
er manches Wissen wissentlich über Bord geworfen, um
als Weiser zu leben. Er zitierte häufig
Nietzsche und bezog den Über-
menschen auf sich selbst. „Also
sprach Zarathustra" galt als sein
Lieblingsbuch und zugleich als
Bibel. Dies hinderte ihn nicht,
zuweilen dem katholischen Gottes-
dienst beizuwohnen. Mit seinem
weißen, wallenden Bart sah er aus
wie Theodor Storm, und wenn er
sich auf dem Rückstaudamm zeigte,
erschien er dem Literaturfreund als
der Schimmelreiter. Das Forsthaus
auf dem Kühwörth lag in unmittelbarer Nachbarschaft und nur einen
Kauzruf weit von Reit(t)ers Behau-
sung entfernt. Früher war er dem
Forsthaus noch näher gewesen mit
einem eigenen Häuschen. Als die
Untere Lobau zum Reichsjagdgebiet
erklärt wurde, wurde Reit(t)er aus-
gesiedelt und sein Stützpunkt über
den Damm ins Wolfswörther Feld verlegt. Reit(t)er war
mehr Heger, denn Jäger. Er hatte nie einen Schuß abge-
geben, aber dennoch manchen Menschen, vornehmlich
die Frauen, getroffen. Auf diesem Gebiet war er ein
Wildschütz. Seine Augen funkelten. Sein Blick war
stechend. Und er griff den Frauen nicht nur unter das
Herz. Er hütete sich, vor ihnen den Hut zu ziehen, um
nicht seine Glatze bloßzustellen. Dennoch wurde ihm
nichts übel genommen, dem Alten, auch als er als
80jähriger am Begräbnis eines 20jährigen teilnahm. Der
Reit(t)er war das Standbild eines Mannes, geschnitzt aus
dem Holz der Napoleon-Pappel. Er war stets ein treuer
Diener eines Herrn, ohne seine eigene Herrschaftlichkeit
aufzugeben. Er hatte Peter Roseggers unbedachtes Wort
„Wie reich war ich, als ich arm war" in die Praxis umgesetzt. Dafür hatte er eine Glosse parat: „Ich war als
Jüngling kurze Zeit Bankbeamter. Ich hätte Direktor
werden können. Aber da hätte ich jeden Morgen um acht
Uhr aufstehen müssen. So aber stehe ich auf, wenn es
mir paßt."

Im Gestrüpp, das ihm als Zaun diente, hatte er neben dem selten begangenen Weg eine Schiefertafel stecken und eine Seifenschale mit einem Kalkbrocken darin. Auf dieser Schultafel des Lebens stand: „Gruß vom Reitter. Wer war da?" Die Frage hätte sich erübrigt, denn Reit(t)er war meistens anwesend, hielt sich bloß in seinem Anwesen versteckt und wußte gar wohl, wer von draußen auf eine Einladung von ihm wartete. Aber Reit(t)er machte sich rar. Nur manchmal, wenn er sich tatsächlich anderswo herumgetrieben hatte und bei der Heimkehr den Namen einer Frau auf seiner Tafel fand, gefiel es ihm, einer verabsäumten Gelegenheit nachzutrauern. Schließlich sah er ja gar nicht so übel aus, nicht einmal im hohen Alter, und er war sich noch immer als Statist beim Film oder am Theater, ja sogar als Mannequin für die eine oder andere Werbung gut genug. Bei einer etwaigen Berufsangabe, wobei ihm die Wahl zwischen Gelegenheitsarbeiter und Lebenskünstler geblieben wäre, hätte er sich gewiß, entgegen seiner sonstigen Gepflogenheiten, für das letztere entschieden.

Von Reit(t)er konnte ebensowenig wie vom „Wilden" oder „Stummerl" behauptet werden, daß er die Einsamkeit und das Los des Einsiedlers aus eigenen Stücken gesucht hätte. Reit(t)er hatte im Gegensatz zu seinen Lobauer „Vorfahren" den Kontakt mit der Zivilisation nicht völlig abgebrochen. Er hielt sich bloß in Abstand von ihr. Vielleicht hatte er sein Leben lang nur darauf gewartet, daß

Das „Reit(t)er-Gut"

der richtige Mensch einmal zu ihm finden würde. So aber blieb für ihn die Frage, „Wer war da?" immer unbefriedigt beantwortet.

Auf seinem Areal war manches Rad zum Stillstand gekommen und gab Anlaß zu Medidationen über Raum und Zeit. Bäuerliche Geräte hatten sich hier angesammelt, ohne daß ihnen Reit(t)er einen musealen Charakter unterstellte. Die Dinge waren einfach da wie er selbst.

Auf einmal war der Reit(t)er selbst nicht mehr da. Der letzte, der ihn aufgesucht hatte, hatte sich auf der schwarzen Tafel nicht verewigt.

Die Gästetafel

DIE DEPENDANCE

Drunt, unterhalb der Unteren Lobau, gibt es ein Platzerl, von dem die wenigsten wissen, daß es Lobau heißt. Es ist dies die Lobau außerhalb der Lobau und sie liegt unmittelbar neben dem Lobfeld, von Äckern umgeben, einstmals vom Lobarm, der bis nach Eßling reichte, umfangen, zwischen den Orten Probstdorf, Schönau, Mannsdorf und Matzneusiedl. Vielleicht mag diese Tatsache auch beigetragen haben, daß manche daraufhin die Donauauen von der Stadtgrenze bis zur Staatsgrenze mit Lobau bezeichnen.

Bei dem kleinen abgesetzten Waldstück handelt es sich um einen entfernten Verwandten der Lobau. War doch das ganze Waldgebiet, ehe es zum größten Teil in Felder umgewandelt wurde, wie eine Familie mit gemeinsamem Stammbaum. Die Menschen haben sie nur auseinandergehackt, als sie sich ihr Reich nach ihren Maßstäben schufen. So ist ein Stück Au, getrennt vom Großen und Ganzen als Torso neben der eigentlichen Lobau als Lobau verblieben und für viele ein Grund, über die Obere und Untere Lobau in Summe von einer großen oder Wiener Lobau, und über die andere, unbedeutende, von einer kleinen, der niederösterreichischen Lobau zu sprechen. Der Unterschied liegt darin, daß erstere Felder in sich einschließt und letztere von Feldern eingeschlossen wird. Die eine Lobau kennen alle, die andere nur wenige, das sind jene, die in ihrer unmittelbaren Nachbarschaft leben und sie allenfalls besuchen, ähnlich wie die Tanten und Onkel von erfolglosen Künstlern, deren zweifelhaften Darbietungen sie zuweilen die Ehre erweisen. Ist es in einem Fall die Kunst, ist es im anderen die Natur. Dabei hat auch die Dependance der Lobau seine Reize, als hätte Claude Monet seine Staffelei darin aufgestellt, um das Wunderbare in ihr wiederzugeben und aller Welt vor Augen zu führen. Wer sie sein Eigen nennen darf, hütet sie auch wie einen Augapfel, versucht, sie fremden Blicken zu entziehen, ist bemüht, sie vor Zudringlingen zu schützen, die ihre Schönheit wie im Wesen einer unscheinbaren Frau ja doch niemals entdecken würden. Die Zeit geht auch an ihr, der „Unbedeutenden" nicht spurlos vorbei. Alles ist da wie dort, wie wenn alles noch eins wäre. Das Leben der Kleinen Lobau geht neben der Großen einher. Wo für die eine Beachtung, Bewunderung und Massenzustrom herrscht, trifft für die andere das Gegenteil zu: Sie bleibt gegenüber ihrer berühmten Schwester eine verkannte, weil unbekannte Erscheinung, obwohl ihr Inneres zu einem kleinen Teil erfüllt ist mit all dem, was dem Großen die Größe verleiht.

In der Kleinen Lobau

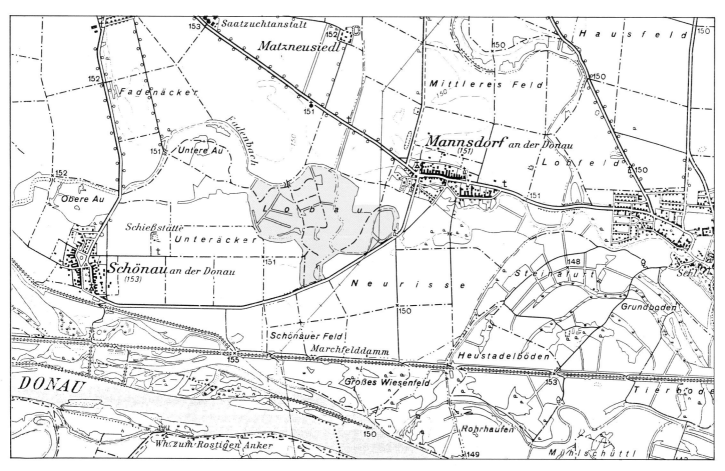

Geographische Lage der Kleinen Lobau / Der Lob-Weiher

DAS WORT

EINE KLEINE LITERATURGESCHICHTE

Was die Schöngeistige Literatur im Hinblick auf die Lobau betrifft, kann eine solche erst mit der Öffnung des einstigen kaiserlichen Jagdgebietes verzeichnet werden. Lediglich Ferdinand von Saar (1833 – 1906) war es als Mitglied des Herrenhauses gegönnt, einen Blick hinter den Zaun zu werfen, wie anders sonst hätte er seine Ode „Auf der Lobau" verfassen können, worin Vergleiche menschlichen Scheiterns am Beispiel Napoleons mit dem Schicksal einer Landschaft angestellt werden und die mit einer düsteren Prophezeiung endet:

> … und ahnt nicht,
> daß auch sie dereinst
> zerbröckeln wird in Schutt und Trümmer,
> um endlich,
> gleich dir, du grünende Insel,
> hinweggeschwemmt zu werden
> vom Strom der Zeiten.

Einer der ersten Literaten, die sich nach der Öffnung eingehend mit diesem Gebiet beschäftigten, war Alois Tlučhoř alias Alois T. Sonnleitner (1869 – 1939), der mit seinen beiden Bänden „Die Hegerkinder in Aspern" und „Die Hegerkinder in der Lobau" mehr als eine Generation von Menschen durch seine ausführliche Schilderungen für diese Gegend begeistern konnte.

Maria Grengg (1888 – 1963), die Verfasserin von Romanen wie „Die Flucht zum grünen Herrgott", läßt ihren Helden, nachdem dieser von einem vermögenden Freund zu einer Seereise eingeladen worden war, die aber bereits in der Lobau endet, begeistert ausrufen: „Ach, was braucht denn einer gleich Meer und ein Segelschiff, wenn er was mit dem Wasser erleben will!"

Diese Meinung vertrat auch der bedeutende Lyriker Theodor Kramer (1897 – 1958) mit seinem am Donauufer angesiedelten Poem „Strand". Der vor allem sozialkritische Dichter läßt keine Zweifel offen, um welches Ufer es sich dabei handelt, wenn er eine seiner Balladen mit „Im Stromland wächst ein Bretterdorf" beginnen läßt. Auch „Der Alte am Strom" und „Beim Stromwirt" weisen auf die Gegend unweit der Ostbahnbrücke hin.

Keine geographische Zweifel läßt Wilhelm Szabo (1901 – 1986) mit seinem „Strom in der Ebene" aufkommen:

> Noch eben hat ihn Raum
> der Berge eingeengt.
> Nun hat er ihren Saum
> zur Ferne hingedrängt.

> Nun duldet er am Rain
> nicht Feld, nicht Siedelei,
> daß er mit sich allein
> und scheu gemieden sei.

> Er hat mit Fluten wild
> die Dörfer fortgescheucht.
> Nie blinkt ihr Spiegelbild
> im blauen Stromgeleucht.

> Den stillen Auenrand
> nur litt er als Geleit.
> So zieht er durch das Land
> in großer Einsamkeit.

Hans Giebisch (1888 – 1966), dem Waldviertler Dichterkreis zugeordnet, kam nach eigenen Worten „dem Lauf der Donau folgend, aus dunklem Waldgebierge her" und verfaßte im Rahmen seiner „Wiener Sonette" jenes über die Lobau:

> Kein Laut der Stadt, nur ferne pfeift die Bahn.
> Am toten Arm, dem Reich der Wasserpflanzen,
> wo über Rohr und Sumpf die Mücken tanzen
> ruht unterm Weidenbaum ein morscher Kahn.

> Im Kolbenschilf mit seinen grünen Lanzen
> fischt hier der Reiher noch und Kormoran;
> im Dickicht steht der Hirsch, und der Fasan
> duckt sich im Grase auf den alten Schanzen.

> Am Sontag kommt in diese Wildnis Leben!
> Wenn fern die Stadt erglüht im Sonnenbrand,
> eilt alles, sich dem Wasser hinzugeben.

> Da füllt die bunte Menge Sand und Strand
> bis abends kühl die Donaunebel weben
> und Schlaf und Frieden sinkt aufs stille Land.

Carl Julius Haidvogel (1891 – 1974) schilderte in seinen Romanen „Landsiedl besucht die Natur" und „Einer am Rande" das Kolonistendasein mit all seinen Bedrängnissen wie Hochwasser und soziale Tiefstände.

Josef Luitpold (1886 – 1966), kannte das Inundationsgebiet aus den härtesten Jahren. Die damals Arbeitslosen haben in der Natur und in Josef Luitpolds Kampfliedern um soziale Gerechtigkeit Trost gefunden und Kraft geschöpft.

Wolfgang Trousil-Linhart (1904 – 1967) vermochte „Die Hirschbrunft in der Lobau" derart packend zu erzählen, daß man sich als deren Zeuge wähnt.

Ähnlich gelang es Felix Rosché (1883 – 1966), seine Erlebnisse „Im Tierparadies der Stromau" dem Leser packend zu vermitteln.

Heinrich Hierhammer stand ihm dabei in seinem 1948 erschienenen Buch „Am Strom der Güte und des Todes" als Zeichner und Schilderer starker Naturerlebnisse in nichts nach.

Die bedeutendsten Worte über diesen Landstrich aber fand Günther Schwab (geb. 1904), ein Dichter und Jagdschriftsteller vom Range eines Hermann Löns, in seinen Büchern „Der Wind über den Feldern" und „Abenteuer am Strom". Rückblickend auf seine Tätigkeit als Forstpraktikant in Probstdorf schildert Schwab seine Erlebnisse in dem Buch „Heute kann man darüber lachen". „Wenn sein Hauptwerk „Land voller Gnade" auch die Seenplatte eines ungenannten Landes im Osten zum Schauplatz hat, kommt einem dieser Titel aber auch in Anbetracht mancher Motive in der Lobau in den Sinn.

Felix Salten (1869 – 1945) ist mit „Bambi", der Lebensgeschichte aus dem Walde, berühmt geworden. Um welchen Wald es sich dabei handelt, geht nicht klar hervor; jedenfalls um einen Auwald, wie aus der Schilderung des Orts der Handlung deutlich wird. Nur daß die Saltenstraße von Aspern weg direkt in die Lobau führt, ist als näherer Hinweis anzunehmen.

Ähnlich verhält es sich mit Gerhard Fritsch (1924 – 1969), dessen Roman „Moos auf den Steinen" die dank dichterischer Freiheit verwobenen Umgebung von Niederweiden und Eckartsau zum Schauplatz hat, aber aufgrund historischer Bezüge auch auf die Lobau verweist.

Auch Matthias Mander (geb. 1933) bezieht seinen Roman „Wüstungen" vorwiegend als solche auf Wolfswörth, freilich nicht ohne Bezüge zur Wüstenei im Innenleben cleverer Wirtschaftsfachleute und Mitglieder der sogenannten Wohlstandsgesellschaft herzustellen.

Adelbert Muhr (1896 – 1977) bedarf keiner weiteren Erwähnung mehr. Als Dichter der Ströme, vornehmlich der Donau, bedachte er das Schiff seines Helden mit dem Namen „Lobau" und diese selbst mit folgender Elegie:

> Am schweigenden Abend
> strömt lautlos und grau der endlose Strom.
> Ein Vogel schnellt vorbei,
> ein schwarzer Vogel.
> Ernst und traurig schwebt er langsam ins Rot.
>
> Stille schaut auf das ruhige Ufer.
>
> Leises Weinen liegt in der Luft,
> wenn der erste Stern kommt
> aus der Unendlichkeit.

> Die Fischer sind scheu
> wie die Wolken
> am Himmel.

Bruno Brehm (1892 – 1974) kam natürlich bei seinem Roman „Zu früh und zu spät" nicht umhin, bei dem Bericht über die Schlacht um Aspern auch die Lobau als Schauplatz miteinzubeziehen.

Ebenso Gertrude Kisela-Welser (geb. 1930) mit ihrem Roman „Komteß Tabarsky", der eine Liebesbeziehung inmitten dieses haßerfüllten Krieges zum Inhalt hat.

Franz Richter (geb. 1920) läßt in seinem Roman „Spaltklang" die Erfüllung einer Liebe zwischen zwei Menschen in der Lobau während des Zweiten Weltkrieges unter dem Damoklesschwert schwerer Bomberverbände geschehen.

Etwas abseits der Liebe, aber mitten im Frieden und im Einklang mit dem der Natur hat Klaus Wohlschak (geb. 1947) in seinem Dialektgedicht „Da Spaunna" einen sogenannten Spanner, Spießer oder „Spechtler" als Beobachter von Liebesszenen und -akten beim Donau-Oder-Kanal angesiedelt.

Bertrand Alfred Egger (geb. 1924) beschwört auf seine Weise die Lobau:

> Meine violette Sehnsucht,
> Herbstzeitlose!
> Die Hirsche in der Au
> haben ihren Weg
> in den Ackerrand
> geschrieben.
>
> Ein balzender Fasan
> lockt im Gesträuch.
> Aus den Erlen und Espen,
> aus mächtigen Ulmen
> weht der Abend,
> rauchig und kalt.

Während Christine Busta (1914 – 1987) den „Abend in der Lobau" dermaßen erlebte:

> Die Unke ruft aus einer andern Zeit,
> am Laubwall rückt des Lichtes goldner Zeiger,
> im Grase stimmen unsichtbare Geiger
> das Stundenlied der steten Grille an.
>
> Schwarz überm bleichen Schilf kreist ein Milan,
> jäh zuckt des Wassers träge Silberhaut,
> am Damm erlischt ein rotes Knabenkraut,
> der Weg zurück ist schon vom Mond verschneit.

Die Zerstörung des Überschwemmungsgebietes und den Schritt in einen neuen Zeitabschnitt beklagt Walter Bäck (geb. 1931) mit seinem „Lied von der Lobau".

Drunten, wo Napoleons große Schanzen waren
zwischen Enzersdorf, Mühlleiten und Stadlau,
drunten, wo noch auf dem Damm die Radler fahren,
bei dem großen Bauplatz, liegt noch die Lobau.

Als wir Kinder waren, sang die Jugend Lieder
über diese Waldau, selig voller Glück;
jetzt erkennt man diese graue Au nicht wieder,
denn der Bagger nahm ein weites, grünes Stück.

Seltsam, daß wir erst des Glückes Lieder hörten
und wir sie nicht sangen, denn wir warn zu jung,
während sie uns diese Gegend bald zerstörten,
als sei sie für uns schale Erinnerung;

Als ob hier des Glückes großes Gleichnis bliebe,
gab es, was es uns, bevor wir's hatten, nahm.
Uns singt ewig die Lobau das Lied der Liebe
einer Welt, die geht, als ob sie gar nicht kam.

Helmfried Knoll (geb. 1930) versteht seine Wanderführer
mit poetischen Passagen literarisch aufzuwerten. So auch
in seinem Buch „Wandern in Österreich", worin er einen
„Advent in der Lobau" zum besten gibt.
Sein Vorgänger Karl Ziak (1902 – 1987) hat vor allem mit
„Erwanderte Heimat" und „Wandern und Schauen" über
die Stromau seines „Unsterblichen Wiens" nicht hinweg-
sehen können.
Wolfgang Kudrnofsky (geb. 1927) beschrieb mit der
Roman-Biographie „Der Messias von der Lobau" die
Passion des Peter Waller.
Edith Sommer, ebenfalls Jahrgang 1927, spricht in dem
1993 von ihr verfaßten Text über den damals erst geplanten Nationalpark zwangsläufig von einem „Erlebnispark
Lobau" und scheut sich nicht, die ortsübliche Bezeichnung für Lacke mit Weiher, ja sogar See zu ersetzen, so
wie sie auch ihre Sätze zerhackt, nicht um modisch zu
erscheinen, sondern um dem literarischen Gourmet ein
landschaftliches Gustostückerl wohldosiert auf der Zunge
zergehen zu lassen.

> Die Herbstzeitlosenwiese
> am Eingang
> Ein Weg
> führt ins Wasser

wird zu Wasser
ein schmaler Pfad
umgeht ihn
führt zu einem
großen Weiher
Schilf
umgestürzte Weiden
ein Loch im Gebüsch
über einen steilen
Abhang
zum Ufer des großen
Sees
ein Schwan
gleitet dahin
Enten flattern auf
leise quaken die Frösche
Erlebnis genug?
Eine Stunde
Ewigkeit
und zurück

Friedrich Sacher (1899 – 1982), der große Meister der
kleinen Form, wanderte in Gedanken über Leben und Tod
„Auf dem Treppelweg"

> Ziehst du das Seil am Ufer hin,
> flußauf den Kahn mit finstrem Sinn,
>
> so wird das steinbeladne Boot,
> dein Leben schwer und schwarz der Tod.
>
> Sieh zu, daß dir ein Lied gelingt!
> Aus dem Gehölz die Sonne springt.
>
> Es singt der Kuckuck aus der Au.
> Die Hucke leichtert sich, das Tau.
>
> Mehr aber wird dir einmal nicht.
> Ein Scheffel Sorge. Etwas Licht.

Vielen, denen ein Lied aus der Melodik ihrer Worte
gelang, ist über die Sorge, daß dieses vernommen werde,
bei einigermaßen zu verzeichnendem Erfolg doch etwas
Licht zuteil geworden. Dafür ist schließlich jeder wahr-
hafte Poet bereit, alles zu geben.

DIE GESTE

Ich selbst trug mich schon die längste Zeit mit dem Gedanken, ein Buch über die Lobau zu schaffen. Nachdem ich 1975 einen Führer durch die Geschichte und Landschaft dieses Naturjuwels herausgebracht hatte und mit der Bitte schloß: „Möge dieses Bändchen Begleiter durch ein Naturjuwel werden und nicht zum Requiem für eine verlorene Landschaft", sah ich gerade in einer Zeit, in der man gegenüber der Natur mit schweren Geschützen auffuhr, die Notwendigkeit, der Lobau eine umfangreichere Huldigung angedeihen zu lassen. Zu diesem Zwecke war ich oft mit Rad und Photoapparat unterwegs, um die Lobau nicht nur mit Worten zu preisen, sondern ihre Schönheit auch mit Bildern zu dokumentieren. Im Rahmen dieser Pirschzüge traf ich in der Sophienau auf eine Lichtung, in deren Mitte ein junger Mann mit dem Rücken zu mir, der Sonne zugewandt, kauerte. Er hob in Abständen seine Arme, als wollte er die Sonne umarmen und in seine Liebe zu Gott und der Welt miteinschließen. Und doch war aus seiner Gebärde zu erkennen, daß er nicht einem fernen Planeten, sondern dieser Erde seine Andacht weihte.

Genau ein solches Bild, ja, dieses Bild schwebte mir als Ideal für mein Buch vor. Es war dies die Veranschaulichung einer der schönsten Dankabstattungen, die einer Landschaft entgegengebracht werden konnte, sollte für tausend, ja abertausend Worte stehen und über den Augenblick hinaus zum bleibenden Gebet um den Bestand unserer Welt werden.

Ich machte mich also immer näher an den in seiner Andacht vertieften Mann heran. Wie ein Indianer, ja wie eine Schlange bewegte ich mich langsam und vorsichtig mit aufnahmebereiter Kamera durch das Gras. Und gerade, als ich den Auslöser drücken wollte, dürfte ich ein Geräusch verursacht haben. Der junge Mann wandte sich um, unterbrach jäh seine heilige Handlung und machte sich auf den Weg. Ich selbst war so überrascht, daß ich nicht einmal auf den Gedanken kam, mich für meine Hinterhältigkeit zu entschuldigen und ihn zu bitten, für mich noch einmal zu posieren.

Ich kehrte zu meinem Rad zurück und setzte meine Motiv-

suche fort, enttäuscht, daß ich nach meinen Begriffen weder das beste Bild hatte einfangen können noch ein gutes Wort für die Darstellung der Lobau gefunden hatte. Nun führte mich mein Weg mit dem meines Helden ungewollt ein zweitesmal zusammen. Ich begegnete dem Mann mit einem verbindlichen Lächeln. Freude, Bewunderung, Achtung, Verständnis und ein Bekenntnis zur Gleichgestimmtheit unserer Seelen – all das sollte damit zum Ausdruck gebracht werden. Aber über das Gesicht des Mannes huschte ein Schatten der Verachtung, ja der Feindseligkeit. So bestürzt ich war, ich mußte nun auch dieses Gefühl mit ihm teilen.

Ich hatte schon einmal und vielleicht nicht das einzige Mal in meinem Leben ein derart dummes, für die Situation völlig unpassendes Gesicht gemacht, damals als ich über die Organisation „Theater der Jugend" zum ersten Mal in meinem Leben in der ersten Reihe eines Theaters saß und in Reichweite Albin Skoda als Orest dem Wahnsinn verfiel. Ich sah, wie ihm der Schaum aus dem Mund trat. Er hob, nachdem er sich, kaum einen Meter von mir entfernt auf dem Boden gewälzt hatte, seinen Kopf und starrte mit wirrem Blick in mein Grinsen. Einen Schauspieler hätte eine solche Resonanz des Publikums auf ein derartiges Bemühen seinerseits aus der Fassung gebracht. Der großartige Menschendarsteller Albin Skoda aber lebte das Leben Orests unbeeinflußt zu Ende. Für mich aber war mein Lächeln der Ausdruck einer Freude über die Tatsache, daß sich so nah von mir die Kunst zur Natur erhob. Mein Lächeln war daher von einer Art, mit der man fassungslos einem Wunder begegnet. Und dennoch schämte ich mich hinterher, daß mein Verhalten als albern hätte mißdeutet werden können …

Mir erschien daher später mein Lächeln in beiden Fällen als völlig unangebracht.

Ich war dem Lobau-Brahmanen nie wieder begegnet. Es gab keine Gelegenheit mehr, mich bei ihm zu entschuldigen, mich ihm zu erklären, indem ich ihm endlich hätte danken können. – Er hatte nämlich ohne ein Wort, nur mit seinem Verhalten in der Lichtung all das ausgedrückt, was ich mich seit eh und je zu sagen bemühte.

DIE SCHATZINSEL

Wir haben dieses Buch gewissermaßen mit einem Märchen als Vorwand für ein Vorwort begonnen. So wollen wir denn mit einer Sage unsere Betrachtungen beschließen. Laut dieser Sage hätte Napoleon auf der Flucht aus der Lobau seinen Schatz noch rasch vergraben. Um ihn wiederzufinden, hat er in den Baum, in dessen unmittelbarer Nähe er die wertvollen Juwelen verscharrt hatte, drei Hufnägel eingeschlagen. Als dies bekannt wurde und der vormals stolze, indessen aber gedemütigte Korse bereits auf Helena schmachtete, machten sich viele auf die Suche nach dem Baum mit den drei Nägeln, um den Schatz zu finden. Viele tasteten sich auf diese Weise erfolglos von Baum zu Baum.

150 Jahre später erhielt der Oberlehrer von Aspern eine Brennholzlieferung. Als der Schulmeister die Holzblöcke zu spalten begann, traf er mit der Hacke auf einen rostigen, von der Rinde verdeckt gewesenen Hufnagel und fand in dessen Nähe zwei weitere. Mithin war ihm klar, daß es sich um jenen Baum gehandelt hatte, an dessen Stamm der Franzosenkaiser seinen Schatz hinterlegt. Wo aber war der Baum gestanden? Darüber konnten weder der Holzlieferant, noch die Holzfäller und schon gar nicht der Forstmeister Auskunft geben, so daß jede Suche vergeblich gewesen wäre.

Und so blieb es denn ein Geheimnis um den Verbleib des Schatzes. Ob ihn Napoleon vor seinem Übergang über den Groß-Enzersdorfer Arm auf seinen weiteren Siegeszug mitgenommen hatte oder ob er heute noch irgendwo unter der Erde der einstigen Insel Lobau auf einen Entdecker wartet? – Wer weiß es? Das „Stummerl" dürfte es gewußt haben, aber der zum Schweigen verurteilte Mann hätte es niemandem sagen können. Für ihn selbst hatte Napoleons Schatz offenbar keinen Wert bedeutet, denn sonst wäre er nicht länger als Stummerl auf dem Kreuzgrund geblieben. Er hätte es uns aufschreiben müssen! Aber das hat er nicht getan. Also kann es wieder nur jemand wissen, der für sich selbst nicht reden kann und daher alles aufschreiben muß, was ihn im Innersten bewegt.

Der Leser dieses Buches soll sich nicht umsonst durch den Dschungel von Sätzen, Gedanken und Worten gequält haben. Als Lohn dafür sei ihm das Geheimnis um den Schatz nun preisgegeben: Er möge sich wie vormals die Schatzsucher im Bereich des Ebersdorfer Dienstes, ehe der Baum mit den Merkmalen von drei Hufnägeln geschlägert worden ist, von Baum zu Baum tasten und in jedem und somit in allen Bäumen den Wald sehen, der uns als Lobau ans Herz gewachsen ist. In ihr ist der Schatz begründet, denn sie selbst ist dieser Schatz!

Der Hausgraben

152

GESCHICHTLICHER ÜBERBLICK

1120 Landschenkung von der Donau bis zum Wagram in der Höhe Eßlings bis nahe Orth durch Kaiser Heinrich II. an das bayerische Kloster Weihenstephan. Die später als Lobau bezeichnete Insel ist davon ausgeschlossen, da sie der Hauptstrom der Donau nördlich begrenzt.

1130 Der Hauptstrom der Donau verlagert sich in einen der südlicheren Arme, dadurch gelangt die bisher im Besitz der Herrschaft Ebersdorf befindliche Insel in Freisinger Hände. Freisings Bischof Heinrich I. von Eberstein spricht aber dem Landesherren Markgraf Leopold III. weiterhin das Jagdrecht zu.

1150 Ein Graf Tierstein scheint als Herr von Ebersdorf auf.

1316 Nach einer großen Überschwemmung erfolgt der Hauptstrom der Donau nördlich der Insel.

1485 Veit von Ebersdorf erweist sich als Gefolgsmann des Ungarkönigs Matthias Corvinus.

1490 Mit dem Tod des Ungarnkönigs fällt Veit von Ebersdorf bei Kaiser Friedrich III. in Ungnade und überläßt diesem als Tribut das Ebersdorfer Gut einschließlich der später als „Lobau" bezeichneten Insel. Seither verfügte das habsburgische Kaiserhaus für diesen Landstrich über das Jagd- und Grundrecht.

1501 Nach einem „Jahrtausendhochwasser" fließt der Donau-Hauptstrom südlich an der Insel Lobau vorbei.

1657 Kaiser Leopold I. erwählt Ebersdorf zu seinem Lieblingsaufenthalt und veranstaltet großartige Herbstjagden.

1730 Johann Jakob Marinoni vollendet den Jagdatlas Kaiser Karls VI. mit der Mappe „über den kayserlichen Ebersdorfer Dienst" (Lobau).

1745 Kaiserin Maria Theresia überläßt die Insel Lobau der Stadt Wien als Basis zur Gründung eines Armenfonds. Der Hof behält sich das Jagdrecht vor.

1809 19. Mai. Napoleon läßt von Ebersdorf aus einen Brückenkopf auf die Insel Lobau errichten und übersetzt am darauffolgenden Tag mit seiner Truppe die Donau. Schlacht um Aspern. Napoleons Jugendfreund Marschall Lannes wird tödlich verwundet. Am Abend des 22. Mai zieht sich Napoleon geschlagen auf Schloß Ebersdorf zurück. 24stündiger Schlaf.
Die Lobau ist ein französisches Heerlager. Am 4. Juli gelingt den Franzosen der Übergang über den Stadler Arm, um in der Folge bis Deutsch-Wagram vorzudringen.

1810 Die Lobau wird mit einem Gatter umgeben. Errichtung eines Jägerhauses sowie zweier Hegerhäuser.

1848 Der Kronwörth ist Zufluchtsstätte eines zum Tode verurteilten Teilnehmers an der Märzrevolution.

1863 Der vorläufig letzte Biber wird in der Lobau erlegt.

1865 Auf kaiserlichen Befehl wird das gesamte Hochwild in der Lobau zum Abschuß freigegeben und die Fasanerie aufgelassen.
Die die Lobau umgebenden Holzplanken werden abgerissen.

1870 Beginn der Donauregulierung. Errichtung des Hubertusdammes.
Der aus Galizien stammende Dammarbeiter Mathes Turnowsky, genannt „Der rote Hiasl", gestaltet eine ehemalige Schiffsmühle in eine Gaststätte um. Das kaiserliche Jagdgebiet wird mit einem drei Meter hohen Zaun umgeben.

1872 Ein taubstummer Dammarbeiter läßt sich in einer aufgelassenen Bauhütte beim „Schwarzen Loch" nieder. Die Stelle wird fortan „Zum Stummerl" genannt.

1874 Errichtung eines Forsthauses auf dem Kühwörth.

1897 Erzherzog Franz Ferdinand erlegt auf dem Kronwörth seinen 1000. Hirsch.

1900 Florian Berndl pachtet von der Donauregulierungskommission das Gänsehäufel, um darauf sein Luft- und Sonnenbad zu errichten.

1903 König Eduard VII. von England weilt als Jagdgast Kaiser Franz Josephs I. von Österreich in der Lobau.

1917 Die im Gemeindegebiet der Stadt Wien liegende Lobau wird von Kaiser Karl vom Kaiserlichen Jagdrecht befreit.
Die Teile außerhalb Wiens gehen in den Hofärar über.

1918 Mit Ende des Weltkrieges und dem Zerfall der Monarchie fällt die Obere Lobau bis zum Königsgraben der Gemeinde Wien zu. Die östlich daran anschließende Untere Lobau wurde dem Kriegsgeschädigtenfonds gewidmet und von
den österreichischen Bundesforsten übernommen.

1919 Die land- und forstwirtschaftliche Betriebsgesellschaft m.b.H. der Gemeinde Wien wandelt in der nunmehrigen
Städtischen Lobau 410 Hektar Auland in landwirtschaftliche Nutzungsflächen um, errichtet ein Ökonomiegebäude
(Wirtschaftsgebäude mit Arbeiterwohnungen) und pachtet die ehemalige Kavalleriekaserne in Groß-Enzersdorf als
Standpunkt für Verwaltung und Gerätschaft.
Die Bevölkerung hat die Möglichkeit, das bisherige kaiserliche Jagdgebiet ohne Formalitäten zu besuchen.

1920 11. April. Der Wiener Stadtschutzwachmann Heinrich Deml wird in der Nähe des Ökonomiegebäudes von
Schweinedieben ermordet.

1923 Die Lobau wird als Ausflugsziel und Erholungsgebiet empfohlen.

1925 Peter Waller gründet bei der Stürzellacke ein Bretteldorf.

1926 Heinrich Strecker komponiert das Lied „Drunt in der Lobau". Markierung der Wege, Knüppelstege werden angelegt,
Ruhebänke und Orientierunsgpläne angebracht. Die Lobau ist nunmehr durch sieben Eingänge gegen eine Eintritts-
gebühr zu betreten. Milchausschank im Jägerhaus. Schinakelfahrten auf der Panozzalacke. Kolonisten bemächtigen
sich zum Zwecke der Selbstversorgung auf dem Steinsporn zahlreicher Grundstücke, die ihnen von der Gemeinde
Wien im Nachhinein über Pachtverträge zugestanden werden. Beginn der Freikörperkultur, vornehmlich auf der
Hirscheninsel.

1927 Die Gemeinde Wien weist den Kolonisten 104 Hektar auf dem Biberhaufen, dem „Bund freier Menschen"
(Freikörperkultur) 3000 Quadratmeter beim Fuchsenhäufel zu.

1934 Arbeitslose bevölkern das Inundationsgebiet. Der Zeichner und Maler August Endlicher erfriert auf dem Herzoghaufen.

1937 Teile der Unteren Lobau werden vom Bund der Gemeinde Wien mit einer Naturschutzauflage überantwortet.

1938 Die Untere Lobau wird zum Reichsnaturschutzgebiet (Reichsjagdgebiet) erklärt. Baubeginn für ein Treibstofflager
und für eine Ölraffinerie in der Oberen Lobau.

1939 Bau einer Pipeline von Zistersdorf in die Lobau. Beginn mit den Arbeiten am Donau-Oder-Kanal und für den
Ölhafen. Errichtung eines Zwangsarbeiterlagers. 40 Rohölbehälter werden unterirdisch verlegt und mit Bäumen zum
Zwecke der Tarnung bepflanzt.

1940 Reichsmarschall Hermann Göring auf Jagdbesuch in der Lobau. Ihm zu Ehren wird die Straße von Groß-Enzersdorf
nach Mühlleiten asphaltiert.

1942 5. September, 1 Uhr. Erster schwerer Luftangriff auf österreichisches Gebiet. Sprengbomben, von einem sowjetischen Bombenflugzeug, vermeintlich über ungarisches Hoheitsgebiet ausgeklinkt, gehen in der Lobau nieder. Im Frühjahr dieses Jahres wurde aufgrund von Vergewaltigungen durch Zwangsarbeiter nach deren Hinrichtung das Bordell „Clarissa" eröffnet.

1943 Ab nun laufend Luftangriffe amerikanischer Bomberverbände.

1945 Endkampf. Der Revierförster Gustav Schneiberg läßt nach Kriegsende die in seinem Revier gefundenen Gefallenen in den Groß-Enzersdorfer Friedhof überführen und errichtet in der Oberen Lobau ein Kriegerkreuz.

1946 Die Untere Lobau wird den österreichischen Bundesforsten mit der Auflage eines Teilnaturschutzgebietes überantwortet.

1952 Erdgasleitung von den Matzener Ölfeldern durch die Lobau und über die Barbarabrücke nach Schwechat.

1959 Die Bezirksgruppe Kaisermühlen des Touristenvereins „Die Naturfreunde" nehmen die neuerliche Markierung von Wegen vor.

1960 Hochspannungsleitungen entlang der Napoleon-Straße und am Kühwörther Wasser.

1964 Baubeginn des Grundwasserwerkes „Untere Lobau".

1970 Europäisches Naturschutzjahr. Auf dem Steinsporn wird mit dem Bau des Kalorischen Kraftwerks begonnen. Einweisung der Shell Austria in die Lobau. Erweiterung des Tanklagers. Projektierung eines Autobahnknotenpunktes bei der Panozzalacke. Beginn der Arbeiten am Entlastungsgerinne. Ansiedlung von Mufflons.

1972 Bürgerinitiative und Unterschriftenaktion „Die Lobau darf nicht sterben", angeregt durch Anton Klein, der auch in einem Keller eines Gemeindebaues ein Lobaumuseum als Kommunikationszentrum für seinen Verein für Umwelt und Gesundheitssport installiert.

1973 Die Lobau wird zum Teilnaturschutzgebiet erklärt, mit Wegweisern und neuen Ruhebänken ausgestattet. Den Freunden der Freikörperkultur werden anstelle der Hirscheninsel Plätze an der Dechantlacke zugewiesen. Errichtung eines Grundwasserwerkes und etlicher Pumpstationen. Das Gasthaus „Zum schönen Platzl" wird eingeäschert.

1974 Die Untere Lobau gelangt in den Besitz der Gemeinde Wien.

1975 Anton Klein werden von der Gemeinde Wien im Ökonomischen Gebäude Räume für das Lobaumuseum zur Verfügung gestellt. Das Gut Lobau geht auf Anbau von Biogemüse über.

1977 Die UNESCO erklärt in Paris die Lobau zum Biosphären-Reservat.

1978 Die Untere Lobau und Teile der Oberen Lobau werden zum Vollnaturschutzgebiet erklärt.

1979 Ansiedlung von Bibern in der Unteren Lobau.

1992 Auf dem Fuchshäufel wird ein Naturlehrpfad angelegt.

1996 Die Lobau wird in den Nationalpark einbezogen.

QUELLENANGABE

Adamec, Otto: „Florian Berndl – sein Leben und sein Schicksal". Mitteilungen des Bezirksmuseumsvereins Donaustadt.

Albert, E.: „Zentraltanklager Lobau – Entstehung und Aufgaben des Betriebes". Mitteilungen des ÖMV-Konzerns.

Buchmann, Bertrand Michael: „Historische Entwicklung des Donauraumes". In „Das Wiener Donaubuch", Edition S, Verlag der Österreichischen Staatsdruckerei, Wien 1987.

Caster, Kit C., Mueller, Robert: The Army Air Forces in World War II. Combat Chronology 1941 – 1945. Albert F. Simpson Historical Research Center Air University and Office of Air Force History, Headquarters USAF 1973.

Class, Friedrich: „Die Lobau – ein Staatsjagdrevier". Unveröffentlicht.

Denscher, Barbara: „Florian Berndl – Alternatives Leben an der Donau". In „Das Wiener Donaubuch", Edition S, Verlag der Österreichischen Staatsdruckerei, Wien 1987.

Eder, Ernst Gerhard: „Lobau-Indianer". Subkulturelle Lebensäußerungen mit prinzipieller Affinität zur Alternativbewegung. Historische Lern- und Orientierungsbeispiele für eine menschenwürdigere Gesellschaft. Diplomarbeit, Wien 1983.

Gutkas, Karl: „Friedrich III. und Matthias Corvinus", Wissenschaftliche Reihe Niederösterreich", Band 65. Niederösterreichisches Pressehaus, St. Pölten 1982.

Hansen-Schmidt, Liselotte: „Donaustadt – Stadt am anderen Ufer", Mohl Verlag, Wien 1996.

Havelka, Hans: „Das Dorf, wo einst der Eber hauste". Interessensgemeinschaft für die Herausgabe eines Heimatbuches für Kaiser Ebersdorf, 1971.

Heller, Friedrich: „Die Lobau". Ein Führer durch Geschichte und Landschaft. Gerlach & Wiedling, Wien 1975.

Hinkel, Raimund: „Wien an der Donau". Der große Strom, seine Beziehungen zur Stadt und die Entwicklung der Schiffahrt im Wandel der Zeiten. Verlag Christian Brandstätter, Wien 1995.

Hoffmann, Robert: „Die Geschichte von Bretteldorf". – „Wilde" Siedler gegen das Rote Wien. In „Kolonien in der Heimat" und „Unterdrückung und Emanzipation". Geyer-Edition Wien – Salzburg 1985.

Keller, Fritz: „Freikörperkultur und Nackerte". In „Lobau – Die Nackerten von Wien", Junius Verlag, Wien 1985.

Klein, Anton: „Das Steckenpferd". Information der Interessensgemeinschaft zum Schutze der Lobau. Wien 1969.

Kummer, Edmund P.: „Eine Goldwäscherei an der Donau".

Kudrnofsky, Wolfgang: „Der Messias von der Lobau". – Peter Waller und die Arbeitslosen der Zwischenkriegszeit. Österreichischer Bundesverlag, Wien 1983.

Landesgesetzblatt für das Land Niederösterreich: „Gesetz über die Erhaltung und Pflege der Natur".

Landesgesetzblatt für Wien: „Schutz und Pflege der Natur".

Land- und Forstwirtschaftliche Betriebsgesellschaft m. b. H.: „Führer durch die städtische Lobau". Wien 1927.

Margl, Hermann: „Pflanzengesellschaften und ihre standortgebundene Verbreitung in teilweise abgedämmten Donauauen (Untere Lobau)". In: Verhandlungen der Zoologisch-Botanischen Gesellschaft in Wien, Band 113, 1973.

Mohilla, Peter und Michlmayr, Franz: „Donauatlas Wien". – Geschichte der Donauregulierung auf Karten und Plänen aus vier Jahrhunderten. Österreichischer Kunst- und Kulturverlag, Wien 1996.

Muhr, Adelbert: „Vom alten Jelinek-Pollak-Streinz zu mir selbst". Neue Dichtung aus Österreich, Band 85/86, Bergland Verlag, Wien 1962.

„Naturgeschichte Wiens". Jugend und Volk Wien München, 1972.

Peichl Markus: „Ich bin das Glück dieser Erde (Waluliso)". In „Wiener", Ausgabe Oktober 1982.

Püchel, Rudolf: „Meine Jagderlebnisse mit Kronprinz Rudolf". Herausgegeben von Elisabeth Koller-Glück. Niederösterreichisches Pressehaus, St. Pölten 1978.

Razso, Gyula: „Die Feldzüge des Königs Matthias Corvinus in Niederösterreich 1477 – 1490". Militärhistorische Schriftenreihe, Heft 24, Herausgegeben vom Heeresgeschichtlichen Museum (Militärwissenschaftliches Institut), Wien 1982.

Rauchensteiner, Manfried: „Die Schlacht von Aspern am 21. und 22. Mai 1809". Militärhistorische Schriftenreihe, Heft 11, Herausgegeben vom Heeresgeschichtlichen Museum (Militärwissenschaftliches Institut), Wien 1980.

„Regesten Friedrich III." (1440 – 1493). Herausgegeben von Heinrich Koller, Paul-Joachim Heinig und Heinz Paul Jerschin. Verlag Hermann Böhlaus Nachf., Wien – Köln – Graz 1983.

„Regesten Maximilian I." (1493 – 1519). Bearbeitet von Hermann Wiesflecker. Verlag Hermann Bîhlaus Nachf., Wien – Köln – Graz 1990.

Relation über die Schlacht zu Aspern. Wien 1809.

Resch, Johann: „Das Zentraltanklager vor und nach den Bombenangriffen".

Rother, Alfred: „Aspern 1809". In „Stadt Groß-Enzersdorf – Beiträge zu ihrer Geschichte", Band IV. Verein für Heimatkunde und Heimatpflege, Groß-Enzersdorf 1965.
–   „Zur Geschichte der Lobaujagden". Unveröffentlicht.

Sauberer, Adele: „Die Vegetationsverhältnisse in der Unteren Lobau". Niederdonau/Natur und Kultur. Verlag Karl Kühne, Wien – Leipzig 1942.

Schlesinger, G.: „Gutachten über die sogenannte Lobau und ihre Verwendung als Naturpark". Flugschriften des Vereines für Denkmalpflege und Heimatschutz in Niederösterreich, VII. „Die Krongüter und ihre Zukunft". Gerlach & Wiedling, Wien – Leipzig 1919.

Schödl, Leo: „Heinrich Streckers unvergeßliche Lieder". In „Der Samstag" 1959.

Schwab, Günther: „Heute kann man darüber lachen ...". Sensen-Verlag, Wien 1978.

Schwarz, Walter: „Donauauen – Werden und Vergehen". Hubertus-Verlag, Wien 1977.

Sonnleitner, A. Th.: „Aus meiner Werkstätte". In „Frohes Schaffen", Wien 1930.

Strauß, Ferdinand: „Die Lobau". Deutscher Verlag für Jugend und Volk, Wien 1935.

Waller, Peter: „Bei der Wiener Roten Garde". Burgverlag, Wien 1923.
– „Reich Hewo". – Österreich-Ungarn gestern, heute und in aller Ewigkeit! Eigenverlag, Wien 1933.
– „Das Buch der Wardanieri". Die Wahrheit über die Bogos und ihren Goro. (Unter Pseudonym Viktor Immanuel Graf Falkenstein). Verlag der „Khaba", Wien 1929.
– „Scheusal Mensch – Ebenbild Gottes?" Tagebuch, unveröffentlicht. (Archiv Prof. Dr. Gerda Leber-Hagenau.)

Weinberger Ludwig: „Waluliso". In „Lobau - Die Nackerten von Wien", Junius Verlag, Wien 1985.

Wendelberger, Elfrune: „Die Vegetation der Donauauen".

„Das Wiener Grundwasserwerk Untere Lobau". In „Die Wiener Wasserversorgung". Verlag für Jugend und Volk, Wien-München 1967.

Zohner, Alfred: „Der Dichter, Kämpfer und Künder Josef Luitpold". Einführung zum Band 80 der Sammlung „Das österreichische Wort", Josef Luitpold: „Bruder Einsam". Stiasny-Verlag, Graz 1960.

BILDNACHWEIS

Ganzseitige Abbildungen:

Das Gothenwasser (9)

Bärlauchteppich in der Mühlleitner Au (21)

Fasangartenarm (23)

Unter den Kastanien (25)

Bei den Brückeln (27)

Daubelfischer von der „Waluliso"-Brücke aus gesehen (55)

Das Endlicher-Kreuz auf dem Herzoghaufen (71)

Bei der Dechantlacke (91)

Wehrmachtsbericht über den ersten schweren Bombenabwurf auf österreichisches Gebiet (99)

Dokumente eines Klein-Krieges (133)

DANK DES AUTORS

Ein einzelner vermag manches zu bewirken,
aber in den meisten Fällen bedarf es auch des Willens anderer,
damit es geschehe.

In diesem Sinne danke ich

den Damen
Erika Bonito
Dipl.-Ing. Magda de Cassan,
Dr. Maria Gager
Dr. Luitgard Knoll
Dr. Elisabeth Koller-Glück,
Gerta Ordelt,
Christine Pai
Mag. Sophie Schwindshackl

den Herren
Lorenz Amon
Leopold Bani,
Josef Barnet
Mag. Ferdinand de Cassan
Walter Deml
Senatsrat Gottfried Haubenberger
Fritz Keller
Dr. Wolfgang Kudrnofsky
MA 31, Wiener Wasserwerke
Walter Mayr
Dir. Mag. Carl Manzano
Wilhelm Manour
Felix Rameder
Dr. Norbert Rauscher
Johann Resch
Heinz Riedel
Prof. DDr. Floridus Röhrig
Dir. Bergrat, Dr. h. c. Hermann Spörker
Hofrat Ing. Karl Turetschek
University Keele, England
Franz Vanecek
Bezirkshegeringleiter Ing. Josef Wimmer
Josef Wonderka
Gottfried „Laf" Wurm
Dir. Johann Zinser

Darüber hinaus sehe ich mich zu besonderem Dank verpflichtet:
Frau Professor *Dr. Gerda Leber-Hagenau,* daß sie mir in das von Peter Waller verfaßte Tagebuch aus jener Zeit, in der der Bodo aller Wardanieri noch im Verlag ihres Gatten beschäftigt war, Einblick nehmen ließ.
Frau *Dr. Edith Mrazek* für die Schützenhilfe bei der Lektorenarbeit.

Frau *Erika Strecker,* Gattin und Nachlaßverwalterin des Lobau-Lied-Komponisten, für einige persönliche Hinweise;
Herrn Bezirksrat *Robert Eichert.* Das Buch wäre eine halbe Sache, hätte er mir nicht etliche Bilder aus der Vergangenheit als Beweismaterial zur Verfügung gestellt;
Herrn Dipl.-Ing. *Hermann Margl* für die von ihm zusammengestellte Übersicht über die Pflanzenwelt;
den Herren Photographen: Regierungsrat *Franz Antonicek, Franz Kern, Anton Klein* und *Kurt Kracher;*
Herrn *Hannes Bammer,* dem gegenwärtigen Revierleiter, für Hege und Pflege, stellvertretend für eine Reihe von Förstern, die durch Jahrzehnte in der Lobau ihren Dienst versahen;
Herrn *Anton Klein,* der aufgrund seiner Initiativen die Lobau nicht sterben ließ.
Dem Verlag Freytag & Berndt, dem Spezialhaus für Wanderkarten und Stadtpläne von Österreich für die freundliche Genehmigung, Teile aus dem Wien-Buchplan als Grundlage für die Lobau-Wanderkarte verwenden zu dürfen.
Dem Verlag Niederösterreichisches Pressehaus St. Pölten für die Druckerlaubnis des Gedichtes „Land am Strom" von Wilhelm Szabo aus dem im Jahre 1981 in diesem Verlag erschienen Band „Lob des Dunkels".
Das Gedicht „Abend in der Lobau" von Christine Busta ist dem 1955 im Otto Müller Verlag Salzburg erschienenen Band „Lampe und Delphin" entnommen. Der Abdruck erfolgte mit freundlicher Genehmigung des Verlages.
Die beiden Gedichte von Josef Luitpold stammen aus dem Band I. der im Jahre 1956 im Europa Verlag Wien erschienenen Werkausgabe.
Die anderen im Kapitel „Das Wort" wiedergegebenen Texte verdanke ich den jeweiligen Autoren persönlich.
Beeindruckend war auch die Begegnung mit mancher in diesem Buch geschilderten, bereits legenderen Persönlichkeit.

Daß dieses „Buch von der Lobau" in einer solch liebevoll besorgten Ausstattung erscheinen konnte, ist dem beherzten Verlag- und Druckhaus Norbertus mit seinem Leiter Herrn Peter Schantz und dessen Mitarbeitern zu danken.

Nun zeihe man mich nicht der Unverschämtheit, wenn ich meine Danksagung mit einer Bitte an den Leser schließe: Nehmen Sie dieses Buch mit der gleichen Liebe auf, wie es erstellt worden ist.

FRIEDRICH HELLER

wurde am 2. April 1932 in Groß-Enzersdorf geboren. Seine ersten Natureindrücke empfing er in der Lobau. Später, im Rahmen seiner schriftstellerischen und journalistischen Tätigkeit, widmete er diesem Landstrich mehrere Artikel und Berichte sowie Rundfunksendungen und trat für die Erhaltung dieses Naturjuwels ein.

1975 brachte er unter dem Titel „die lobau (lob die au), einen Führer durch die Geschichte und Landschaft heraus.

An weiteren Publikationen sind von ihm erschienen:

„Neun aus Österreich", *Jugendbuch.*

„Fast unmögliche Geschichten von übermorgen", *Satiren.*

„Die Blumenuhr", *Lyrik.*

„Marchfeldein", *Gedichte.*

„Von Hieb zu Hieb", *eine Sandlerpassion, Gedichte im Wiener Dialekt.*

„Fisch und Vogel", *Lyrik.*

„Demonstrationen"

„Bald ist Heilige Nacht", *Geschichten von Wünschen, Geschenken und Gaben.*

„Balhorns gesammelte Denkanstöße", *Prosa.*

„Zeichensprache".

„Das Marchfeld bildlich besprochen", *Landschaftsbuch.*

„Der unmögliche Onkel", *Schelmenroman.*

„Groß-Enzersdorf – Tor zum Marchfeld", *ein Führer durch Stadt, Großgemeinde und Geschichte.*

„Der Himmelfahrer", *Blanchard-Biographie.*

„Marchfeldsagen".

„Die Geschichte unserer Stadt Groß-Enzersdorf".

An Auszeichnungen wurden ihm unter anderem das Ehrenzeichen des Niederösterreichischen Naturschutzbundes und das Ehrenkreuz für Wissenschaft und Kunst der Republik Österreich verliehen. Er erhielt 1990 den Würdigungspreis für Literatur des Landes Niederösterreich sowie den 1. Preis des ersten Internationalen Haiku-Wettbewerbs von Japan für die deutsche Sprachgruppe.

1996 schuf er gemeinsam mit Heinz Brückler den Film „Weite Welt Marchfeld".